생명을 살리는 땅
코트디부아르

장훈태 교수의 선교여행기 10

생명을 살리는 땅 코트디부아르

초판 1쇄 2017년 05월 10일
지은이 장훈태
펴낸이 정형철

펴낸곳 도서출판 누가
등록 제 2016-000094호
등록일자 2016. 11. 24
주소 서울시 강서구 공항대로 59다길 276 (염창동)
전화 070)4069-4253 **팩스** 02)826-8803

ISBN 979-11-960787-0-6 03230
정가 17,000원

장훈태 교수의 선교여행기 10

생명을 살리는 땅 코트디부아르

장훈태 지음

2003년 12월 중순경, 새벽기도를 마치고 하나의 비전을 가졌다. 그것은 내 생애 하나님의 나라와 그 의를 위하여 선교여행기 10권을 펴내는 것이었다. 그렇지만 선교여행기를 출판하는 것은 쉽지 않았다. 2010년 이후로는 단 한 권의 여행기도 출판하지 못했다. 2011년부터 2016년 현재까지 겨울과 여름 방학을 이용하여 선교현장을 방문하고 난 후 사진과 글을 남겨놓았지만 정리가 되지 못해 출판하지 못했다.

하나님과의 약속 아니 자신과의 약속을 지키지 못한 것이 무척 짐이 되어 힘든 시간을 보냈다. 지금도 중앙아시아와 동부 아프리카 등등에 대한 원고를 정리하여 더 많은 여행기를 펴내고 싶은 욕망은 있다. 하지만 나의 여행기는 독자에 따라 평가가 다르게 나타날 수 있다. 왜 그럴까? 내가 방문한 국가에서 오랜 기간 거주하며 생활한 것도 아니고 단순히 지역과 마을을 돌아보거나 사람을 만나 인터뷰한 내용을 기술하였기 때문에 독자의 관점에 따라 평가가 달라질 수밖에 없는 것이다.

금번,『생명을 살리는 땅 코트디부아르』책은 선교사와 아프리카에서 사역하려고 비전을 품은 사람들과 일반 독자를 염두에 두고 쓴 것이다. 나는 이 책이 글로벌 아프리카, 교회 개척, 아프리카 종족의 이해, 지역학 등의 강의를 듣는 학생과 선교사들에게 도움이 되길 바란다. 또한 서부 아프리카 코트디부아르의 이름으로 유명한 상아와 커피, 코코아가 아닌 아프리카인의 삶 속에서 드러나는 영적인 세계를 사랑하는 모습을 통해 하나님 나라에 대한 관점을 넓힐 수 있기를 바란다. 이 책은 오늘날 전 아프리카의 기독교회가 신앙을 실천하는 방식과 교회 개척을 통해 생명을 살리는 방식을 뒷받침하는 사고방식과 원칙을 담고 있다.

나는 기본적인 핵심 사항에 집중한 여행기를 쓰고자 했다. 지나치게 자세한 정보로 독자에게 혼동을 주지 않도록 대다수의 시각을 충분히 다루는 것이 더욱 적절하다고 생각했다. 다만 필요시에는 현장에 있는 분들과 인터뷰를 했고, 이를 위해 조용히 통역과 배려로 도와준 분들이 있다. 그래서 책의 각 장은 지역교회를 순회하면서 마을과 사람, 문화와 전통, 교회성장과 전도라는 틀을 벗어나지 않았다. 교회 개척의 출발과 성장, 지역의 특성과 문화, 교회의 구조와 정치적 역량 등 다양한 요소들을 하나님 나라 확장과 영혼구원이라는 요소들을 다루고 있다. 독자들이 서부아프리카 코트디부아르에서 '교회 개척의 가능성'을 보고, 아프리카인을 전체적인 맥락에서 이해하도록 돕는 것이 목적이다.

나는 코트디부아르에서 교회 개척과 성장의 가장 기본적인 측면을 설명하기 위해 탐사 출발에서부터 마지막 귀환할 때까지의 과정을 기술하는데 중점을 두었다. 이 책의 내용 대부분은 현장과 인터뷰, 백성철 목사 내외의 경험과 선교현장에 대한 비전을 들으면서 내린 주관적 판단에 의해 기술되었다. 독자는 이 책을 읽으면서 엄청나고 복잡한 아프리카 세계에 대한 이해를 확장하고 심화시킬 수 있을 것이다. 각 장에 나오는 주요 인물과 교회들의 성장을 보면서 '사역자들의 통찰력과 균형 잡힌 철학'을 경험하게 될 것이다. 또한 사역자의 신앙은 오늘날 아프리카 빌라지 마을과 도시민들에게 중요한 역할을 하고 있음을 보게 될 것이다.

이 책에서 사용되는 용어들과 현장에 대한 깊은 이야기는 코트디부아르 아비장 한인교회의 백성철 목사와 사모님 그리고 아비장 한인교회 당회와 교우들의 도움이 컸다.

중요한 순간에 나에게 서부 아프리카의 소중함을 일깨워 준 김요한 목사, 신인호 목사, 고경철 목사에게도 감사의 마음을 전한다. 이 책이 탄생하기까지 여러 오류에 빠질 위험으로부터 나를 구해 주었고 일부 잘못된 강조점을 수정할 수 있도록 원고 전체를 읽어 준 백성철 목사님 그리고 이다정 선생님은 내용 중 엄청난 대형사고가 난 부분을 매끄럽게 정리해 주어 위기를 모면하도록 도움을 주었다.

나의 선교여행을 위하여 끊임없이 관심과 배려로 용기를 주신 분이 계신다. 백석대학교 설립자 장종현 박사님은 선교학자로서 현장조사를 위해 아낌없이 관심과 배려 그리고 나의 선교 여행기 1권에서 10권까지 쓸수 있도록 여러 모양으로 힘이 되어 주셨다. 또한 출판 시장의 불안정과 경제적 어려움에도 불구하고 기쁜 마음으로 출판을 허락해 주신 누가 출판사의 정종현 목사님에게도 깊은 감사를 드린다.

2017년 4월 17일

안서동 연구실에서 장훈태

장훈태 교수의 선교여행기 10

제2부

서부 아프리카의 자존심
가나공화국 아크라 돌아보기

제3부
코트디부아르 서북부지역 교회

제6부
다나네에서 아비장 방향으로

제7부

코트디부아르 빌라지 탐사 4일 되는 날

제1부

서부 아프리카
ECOWAS(CEDEAO) 15
VISION

"여호와께서 모태에서부터 나를 부르셨고,
내가 또 너를 이방의 빛으로 삼아"
사 49:1, 6

1

*

코트디부아르로
간다

학기가 막 끝났다. 학생들의 성적처리와 입력을 마치고 출국 준비를 서둘렀다. 방학이라 한가한 교정을 뒤로 하고 코트디부아르와 가나공화국을 찾아간다는 것에 긴장감과 설렘으로 잠을 이룰 수가 없어, 몇 번 잠자리에서 일어났다가 새벽이 되어서야 잠시 눈을 붙이고 나서 잠에서 깼다. 아침 식사를 간단히 마치고 짐을 챙겨 터미널로 향했다.

버스를 타고 가는 동안 여러 사람들이 나에게 질문한 내용이 떠올랐다. "이번 여름 방학에는 어디로 가세요?" 매 학기가 끝나면 선교지로 향했던 나의 모습을 기억하고 묻는 사람들이 많았다. 그러면 나는 나를 향해 질문하는 사람들에게 "아프리카로 가요."라고 답한다. 그러면 "아프리카 어디로 가세요?" "네, 서부 아프리카에 있는 코트디부아르와 가나에 갑니다." "아 그러세요. 그럼 그곳에는 살기가 괜찮은가요?" 아니면 "먹는 것은 어떻게 하세요?" 등 아주 간단한 질문들이 시작된다. 그럴 때마다 웃으면서 대답을 한다. "사람 사는 곳은 어디나 다 똑같아요." 그러면 아프리카의 물가(物價)는 어떤가라고 질문한다. 나 역시 똑같은 답변을 한다. "사람 사는데 물건 값 싼 곳이 있는가요." "전 세계가 글로벌 시대라 그런지 물가는 거의 비슷합니다." 라고 말하면 거의 대부분의 사람들이 머리를 갸우뚱거린다. 이런 질문들을 통해 사람들이 가지고 있는 아프리카에 대한 인식을 엿볼 수 있다. 어느 분은 나에게 이렇게 묻는다. "그런데 도대체 '코트디부아르'가 어디에요?" "참 이름 발음하기도 어렵지만 외우기도 어려워." 그리고는 머나먼 아프리카에 있는 나라만 찾아가는 나를 이상하다는 듯이 쳐다본다. 이것이 오늘날 한국사회와 교회가 갖고 있는 아프리카에 대한 인식이다.

그렇다면 코트디부아르는 정확히 어디에 있는 나라일까? 아프리카 대륙은 보통 북부 아프리카, 서부 아프리카, 동부 아프리카, 중앙아프리카, 남부 중앙아프리카, 남아프리카 등으로 분류한다. 총 55개국으로 구성된 아프리카 대륙의 나라 중 서부 아프리카는 15개국으로 구성되어 있다. 서부 아프리카에 위치해 있고 대서양을 끼고 있는 15개국 가운데 하나가 바로 코트디부아르이다.

서부 아프리카는 코트디부아르, 가나, 토고, 베냉, 니제르, 말리, 세네갈, 시에라리온, 부르키나파소, 기니, 기니비사우, 감비아, 라이베리아, 까보베르테, 감비아 등이다. 이들 국가는 대부분 식민지 지배를 받아 왔고, 지금은 정치적으로는 독립했지만 과거 식민지국의 경제적 통치를 받는 곳도 있다.

코트디부아르와 가나, 토고, 베냉으로 이어지는 해안 4개국들은 코트디부아르 세파(화폐명)라는 화폐를 동일하게 사용하고 있다. 코트디부아르는 코코아와 커피 등의 농산물 수출이 전 세계에서 가장 활발하게 무역하는 나라이다. 이런 나라에 대해서 아는 사람은 별로 없다.

코트디부아르의 이름은 영어로 아이보리코스트(Ivory Coast)다. 프랑스어를 사용할 때는 코트디부아르(Coted'Ivoire)라고 부른다. 한 때 서부 아프리카 중 가장 번영한 나라였지만 10년간의 내전으로 인한 빈곤이 악화된 곳이다. 2002년에서 2011년 간 GDP는 평균 성장률 0.55%에 불과한 국가였다. 전체 인구 가운데 빈곤인구 비율은 1993년에는 17.8%에서 2008년에는 23.8%로 증가한 곳이다. 내전으로 인한 정치적 불안감이 국민들을 빈곤으로 몰아넣었다.

그런 가운데 코트디부아르는 거대한 국가로 성장하기 위한 계획을 갖고 있다. 2012-2014년에는 GDP 성장률을 8-9% 수준까지 끌어올리려는 계획을 세웠다. 이는 아프리카 55개국 가운데 최상위권 국가로 성장 · 발전하기 위한 계획을 세운 것으로, 긴 내전 후에 나타난 거대한 경제계획은 실로 놀라운 일이다. 정부는 경제적 성과를 바탕으로 하는 현 와타라 대통령의 재선과 함께 미래를 향한 발전 계획을 세우고 있다. 부의 창조(Wealth Creation) 곧 포용적 성장(Inclusive Growth)으로 연결하려는 필요를 느끼고 있다.

포용적 성장은 주로 내전이 가장 심했던 서북부 지역에 집중되는 것으로 알려져 있다. 지난 10여 년 간의 내전은 주로 아비장과 서북부 지역에 집중되어 있었고, 내전 중 · 서부 지역 초 · 중등학교의 91%가 폐쇄되기도 했다. 이 과정에서 빈곤율은 북부지역에서 70%이상 상승되었고, 서부지역에는 61-70%, 기타 평균 20-30%에 달하고 있다. 거기다가 식수위생이 취약해 국민건강이 매우 불안정할 뿐 아니라 제1차 의료기관도 미비해 질병이 발생할 경우 대응하기가 어려울 정도로 힘든 곳이다.

새 정부가 들어서 정책을 펼치기가 어려운 것은 비효율적이고 불투명한 정부행정과 내전 지역을 중심으로 한 곳에는 행정시스템이 마비되거나 자료가 유실되어 어려움이 많다. 거기다가 정부의 이브라힘 거버넌스 지표(IIAG, Ibrahim Index of African Governance)가 아프리카 55개국 가운데 40위 수준으로 낮을 뿐 아니라 부패인지 지수도 전 세계 177개국 가운데 136위나 된다. 그만큼 국가 주요개발 과제가 많을 뿐 아니라 비즈니스 환경평가에서도 2015년에는 147위에 머물렀을 만큼 열악한 환경에 놓여 있다.

코트디부아르의 역사와 정치, 경제적인 부분을 뒤로 하고, 국제적으로 관심을 가져야 할 부분은 바로 산업수요에 맞는 인력양성을 체계화시켜 서부 아프리카에서 경제 강국으로 만들어야 하는 과제다. 현 와타라 대통령의 2015년 1월 8일 국정연설에서 밝힌 바 대로 코트디부아르 정부는 청년실업 문제와 기금 마련을 통한 양질의 고용기회를 창출하겠다고 발표한 바 있다. 그럼에도 불구하고 아비장의 도시화에 따라 낙후된 인프라 및 환경문제 개선은 큰 과제로 남아 있다. 현재 아비장의 인구가 400만 명이 넘는 상황에서 도로 정체 현상과 심각한 쓰레기 문제, 수자원관리와 폐기물 처리 등의 문제는 매우 심각한 형편이다. 이러한 형편을 개선할 수만 있다면 코트디부아르는 서부 아프리카에서 물류 허브로서 입지를 강화할 수 있고, 민간투자 확대와 더불어 국가개발 전략을 잘 세워 시행한다면 빈곤율도 크게 감소할 것으로 보인다.

이를 위해 코트디부아르 정부가 보건과 교육, 농업, 공공행정 시스템을 선진국형으로 전환하거나, 국가 실정에 맞는 정책을 발전시킨다면 보다 더 나은 국제사회의 관심을 불러일으킬 수 있다. 이를 위해 선진국으로부터 내전 후의 커뮤니티 개발을 통한 사회서비스 접근성을 강화하고, 공공행정 및 도시 인프라 구축과 더불어 도시환경을 개선하기 위한 마스터플랜 작업, 경제 활성화를 위한 인재양성과 각 대학의 경제전문가 양성과정 설치와 육성, 서부 아프리카 15개국과의 협력 및 거점국가로서의 위치를 확보하는 것이 시급하다.

한편, 현 코트디부아르 와타라 대통령은 매우 유능한 정치가이면서 경제학자로 알려져 있다. 그는 미국 펜실베니아대학교에서 경제학 박사학위를 받고 서부 아프리카 중앙은행과 국제통화기금(IMF)에서 일한 경험이 있으며, IMF부총재의 자리에까지 오른 적이 있는 인물이다. 이러한 그의 경력이 코트디부아르를 재건하여 아프리카 55개국 가운데 가장 좋은 나라로 이끌어 갈 수 있는 역량이 있는 지도자로 알려져 있다.

앞으로 와타라 대통령이 풀어야 할 과제는 아직 끝나지 않은 코트디부아르 정체성과 관련한 논쟁들을 해소하고 남과 북이 화해를 이룬다면 평화를 이루어 갈 수 있을 것으로 보인다. 또한 와타라 대통령이 2015년 대통령 선거에서 재선에 성공했음에도 불구하고, 아직 코트디부아르의 미래에 대한 장기적인 발전을 속단하기에는 어렵다는 현지인들의 이야기를 들어보면 와타라 대통령이 국민화합에 보다 더 깊은 관심을 가져야 할 것으로 보인다. 정치는 참으로 어려운 일인데, 그 중에서도 시간과 공간을 초월한 정치적 경계를 뛰어넘어 화합한다는 것이 특히 어렵다.

2
*
프랑스 파리에서 맞는 아침 묵상
2016년 6월 24일 금요일 아침

이른 아침 프랑스에서 맞는 아침 공기는 상쾌했다. 머나먼 이국 땅 아무도 없는 방에서 하나님과 동행하는 것이 얼마나 행복한 것인지를 영적으로 발견했다. 구약 다니엘서 묵상을 통해 하나님의 선하신 목적을 다시 한 번 확인하고, 하나님께서 항상 인간의 삶의 여정을 철저하게 간섭하시면서 통치하신다는 것을 발견했다. 그리고 곧바로 파리제일장로교회로 이동했다. 교회 주변은 정적만이 흘러 오래된 성과 같이 조용하기만 했고, 도로변에 있는 교회는 담장이 없었다. 높은 종각과 나무로 된 출입문은 많이 낡아 있었다. 건물이 오래되었다는 것은 마루바닥의 나무를 보면 알 수 있다. 교회 안에는 쾌쾌한 나무 냄새와 함께 아주 오래된 건물만이 갖고 있는 특유의 냄새가 났다. 이런 냄새는 아마도 오래된 서구교회에서나 맡을 수 있을 것이다.

오늘은 서부 아프리카 아비장으로 출발하는 날, 아침부터 분주하게 현지 신학교에 기증할 도서를 박스에 넣었다. 한 사람당 20kg 박스가 각각 두 박스씩, 200kg이나 되는 그 많은 책을 5명이 나누어 가지고 가기로 한 것이다. 박스별로 무게를 잰 다음 곧바로 간단한 아침 식사를 하고 공항으로 이동했다.

샤를드골 공항으로 가는 길은 무척이나 멀어 보였다. 도로가 혼잡했기 때문에 더욱 먼 길 같아 보였다. 이렇게 먼 길을 아무렇지 않게 배웅해 주시는 선교사님과 목사님이 고맙기만 했다. 먼 길이었지만 선교사님과 목사님의 배려 덕분인지 샤를드골 공항에 생각보다 빨리 도착했다. 차에서 짐을 내린 다음 곧바로 13번 게이트로 이동해서 탑승수속을 시작했다.

코트디부아르로 가는 길에는 수많은 사람들이 줄을 서서 기다리고 있었다. 우리는 대기해야 할 곳에서 무려 2시간 30분 이상을 기다렸는데, 미국에서 오시는 백승주 교수님을 기다려야 했기 때문이다. 백 교수님은 오전 11시에 이곳에 도착했다고 말했다. 46번 게이트에서 기다리고 있는데 아무도 오지 않는다. 그때 공항 안내원이 다가와 우리에게 어디로 가는지 물었다. 아비장으로 간다고 말하자 게이트가 변경되었다고 말한다. 게이트가 바뀌었다면 몇 번으로 바뀌었는지, 방송은 왜 안 해주는지 등 설명을 해 주어야 할텐데, 안내원은 아무 말이 없다. 그저 무조건 50번 게이트로 가라고만 한다. 이것이 프랑스 방식인가 아니면 아프리카 방식인가 하는 생각에 혼란스러웠다.

우리가 타야할 항공기는 A380로, 아프리카로 가는 항공기 가운데 가장 많은 사람이 탈 수 있다. 프랑스 파리에서 아프리카 코트디부아르 아비장으로 출발해야 하는 시간은 오후 1시 50분이다. 한 시간이나 늦추어진다는 방송이 흘러 나왔다. 그런데 나는 왠지 한 시간이 아니라 그 이상의 시간이 걸릴 것만 같다는 생각이 들었다. 내 예감은 틀리지 않았다. 프랑스 파리에서 항공기는 한 시간 반이 지난 오후 3시 16분에 계류장을 벗어나 출발하기 시작해 사하라 사막을 넘어 머나먼 비행 끝에 서부 아프리카에 위치한 코트디부아르에 오후 8시경에 도착했다. 여행객들 대부분은 코트디부아르 사람들로, 탑승객 중 서양 사람들과 한국인은 불과 몇 사람 정도에 불과했다. 코트디부아르 사람들 중 일부는 유럽에 거주하다가 고국을 방문하는 사람도 있을 것이고, 해외여행을 마치고 귀국하는 사람도 있을 것이란 생각이 들었다.

아프리카에서 에어 프랑스를 타고 여행을 할 정도면 엄청난 부자라 한다. 신분도 높을 뿐만 아니라 세상에서 가질 수 있는 모든 부를 전부 누리는 사람이라 한다. 이들의 얼굴은 마치 '내 삶은 넉넉하고, 나는 세상을 즐길 수 있는 힘을 가졌다'라고 말하는 것처럼 보였다.

우리 일행은 항공기에서 내려 공항에서 입국 검사를 받았다. 입국 검사를 받기 전 반드시 액체로 된 것으로 손을 씻고, 황열병 주사 카드를 제시해야만 입국 심사를 받을 수 있다. 황열병 카드는 아프리카를 여행할 때 필수적인데, 이 카드가 없으면 입국이 불가능하다. 나는 입국심사장에서 한참을 서 있다가 입국 검사를 했는데, 왼손 손가락의 지문이 기계에 찍히지 않아 고생을 했다. 이런 일은 보기 드물기 때문에 조금 당황스러웠다.

어렵게 입국심사장을 빠져 나와 가방을 찾기 위해 줄을 서서 기다렸다. 짐을 찾는데도 시간이 오래 걸려 한 시간을 기다려야만 했다. 한 시간 동안 기다려서 찾은 짐을 갖고 밖으로 나오자 아비장 한인교회의 백성철 목사님 내외, 김진의 장로님 내외를 비롯한 많은 교인들이 늦은 시간임에도 불구하고 마중 나와 환영해 주었다.

코트디부아르 아비장을 1년 만에 다시 방문했는데 정말 좋다는 생각이 들었다. 2015년 6월에 방문했을 때 보다는 분위기가 안정적이었는데, 이는 정치·경제적 안정이 가져온 결과로 보였다. 2015년 10월 대통령 선거가 마친 다음부터 잠시 동안 안정세로 돌아 섰지만, 정치적으로는 와타라 대통령의 3선 개헌으로 약간은 뒤숭숭한 면도 있었다.

나는 숙소로 이동하는 동안 교인들에게서 아비장과 코트디부아르의 소식을 많이 들을 수 있었다. 참 귀한 분들을 만날 수 있었던 것은 하나님의 은혜라고 밖에 할 수 없는 일이고, 이러한 은혜를 누린다는 것이 나에게는 행복이다. 참으로 좋으신 하나님의 은혜를 경험할 수 있다는 것이 행복하고, 하나님이 모든 일을 하신다는 것으로 인해 행복할 수 밖에 없는 삶이다.

아비장 한인교회에 도착한 시간은 밤 9시가 조금 넘은 시간이었다. 미국에서 온 단기선교팀 자매들의 인사와 교인들의 환영을 받으면서 식당으로 이동했다. 저녁 식사는 만찬이다. 먼 여행길을 온 사람들에게는 정말 행복한 식사시간이었고, 귀한 음식을 준비한 손길에 깊은 감사를 드리면서 맛나게 먹었다. 오랜만에 보는 한식은 아니지만 흰쌀밥에 김치와 멸치볶음, 오징어 조림과 김칫국은 정말 맛이 좋았다. 한국에서도 쉽게 접할 수 없는 김장김치가 특히 맛이 좋아 여행에서 쌓인 피로가 씻겨 나가는 느낌을 받았다.

3
*
아픔의 역사를 가진
서부 아프리카

1880년대 서구제국의 아프리카 쟁탈전은 54개국을 유럽식민지로 분할했다. 1884년 베를린 회의 당시 아프리카 대륙을 분할한 내용을 살펴보면, 먼저 영국이 지배한 국가는 가나, 감비아, 나이지리아, 남아프리카공화국, 레소토, 보츠와나, 시에라리온, 수단, 남수단, 이집트, 잠비아, 짐바브웨, 케냐 등이다. 독일이 지배한 아프리카는 나미비아, 카메룬, 탄자니아, 토고였다. 카메룬과 토고는 1차 세계대전 이후 프랑스와 독일이 분할하여 점령하기도 했다. 르완다와 브룬디는 1919년 벨기에에 위임되었고, 탄자니아는 영국에 위임되었으며, 나미비아는 남아공에 위임되었던 아픈 역사를 갖고 있다.

프랑스는 가봉, 기니, 기니비사우, 니제르, 마다가스카르, 말리, 모리타니아, 모로코, 베냉, 부르키나파소, 알제리, 중앙아프리카, 챠드, 코트디부아르, 콩고, 튀니지 등이다. 그 외에 벨기에는 콩고민주공화국을 지배하였고, 스페인은 적도 기니를 식민 지배했다. 포루투갈은 모잠비크와 앙골라를 지배하였고, 이탈리아는 리비아, 소말리아, 에리트리아를 지배했다.

서부 아프리카는 오랜 기간 서구의 지배를 받아 왔기 때문에 역사인식과 정체성을 확보하는 것이 어려운 문제로 남아 있다. 서부 아프리카를 방문하다 보면 이들은 식민 지배를 받아서 그런지 우리가 먼저 인사를 해야 반응하기도 한다. 이것은 내가 방문한 코트디부아르, 가나, 토고, 베냉 공화국의 공통된 모습이다.

　1957년 가나가 영국으로부터 독립한 이후 1960년에는 사하라 이남 아프리카 대부분의 국가가 독립을 했다. 그러나 냉전시대 자본주의와 공산주의 체제 경쟁과 비동맹운동의 구도 속에서 고질적인 내전, 군사 쿠테타, 종족 갈등과 전쟁, 지도력 부재, 지도자들의 탈선과 부정부패로 인해 국민들은 정치적 불안정과 불안심리, 저개발의 악순환에 시달리고 있다. 탈냉전 이후에는 소말리아 사태, 1994년 르완다의 제노사이드, 코트디부아르의 10년이 넘는 분쟁이 끊이지 않았으나, 현재 정치적 불안정은 최소화되어 가고 있다. 하지만 토고공화국은 장기 독재와 경기 침체로 국민들이 계속 불안한 상태에 놓여있다.

4
*
아디아께
빌라지 교회

늦은 저녁을 먹고 난 후 각자의 숙소에서 여정을 풀었다. 여행은 잠을 잘 자는 것이 중요하다. 잠은 건강을 지켜 줄 뿐 아니라 모든 일정을 소화할 수 있는 힘을 주기 때문이다. 나는 아침 일찍 아침 묵상을 하기 위해 일어나 다니엘서를 묵상하기 시작했고, 곧 이어 호세아서 2장까지 읽었다.

호세아서는 하나님의 곁을 떠난 백성들을 향한 애절한 징계와 경고, 그리고 한없이 품으시는 하나님의 은혜를 경험하도록 한다. 그리고 백성을 버리지 않으시는 하나님을 발견하도록 하는 장면에서는 눈물이 나올 만큼 은혜를 받을 수 있다.

성경을 묵상한 후 간단한 아침 식사를 하고, 8시 15분에 대서양쪽으로 이동하기 시작했다. 우리가 처음으로 방문한 곳은 아디아께 교회다. 이 교회는 현지 교회로서 자생력이 있고, 병원과 학교를 통해 지역사회를 변혁하는 교회의 역할을 잘 감당하는 교회다.

시골교회로 가는 길은 6차선 도로로 매우 넓은데, 이 길을 따라가면 가나, 토고, 베냉, 나이지리아로 갈 수 있다. 나에게는 이 길이 마치 서부 아프리카 ECOWAS(CEDEAO) 15 VISION을 이루는 실크로드처럼 느껴졌다. 현재 한국은 남과 북이 나누어져 판문점조차도 갈 수 없는데, 이들은 고속도로를 통해 서로 왕래할 수 있는 것을 보면서 그들의 미래가 매우 희망적으로 보였다.

아디아께 교회로 가는 길과 해변은 정말 아름답다. 대서양을 끼고 있는 해안 주변에 위치한 판자촌과 같은 곳을 모두 철거하고 해양공원을 만든다는 정부의 방침은, 앞으로의 코트디부아르의 미래에 도움을 주기에 적합해 보였다. 아름다운 대서양을 끼고 있는 코트디부아르. 이곳은 영혼의 쉼터와도 같다고 표현할 정도로 편안했다. 차창 밖으로 보이는 사람들의 표정은 밝았고, 상점은 생기가 있어 보여 '이 모습이 진정한 아프리카의 모습인 것인가'라는 생각이 들었다.

길거리를 걷는 어린아이로부터 머리에 물건을 팔기 위해 손님을 찾아다니는 행상들의 표정에서도 그들의 평화로운 삶을 읽을 수 있었다. 그런데 이들에게도 어둠의 그림자가 드리워져 있었다. 바로 2016년 3월에 그랜드 바쌈(Grand Bassam) 지역에서 발생한 테러 때문인데, 이 테러를 통해 전 국민들은 안타까운 마음과 함께 테러에 대한 증오를 품게 되었다. 누구도 생각하고 싶지 않은 이슬람 무장 테러에 대한 반감이 이 곳에서도 아주 강하게 느껴져 왔다. 이슬람 무장 세력에 대한 두려움과 공포는 외국인을 비롯하여 현지인 모두가 경험하는 것 가운데 하나로 보였다.

5
*
뽈레 브리제
Poule briser & griller: 구운 닭고기 요리

주일 저녁이다. 주일 오전 예배는 아태아 대학원 총장으로 섬기는 김의원 목사가 설교를 했고, 오후 1시 30분에 드려지는 예배는 내가 설교를 했다. 주일 예배를 모두 마치고 숙소에서 휴식을 취했다. 오랜만에 아무것도 하지 않고 방안에서 쉬고 있으니 저절로 힐링이 되었다. 누군가와 대화하지도 않을 뿐 아니라 전화도 받지 않아 기분이 좋았다. 아무리 좋은 것이라해도 휴식만큼 행복한 것은 없다. 휴식은 육체의 보약이라고 하는 것이 맞는 것 같다.

주일 오후, 한쪽에서는 탁구를 치느라 정신이 없다. 오랜만에 만난 국가별 대항전 같기만 하다. 그래도 믿음의 사람들이 모였으니 얼굴에는 함박웃음뿐이다. 저녁시간이 되어 시내로 갔다. 아비장 시내는 전국구 택시와 지역택시만 오갈 뿐 인적도 드물어 한적하기만 했다. 이슬람교의 라마단

금식기도 기간이라서 모두들 낮 기도를 마친 후 모두가 저녁 식탁 앞에서 공동체 모임을 하기 때문이 아닐까.

저녁 메뉴는 풍성했다. 아비장에서 가장 유명한 닭요리 집으로 갔는데, 한 사람 당 한 마리씩 놓여진 이 닭 요리의 이름은 블레트 브리제(Poulet briser & griller)로, 이 구운 닭고기 요리는 모두가 좋아하는 아프리카 음식이다. 닭고기는 살이 통통하게 찐 것으로 맛이 대단히 좋다. 거기다가 양파를 썰어 소스와 함께 먹으면 최고의 맛을 낸다. 아프리카 파프리카와 양파를 갈아 만든 이 소스는 구운 닭고기를 먹는데 안성맞춤인데, 아프리카 전통음식이면서도 외국인의 입맛을 돋우는 풍미가 있어서 우리 입맛에도 잘 맞았다.

6
*
선교는 희생과 신뢰가
먼저다

저녁식사를 마치고 난 후 코트디부아르의 아픔과 상처에 대한 간증을 들었다. 한 개인의 간증이라기보다는 코트디부아르의 역사의 한 단면을 듣게 된 것이다. 이것만큼 귀중하고 소중한 경험담은 어디서도 들을 수 없는 것들이다. 아비장 한인교회가 설립된 이래 최고의 위기 상황을 극복한 진솔한 이야기를 들을 수 있다는 것은 큰 복이었다. 이 날 전해 들은, 2004

년부터 시작된 내전과 관련된 것은 외부에서는 아무도 알 수 없는, 오직 그 현장을 겪은 사람들만이 알 수 있는 사건들은 매우 충격적인 것이었다.

2004년부터 2011년 내전이 끝날 때까지의 과정을 알고 있는 오보양 권사님의 이야기는 어제 일처럼 생생했다. 그의 가슴에는 믿음으로 삶을 이겨낸 10년 세월의 아픔이 그대로 흘러 나왔고, 그 삶을 통해 코트디부아르를 섬기는 '믿음선교'가 무엇인가를 말해 주었다. 그가 내전 중에 겪었던 고통스러운 이야기의 핵심은 '믿음으로 이겼다', '하나님이 하셨다', '주님께서 이루셨다'는 것이었다. 그 간증을 통해 하나님의 역사하심과 오 권사님의 하나님을 향한 온전한 믿음을 볼 수 있었다.

그의 이야기를 여기에 다 기술할 수 없지만, 그는 미국시민권을 가진 한국인 목사의 희생정신과 희생이 자신의 신앙의 틀을 세우는 기초가 되었음을 강조하면서 이야기를 풀어나갔다. 그가 한인교회에 머물러 있을 수 있었던 힘은 하나님의 말씀과 기도였다. 기도가 없었다면 그 많은 고난을 견딜 수 없었을 것이라는 대목은 선교적 리더십이 무엇인가를 다시 생각하게 했다. 선교적 리더십은 하나님의 말씀과 기도를 통한 영적인 감각과 거룩함이다. 이 거룩함은 하나님의 거룩한 역사를 이루기 위한 과정이고 훈련이다. 이러한 과정이 없는 영적 리더십은 허울이다. 하나님의 선하심을 올바로 발견하기 위한 과정을 바로 선하심과 온전하심을 따라 발견하는 지혜와 통찰력이었다.

하나님을 향한 간절한 기도는 교회와 국가적 위기 상황을 극복하는 용기와 지혜가 있음을 발견하는 기회가 되기 때문에, 항상 하나님이 주신 기회를 놓치지 않도록 노력하고 있다. 오 권사의 간증은 선교 목회자의 영적 리더십이 무엇인가를 가르쳐 준다. 한 영혼을 위한 영적 리더십은 이렇다.

첫째, 하나님이 지켜 주신다는 철저한 믿음이다. 믿음선교의 삶은 전쟁 트라우마와 위기에서 지혜를 발휘하도록 한다. 둘째, 성도들로 하여금 목사의 판단判斷이 올바르다는 것을 인식시켜 주는 것이 좋다. 셋째, 모든 삶의 영역을 긍정적 시각으로 바라보도록 한다. 그리고 범사에 감사하는 삶이 되도록 이끌어 주는 것이다. 하나님께서 이스라엘 백성들로 하여금 출애굽을 시킬 때의 장면을 연상하도록 해 준다. 넷째, 아프리카 내전과 위기 상황에서 정신적 고통을 이길 수 있는 길은 오직 하나님의 말씀이라는 것을 가르쳐 줄 필요가 있다. 아프리카인에게 내일은 예측할 수 없다. 하물며 이들은 5년 앞의 미래라는 것을 측량하기 어려운 현실을 살고 있지만, 이들에게 그 이상으로 멀고 험한 하나님께로 가는 길을 정확하게 바로 인식하는 방법은 성경임을 가르쳐주는 것이다. 다섯째, 선교 목회자는 삶 자체가 하나님을 향한 헌신이어야 한다. 교회에서는 새벽기도에 열심을 다하고, 헌금 생활에서는 타인보다 우수해야 한다. 이러한 삶은 성도들이 보고 배운다. 목회자보다 앞서는 성도는 없다. 성도들의 영적 삶의 진보는 목회 선교사의 리더십을 따를 뿐이다. 여섯째, 목회 선교사는 하나님의 말씀을 갖고 끊임없이 선포하는 사람이다. 사역 선포는 지속적이어야 하며, 그 결과는 10년의 시간이 소요된다. 일곱째, 목회 선교사는 하나님의 일에 대하여 희생할 때 성도들이 따라온다. 이것이 한 영혼을 위한 선교 방식이다. 여덟째, 현장 선교사는 사역의 목표, 기대효과, 사역의 방식을 알고 지켜야 한다. 적어도 현장 선교사는 사역의 본질이 무엇인가를 인식하는 태도에서 영적 리더십이 발원되기 때문이다. 아홉째, 한 영혼을 위한 선교 리더십은 전체를 바라보는 통찰력이 있어야 한다. 하나의 국가와 한 영혼을 위한 근심은 아름다운 것이다. 코트디부아르 아비장 한인교회 오보양 권사는 이렇게 말했다.

"저는 아프리카를 알 수 없습니다. 제가 30년을 서부 아프리카에서 살고 있지만 아프리카를 알 수 없어요. 왜냐하면 아프리카는 정치적으로 늘 불안해요. 저는 기니가 걱정입니다. 기도해 주세요."

그가 선교사들을 향하여 내뱉는 언어는 서부 아프리카를 사랑하는 마음이 간절해 보였다. 한 영혼을 살리는 일에 동참하려는 정신은 아비장 한인교회 백성철 목사의 목회 철학과 맥을 같이 하고 있다. 백성철 목사는 이렇게 말한다.

"희어져 추수할 곡식은 많은데 추수할 일군이 없어요. 하지만 저는 선교가 제 생애에 가장 보람을 느낍니다."

위의 내용들이 아프리카 현장에 맞는 '한 영혼을 향한 리더십'이라고 정의할 수 있는가에 대한 질문에 나는 그렇다고 답하고 싶다. 서부 아프리카 지역의 교회와 신학교 그리고 성도들의 의식과 가치는 모두가 문화적 환경에 의해 지배를 받기 때문이다. 이를 극복하는 유일한 방식은 아프리카의 상황을 보다 구체적으로 파악하는 일이다.

백성철 목사는 서부 아프리카 코트디부아르에서 오랫동안 선교 사역에 전념할 수 있었던 이유의 핵심을 말했다.

"저는 하나님 앞에서 두 가지 핵심적인 결심을 했습니다. 그것은 바로 순종입니다. 순종은 크게 두 가지입니다. 하나는 하나님 말씀 앞에 순종하는 것입니다. 또 하나는 진리 앞에 순종하는 것입니다. 저는 자신을 나타내지 않는 것이 핵심입니다. 제가 20년 동안 사역한 내용을 나타내지 않는 것입니다. 이것이 선교와 목회사역의 핵심입니다."

백성철 목사가 '한 영혼을 위한 선교적 목회 리더십은 하나님 말씀에 대한 순종과 사역의 결과를 드러내지 않는 것'이라고 한 것은 성경적 세계관에 기초하고 있다. 순종과 나타내지 않는 것은 예수의 선교사역과도 맥을 같이 한다. 예수는 보내심을 받은 하나님의 명령 앞에 순종하여 성육신하셨고, 그의 사역을 알리지 말라고 권면한 후 한적한 곳에서 기도한 것을 계승하는 것으로 보면 된다.

선교적 목회 리더십은 철저하게 성경에서 가르치는 대로 배우고 실천하는 것이다. 이것이 하나님이 보시기에 좋은 선교 전략이다. 백성철 목사가 선교적 열매를 거둘 수 있는 또 하나의 전략은 바로 "예수 그리스도의 피 묻은 십자가를 강조"하는 것이다. 십자가의 신앙을 강조하는 것만이 생명을 살릴 수 있다고 보는 것은 선교의 바른 가치를 알기 때문이다.

복음전도자의 학력이 문제가 아니라, 그가 성령에 이끌림을 받는 자가될 때 올바른 선교가 가능하다는 것이다. 적어도 복음전도자는 공부를 많이 하는 것보다는 복음을 전제할 때만이 하나님의 나라가 확산된다고 말하고 있다. 선교사와 목회자가 학력이 높으면 복음의 능력이 약할 뿐 아니라 자신을 전제로 하기 때문에 복음이 약화된다는 논리를 펴고 있다. 이는 매우 정확한 평가라 할 수 있다. 하나님의 사역자는 학력의 중요성보다는 성경적 가치와 지식, 세상을 올바르게 판단하는 통찰력이 중요하다는 이야기다.

아비장 한인교회를 비롯하여 빌라지 교회를 복음화하기 위한 모토는 "여호와께서 모태에서부터 나를 부르셨고, 내가 또 너를 이방의 빛으로 삼아"(사 49:1, 6)라는 말씀에 기초하고 있을 뿐 아니라 코트디부아르에 거주하는 다양한 종족들을 구원하여 저희에게 보내어 그 눈을 뜨게 하여 어두움에서 빛으로 사단의 권세에서 하나님에게로 돌아오게 하려(행 26:17-18)는 열정 때문이다. 선교는 한 영혼을 어두움의 세계에서 구원하려는 목적을 이루려할 때 가능하게 된다. 그리고 영적으로 눈이 어두운 이들의 눈을 밝히며 흑암에 처한 자들을 구원하기 위해서라 할 수 있다(사 42:1, 6-7). 그러므로 선교는 하나님의 관점에서 세계를 바라보는 것이고, 한 영혼을 구원하기 위한 간절한 마음이며, 하나님의 관점에서 세상과 종족을 향한 외침과 바라봄이다.

선교 목회 리더십은 한 영혼을 향한 관심에서 출발한다. 선교는 사랑의 공동체를 만들고 이를 지켜 가는 것이다. 그리고 모든 사역의 계획들을 하나님께 맡기고, 하나님의 약속을 믿고 실천하는 데 있다. 선교는 마을에 거하는 소수의 종족을 향하신 하나님의 사랑을 확증시켜 주는 영적 리더십이다. 이 영적인 리더십은 희생과 현지인들과의 신뢰관계이다. 신뢰는 상호간의 마음의 교류이며 동시에 모든 일의 성과를 이루는 기초가 된다.

7

*
입테시 신학교
코트디부아르 복음 장로회 신학교

코트디부아르는 서부 아프리카의 종교적 · 정치적 · 경제적 허브가 되는 곳이다. 특히 코트디부아르는 기독교의 벨트라고 할 수 있다. 이곳의 기독교가 무너지면 서부 아프리카는 쉽게 타 종교의 점령을 받을 가능성이 매우 높다. 이러한 측면에서 기독교의 역할은 매우 중요하게 인식해야 함은 물론, 이 지역을 서부 아프리카 복음화를 위한 전략적 관문 국가로 인식해야 한다.

코트디부아르는 개신교회보다는 로마 가톨릭 교회가 우세한 곳이다. 과거 프랑스가 식민지배를 하면서 가톨릭 교회와 함께 했기 때문에 가톨릭의 교세가 매우 강한 편이다. 프랑스가 식민지배를 했던 국가에 가보면 그 지역에서 가장 좋은 장소에 가톨릭 교회가 세워져 있는 것을 알 수 있다. 서부 아프리카에 손길을 뻗친 유럽인들의 목적은 복음전도보다는 인적 자원 송출과 자원 탈취였다. 그러나 지금 아비장은 아유럽문화(아프리카 & 유럽)의 또 다른 교차점으로서의 역할을 다하고 있다.

거대한 땅 아프리카는 아픔과 슬픔이 함께 교차하는 곳이다. 한 나라에 60개 이상의 종족이 어울려 사는 이 땅이 아픔을 딛고 평화의 땅으로 거듭날 수 있기를 소망한다.

8
*
눈썹 위의 상처

선교 현장을 방문하면서 가장 행복한 시간을 보낸 것은 코트디부아르 아비장 한인교회였다. 아비장 한인교회는 당회원들과 지식인들이 손님 대접하기를 아주 잘 할 뿐만 아니라 매우 좋아한다. 백성철 목사와 사모님이 손님 접대를 하는 일은 타의 추종을 불허할 정도다. 교회는 항상 손님 접대하기를 쉬지 않기 때문에 하나님께서 축복하고 계신다.

월요일 점심 식사 역시 최고의 만찬이었다. 한국식 비빔밥, 조기튀김, 대하튀김과 김치는 입맛을 돋구어, 5월 2일부터 시작해 10kg 감량에 성공했던 내 다이어트를 포기할 정도로 맛이 좋았다. 식사 후 식탁 교제를 하면서 몸이 무겁고 힘이 들어 교회 안에 있는 작은 운동장으로 나갔다. 나 홀로 농구공을 가지고 움직이다가 두 명의 선교사들과 함께 농구공을 갖고 놀기도 했다.

잠시 후 모두 모여 족구를 하게 되었다. 오랜만에 하는 족구는 재미있었지만, 내 몸은 내 앞으로 오는 공을 마음대로 찰 수 없을 정도로 굳어 있었다. 하지만 한 게임이 끝나고 위치를 바꾼 후에도 열심히 공을 찼다. 그러나 공에 대한 욕심이 지나쳤는지 나는 나와 같은 팀원과 부딪치면서 이마가 아팠다. 그 순간 눈썹 위에서 피가 흘러내리기 시작했다. 모두가 놀라 경기를 중단하고 나에게 달려들었다. 휴지를 꺼내 상처부위에 대고 지혈을 하면서 응급조치를 했지만 피는 계속 흘러내렸다.

교회 사무실에서 소독을 한 후 지혈을 위해 붕대와 테이프로 상처를 눌러 놓았지만 피는 계속해서 흘러내렸다. 나는 할 수 없이 아비장 다운타운으로 가서 상처를 치료하는 것이 먼저라고 생각하고 교회의 사모님에게 말씀을 드렸다. 교회에서 내 준 차를 타고 레바논 의사가 운영하는 곳에 갔다. 병원에 도착한 시간은 오후 3시 30분 정도 되었다. 레바논 의사에게 응급 조치를 받고 빈 병실에 가서 드러누웠다. 앉아 있으면 더 많은 피가 흘러내리기 때문이다. 의사는 "오후 4시 30분 경에 정형외과 의사가 올 것입니다. 그는 다른 병원에서 수술 중에 있습니다. 곧 올 것입니다."라고 말했고, 우리 일행도 이 곳 저 곳을 다니는 것보다는 병원에서 기다리는 것이 훨씬 좋겠다고 생각해서 의사가 도착하기를 기다렸다. 그는 오후 4시 30분이 되어도 오지 않았다. 의사는 오후 4시 30분에 병원에 도착한다는 말은 사실이 아니었으며, 나는 아프리카에서 오후 4시 30분이란 의미는 4

시간을 기다려야 한다는 것을 몰랐다. 의사가 말한 오후 4시 30분 도착은 '4시간 후에 도착'이란 뜻이었다. 아프리카인의 시간개념을 잘 이해하지 못한 나는 답답했고, 아프리카를 모르고 기다린 내가 미웠다. 나는 내가 그들의 문화를 이해한다는 것 자체에 많은 시간이 필요하다는 사실을 새삼 느꼈고, 이것이 아프리카라는 것을 깨닫게 되었다.

오후 7시가 조금 지나서 의사가 도착을 했다. 병원 주인 의사는 퇴근을 했고, 간호사들도 모두 퇴근하고 한 사람만 남아서 의사 옆에서 일을 도와주었다. 오후 7시 30분에 정형외과 의사를 통해 수술을 받았다. 이마에 난 상처로 여섯 바늘을 꿰맨 다음 숙소로 되돌아 왔다.

9
*
신학적 작업 위에
선교전략을 세우자

금요일 오후 1시, 서부 아프리카 아비장 포럼을 은혜롭게 마쳤다. 포럼의 주제는 '신학적 작업 위에 선교전략을 세우자'였다. 신학의 기초가 없으면 선교전략은 어렵다는 것을 전제로 한 것이다.

참석인원은 모두 20명이었다. 코트디부아르, 가나, 챠드, 기니, 부르키나파쇼, 프랑스, 미국, 한국, 르완다, 모로코 등에서 모인 사역자들이었다. 이번 포럼에 참석한 자들은 선교 환경이 좋은 코트디부아르 아비장 한인교회에서 모인 것이 하나님의 은혜라고 말했다.

아비장 한인교회는 선교를 위하여 일하는 교회이다. 백성철 담임목사와 김평일 · 김진의 장로, 오보양 권사를 비롯한 제직들의 헌신은 놀라울 정도다. 이들은 철저하게 생명을 살리는 목회를 실천하려는 하나님의 협력자들이고, 하나님의 말씀대로 순종하고 희생하는 이들의 정신은 한국교회보다 높다. 더 놀라운 것은 하나님의 은혜를 경험하기 위한 철저한 헌신을 통해 교회사역이 이루어지고 있는 장소에서 제2차 서부 아프리카 아비장 포럼을 개최한 것이다. 이는 아프리카 역사상 가장 위대한 선교역사로 기록될 만하다.

아비장 포럼은 구약신학과 신약 바울의 신학을 집중적으로 수강하면서 선교학으로는 서부 아프리카의 민속신앙, 세계난민문제와 선교, 복음과 상황화와 관련된 과목들을 강의하였다. 나는 선교학자로서 세 개의 강좌를 강의하면서 선교사들과 놀라운 소통을 하는 기회를 얻었는데, 이러한 과목은 서부 아프리카와 깊이 관련된 것들이다.

그러나 선교사들의 학구적 열정은 매우 빈약할 뿐 아니라 깊이 있는 현장관찰과 조사가 이루어지고 있지 않다는 점에서 문제가 있었다. 현장 리서치 방식과 분석, 평가 과정이 제대로 이루어지고 있지 않음은 아프리카 선교에 대해서는 큰 불행이다. 조금만 더 아프리카에 대한 관심을 갖는 사역자라면 아프리카의 경제를 비롯한 인문학적인 접근을 먼저 시도했을 것이라는 아쉬움도 남았다.

'아프리카 대륙은 지구 면적의 20.4%를 차지하고 있으며, 총 54개 나라로 구성되어 있다. 아프리카 인구는 10억 이상으로 추산되는데, 이는 전 세계 인구의 14.8%를 차지할 정도다. 아프리카 인구 성장률은 2050년경에는 20억 정도가 될 것이라는 전망이다. 전 세계 인구 80억 가운데 25% 이상 차지할 전망이다. 그러나 현재 아프리카의 15세 이하 인구 비율은

41%로 전 세계에서 가장 높은 성장률을 보이고 있어 '선진국과는 같은 고령화 사회는 도래하지 않을 전망이다'와 같은 기본적인 접근에서 시작한다면 사역자가 아닌 일반인들도 아프리카에 대해 좀 더 쉽게 다가갈 수 있을 것이라 생각된다.

아프리카에서 선교사를 위한 포럼은 다음과 같은 이유로 큰 의미를 지닌다. 첫째, 아프리카는 민속신앙이 매우 강한 곳이다. 둘째, 오랜 기간 동안 식민 지배를 받은 민족이라 자긍심이 약하다. 셋째, 상대방이 먼저 인사를 해야 웃는 사람들이다. 넷째, 개인은 힘이 없지만 단체가 모이면 힘을 발휘하는 특성이 있다. 다섯째, 경제적으로 낙후된 민족이라는 의식이 있어 정직하지 않은 점이 있다. 여섯째, 외부인들의 편견으로 인한 소외감이 높은 민족이다. 이러한 요인들로 인해 아프리카 선교가 어렵다는 것을 알고 신학적 바탕 위에 선교전략을 세우기 위해 서부 아프리카 아비장 포럼을 개최했다.

아비장 포럼은 우리의 선교 철학과 정책을 세우는 데 도움이 되었다. 실제 아프리카 국민들 절반 가량이 겪고 있는, 정치, 경제, 사회, 문화 그리고 기후 등 복합적인 요인으로 인해 발생하고 있는 제반문제들을 성경적 · 신학적 · 선교학적으로 찾아보는 데 있다. 아프리카 선교의 핵심은 정치적으로 안정될 때 잘 활용할 수 있는 선교정책이다. 그러나 서부 아프리카 15개국의 통치자들 대부분이 재선을 하였고, 이들이 3선까지 바라보기 위해 헌법 개정을 서두르고 있어 향후 5년의 앞을 바라보기가 어려울 정도다. 또한 지금과 같이 정치 지도자가 국민들로부터 신뢰를 받지 못하는 이상 아프리카의 정치 · 사회적 불안정은 지속될 가능성이 높다.

또한 아프리카의 변화 발전을 위한 새로운 전략을 추구하기 위하여 경제적 문제를 개선하기 위해 NGO(비정부기구 Non-Governmental Organization)사역을 하고 있는 교회와 선교단체도 많은 편이다. 아프리카 54개국 가운데 북아프리카의 모로코, 남아공, 보츠와나, 모리셔스, 가봉, 케냐를 제외하고는 대부분의 나라가 빈곤을 면하지 못하고 있는데, 이는 아프리카 국가 중 3/2가 넘는 대부분의 나라가 빈곤을 면하지 못한다는 것을 의미한다. 이런 상황에서 아프리카 선교는 NGO에서만 가능할 것인가? 그렇지 않다. NGO 선교 또한 철저하게 복음을 기초로 하여 진행될 때 가능하게 된다.

2015년 서부 아프리카에 만연했던 에볼라 바이러스는 수많은 복음전도자들을 긴장시켰다. 질병의 문제는 경제·사회적 문제를 뛰어넘는다. 빈곤, 기아, 질병 그리고 무기와 마약사범, 아동의 노동력 착취, 성적 착취, 매춘, 소년병 등은 이미 심각한 수준에 있다. 특히 시에라리온과 동부 아프리카의 일부 국가 지역에서 끊임없이 발생하는 소년병 문제는 심각한 수준이다.

지금까지 한 설명들이 서부 아프리카를 비롯한 여러 지역의 부정적인 면을 부각시킨 것 같지만, 실제로 아프리카는 세계 경제의 핵심이 될 가능성이 높다. 우선 아프리카는 전 세계가 갖고 있지 않은 지하자원이 풍부하다. 다이아몬드, 백금, 코발트, 원유 및 천연가스 매장량은 세계적인 규모를 자랑하고 있다. 또한 벼농사는 1년에 4모작이 가능한 곳이 많아 앞으로 식량생산의 중요한 기지가 될 수 있다. 거기다가 아프리카 연합 혹은 서부 아프리카 연합국이 힘을 합하면 아프리카의 자립을 위한 지역사회 개발이 충분히 가능하다. 그만큼 아프리카는 미래가 있고, 시장으로서 가치를 인정받을 수 있어 앞으로 역동적 시장과 개방화가 이루어질 전망이다.

서부 아프리카 역시 미래가 있는 곳이다. 자원개발과 더불어 기독교 신앙을 올바로 심어 준다면 절대적 빈곤과 영적 갈등을 치유할 수 있다. 서부 아프리카 특히 코트디부아르와 가나는 기독교가 성장할 수 있는 토양이 갖추어져 있다. 왜냐하면 서부 아프리카 사람들은 기독교를 받아들일 수 있는 준비가 되어 있기 때문이다.

　서부 아프리카 아비장 2차 포럼은 영적 빈곤, 영적 난민으로 사는 이들에게 성경적 기초 위에서 아프리카인의 고정관념을 깨고 접근하기 위해서였다. 아직도 서부 아프리카 15개국의 고민거리인 사막화, 농업과 굶주림, 경제적 기초시설의 빈약, 풍토병을 해결해야 할 과제를 안고 있다. 참가자들은 서부 아프리카의 다양한 문제를 안고 조별 나눔과 발표, 평가를 해보았다. 선교현장에서 발생하는 각종 문제에 대해 논의한 조별 토론은 아프리카의 선교 전망을 밝게 비춰주었다.

제 2 부

서부 아프리카의 자존심
가나공화국 아크라
돌아보기

"예수께서 이르시되 나의 양식은 나를 보내신 이의 뜻을 행하며
그의 일을 온전히 이루는 이것이니라"
요 4:34

1

*

코트디부아르
국제공항

코트디부아르에서 1주일의 시간을 보내고 가나공화국 아크라로 가기 위해 공항으로 향했다. 숙소에서 오후 5시 50분에 출발하여 아비장 시내 한복판을 거쳐 공항으로 가는 길은 매우 복잡했다. 아비장 사람들의 퇴근 시간과 맞물려 교통체증이 매우 심했다. 아프리카 각 도시마다 교통체증으로 몸살을 앓고 있다. 유럽의 헌차를 구입하여 엔진과 라디에이터를 교체하여 사용하기 때문에 매연도 매우 심하다. 그렇지만 아프리카인의 생활 수단은 교통의 편리함에 있기 때문에 매연은 신경 쓰지 않는다. 우리는 곧 퇴근길을 벗어나 공항에 도착했다.

국제공항은 입국자와 출국하려는 사람들로 매우 복잡했다. 입국장에는 마중을 나온 사람들로 가득 차 있었고, 2층 출국장은 길게 줄을 서야만 했고, 출국하는 것도 쉽지 않다. 입구에서 여권과 항공권, 비자를 받았는지 확인한 후 곧바로 수하물을 보내기 위해 줄을 서서 기다려야 한다. 가방과 항공기 좌석 표를 받은 후에는 곧바로 2층으로 올라가야 한다. 2층으로 올라가는 길목에는 2명의 검표원이 기다리고 서 있는데, 이곳을 통과하면 에스컬레이터를 타고 출국수속을 마치기 위해 다시 줄을 서서 기다려야 한다.

출국수속은 여권을 제시하고 검지 손가락의 지문을 찍어야 한다. 그리고 사진 촬영을 하고 나면 출국도장을 받은 후 곧바로 엑스레이로 가방 검사를 마쳐야 한다. 그러면 모든 일정이 마무리 된다. 공항 면세점을 지나 탑승구로 가는 곳은 그리 멀지 않은 편이다. 몇 개의 탑승구는 길게 연결되어 있고 중간에 TV가 설치되어 있어 전 세계의 소식을 알아볼 수 있다.

나는 1번 탑승구에서 아비장에서 가나의 수도 아크라로 가기 위해 한 시간 정도를 기다렸다. 이곳은 몇몇의 외국인들과 가나 사람들로 가득 찼다. 가나 탑승 수속은 오후 8시 25분부터 시작하여 9시 25분이나 되어서야 계류장을 출발하기 시작했다. 나는 항공기가 이륙한 후 30분 정도 지나 말라리아 치료약을 먹었다. 아프리카를 방문하는 자는 언제든지 말라리아에 걸리지 않기 위해 조심해야 한다. 말라리아는 예방이 중요하기 때문에 3일 동안 복용해야 한다. 말라리아 복용은 매일 동일한 시간에 먹어야 효과가 있다고 한다. 말라리아 약을 복용한 후 잠시 깊은 잠에 빠졌다가 항공기가 하강하는 느낌이 들 때 잠에서 깨어났다.

2
*
가나공화국 코토카(kotoka) 국제공항

가나공화국 방문은 처음이다. 서부 아프리카는 코트디부아르 2회, 토고공화국 2회, 베냉을 방문한 후 가나공화국은 처음이다. 코토카 국제공항은 깨끗하다는 인상을 받았다. 넓고 쾌적한 공항은 방문객들로 하여금 기분 좋게 입국할 수 있도록 해 주었다.

입국수속을 받기 위해 이동하는 동안 카메라를 통한 질병 검사가 있었다. 입국카드를 작성하고 외국인 자리에 서서 기다렸다. 입국수속은 쉬워 보였지만 공무원들은 매우 권위적인 것처럼 보였다. 공무원들의 정복과 무표정한 얼굴, 사무적으로 입국카드를 받고 처리하는 방식은 입국자들로 하여금 긴장감을 주었다.

나는 입국수속을 마치고 두 명의 검문관으로 부터 여권을 제시하고 확인을 받았다. 곧바로 수하물이 있는 곳으로 이동하였고, 입국장 밖으로 나오려 하자 박스만을 지적하며 검색을 요구했다.

세관원은 박스 안의 물건이 무엇이냐고 물었다. "망고스틱"이라고 말하자 통관이 되지 않는다고 말한다. 한국인이라서 그런지 철저하게 "세금을 부과하겠다"고 말한다. 망고스틱 과일 한 박스에 65$를 불렀다. 조금 후에는 60$을 부르기도 했다. 세관원을 설득하느라 힘이 든 동행자가 돈이 없다고 말하는 것도 인정하지 않고 세금을 부과하겠다는 것이다.

내가 처음으로 가나공화국을 방문하였지만 세관법 혹은 국제규약을 위반하지 않은 여행객에게 무리한 세금 청구는 처음 보았다. 나는 세관원의 눈길을 뒤로 하고 밖으로 나왔지만 섭섭한 마음뿐이었다. 처음으로 방문하는 외국인을 향한 부당한 세금 부과는 이해가 되지 않았다. 세관원의 비아냥거리는 웃음과 대화가 되지 않는 의사소통은 당혹스럽게 했다.

아비장 한인교회가 정성스럽게 선물로 준 박스를 놓고 나오는 기분은 썩 좋지 않았다. 아무리 생각해도 이해가 되지 않는 국제공항 서비스는 두고두고 기억날 것 같다. 세관을 무사히 통과한 줄 알았는데 불과 몇 십 미터 밖에서 세금부여 고지서를 받지 않았느냐며 묻는다. 아무것도 받은 것이 없다고 말하자 통과는 했지만 마음은 여전히 아쉬움만 남았다.

다음날 동행자를 만났을 때 들은 이야기가 있다. 입국장에서 다시 세관원이 있는 곳으로 가서 박스를 뜯어 본 결과 하나는 뻥튀기와 곡류, 한 박스만 망고스틱이었다고 한다. 망고스틱만을 놓고 다른 박스는 찾아왔다고 위로를 했지만 여전히 아쉬움과 섭섭함이 남아 있었다.

가나공화국에 대한 나의 이미지는 까다롭고 거칠다는 이미지였다. 세관원의 불친절함과 공항 근무자들의 지나친 간섭은 외국 여행객들을 불쾌하게만 했다. 내가 가나공화국 비자를 받을 때부터 느낀 것이지만, 가나공화국은 입국비자 서류가 9가지가 되는데다가 비자비용도 한국 돈으로 15만 5천 원이나 되기 때문에 그 비용도 만만치 않다. 그만큼 가나는 입국하는 것이 쉬운 곳이 아니었다.

가나공화국 국제공항에서 겪은 수모를 겪고 난 후 곧바로 테마(Tema) 지역에 있는 숙소로 가기 위해 차를 탔다. 주차장에 서 있는 차량은 시동이 걸리지 않아 몇 번이나 시도한 끝에 시동이 걸렸다. 나를 마중 나온 회사 직원은 당황스러워했다. 아무렇지 않다고 말해도 그는 자꾸만 미안한 기색을 하고 있었다. 공항 밖으로 나와 테마 숙소로 가는 길은 한산했지만 숙소 주변은 약간 어두운 느낌이 들었다. 주변은 자동차 공업사 뿐이었는데, 모두 헌 타이어와 중고자동차 부품들로 가득 차 있었다.

3

*

가나 아크라 외곽 지역의
테마(Tema)의 숙소

테마 지역에 숙소는 4층에 있어 조용했다. 숙소 주변은 카지노는 물론 상가조차 없을 뿐 아니라 사람들도 다니지 않는다. 숙소로 올라가기 위해 가방을 풀고 샤워를 한 후 YTN뉴스를 보았다. 오랜만에 듣는 한국어 뉴스는 반갑기만 했는데, 방글라데시 다카에서 발생한 테러로 수십 명이 사망했다는 소식과 함께 한국의 장마철 뉴스를 들을 수 있었다.

숙소는 침대와 화장대, 작은 테이블과 샤워실, 옷장이 있었고 냉장고에는 충분한 양의 물이 채워져 있었다. 참으로 고맙기만 하다. 부족한 사람을 위한 준비와 배려는 모두가 하나님의 은혜, 이런 은혜를 받고 산다는 것이 과분하기만 했다.

나는 가나공화국을 위한 선교정책 혹은 전략을 세우기 위한 새로운 의제(議題)를 정해야 하는 책임을 갖게 되었다. 서부 아프리카의 보건의료 활동으로는 말라리아 퇴치운동(RBM, Roll Back Malaria), 지역협력개발을 위한 정책, 성 불평등지수(GII, Gender Inequality Index), 선교를 위한 단기 액션플랜(Short-Term action Plan)으로 세워야 할 것 같다는 생각이 들었다. 가나공화국의 소수민족들을 향한 하나님의 거대한 계획을 알도록 하기 위해서는 보다 구체적인 계획을 세워야 할 것만 같다는 생각을 하면서 잠을 청했다.

가나공화국을 위한 정보기술(Informational Technology)를 위해서는 서부 아프리카 선교포럼이 지속적으로 이어져야 한다는 생각뿐이다. 국제단체로 활약하는 코이카(KOICA, Korea International Cooperation Agency)와 협력하는 것도 중요할 것 같다. 왜냐하면 이들과 함께 협력할 경우 농업기술 개발을 비롯한 지역사회개발에 박차를 가할 수 있기 때문이다.

4
*
아프리카에서 먹는
라면 맛

가나에서 첫 아침은 상쾌했다. 코트디부아르에서 일정과 이웃 나라인 가나공화국으로 여행하는 동안 항상 긴장하고 있었기 때문이다. 가나는 프랑스 식민지배를 받지 않아 서부 아프리카에서 영어를 사용하는 국가이다. 영어를 사용하는 국가이기 때문에 여러 모양으로 선교사들에게는 도움이 될 것이라는 생각이 들었다.

아침 묵상과 짧은 기도를 하나님께 드린 후 샤워를 하고 식사 장소로 이동했다. 아침 식사 메뉴는 라면과 잡곡밥, 김치와 무말랭이였다. 라면은 맛이 있었지만 밀가루 음식인데다 식사량을 줄여야 하는 부담감이 컸기 때문에 조금만 먹었다. 그러나 아침 식탁은 감동이었다. 나를 비롯한 한국인 4명이 더 있었기 때문인데, 한 사람은 인도네시아에서 직장생활을 하다가 퇴직하고 다시 아프리카로 일하기 위해 찾아온 사람이었고, 또 한 사람은 여성 엔지니어였다. 외국에서 한국인들과 같이, 아니 서로 모르는 사람이 아침 식탁을 한다는 것 자체가 감동이었다. 우리는 한국 사람을 만났다는 놀라움과 함께 식탁에서 벌떡 일어나 인사를 하고 라면을 먹기 시작했다. 라면을 먹으면서 서로의 눈빛이 부딪치면 서로가 조심스러워하는 모습이었지만, 라면으로 차려진 아침 식탁은 풍성한 대화를 나누는 장소가 되었다.

아프리카의 파워라고 말해야 할까? 다음은 아프리카라고 말해보기도 했다. 서로가 서로를 아프리카에서 일하고 있는 것 자체를 칭찬하는 시간도 가졌다. 그런데 갑자기 한 남자 직원이 나에게 아프리카를 어떻게 밟게 되었느냐고 물었다. 아마도 29번은 아프리카 땅을 밟았다고 말하자 조금은 놀라는 기색이었다. 대학 교수가 아프리카 땅을 많이 밟았다고 느껴서 그런 것 같다.

"그런데 죄송하지만 한 가지 더 질문해도 될까요?", "네." "무슨 전공을 하고 계신가요?", "저는 선교학입니다. 선교학 가운데 선교인류학 부분과 문화를 리서치하기 위해 아프리카를 방문하고 있지요." 이렇게 대답하자 고개를 끄덕였다. 학생을 가르치기 위해 아프리카 지역을 방문한다는 경험적 지식 때문이다. 내 오랜 직업의식과 순발력을 발휘하기 시작했다. 오랜 기간 대학에 머물러 있는 동안 철저한 경험을 통한 이론을 축적한 것이 대화를 이끌어 갈 수 있는 원동력이 되었다. 라면 식탁은 이렇게 대화의 장소가 되었다.

가나 테마 지역 숙소에서 라면으로 차려진 아침식탁은 서로의 진실을 말하는 장소가 되었다. 라면은 부풀어 올라 마치 거짓된 것 같지만 대화만큼은 진실을 말해 주는 곳이 되었다. 오랜만에 먹는 라면 맛은 최고였다.

5

길거리에서 피켓 들고 전도하는
가나 그리스도인들

이른 아침 식탁에서의 대화도 잠시, 곧바로 숙소를 빠져 나왔다. 아크라 시내와 중요한 곳을 탐방하기 위해서는 시간을 아껴서 사용해야 하기 때문에 바쁘게 움직였다. 아크라 시내로 가는 길은 한산했고, 코트디부아르와는 전혀 다른 분위기였다. 경제적으로 안정되어 있다고 보아야 할지 모르지만 분위기는 사뭇 달랐고, 사람들의 표정도 밝았다. 정치적·경제적 안정감이 삶의 질을 높여주어서 그럴 것이란 생각을 하면서 아크라 다운타운으로 갔다.

한국인 의사를 만나기 위해 가는 동안 놀라운 현장을 목격했다. 사람들이 피켓을 들고 도로변에 서 있었는데, 처음에는 회사 앞에서 농성하는 줄 알았지만 알고 보니 이들은 교회에서 나온 젊은 전도대원들이었다. 한 사람이 하나의 피켓을 들고 서서 '예수는 하나님입니다.', '예수는 성육신하셨습니다.' 등등의 피켓을 들고 전도하고 있었다. 피켓을 들고 전도하는 사람들 간의 간격은 50m 정도 되는 것 같았다. 이렇게 성경말씀을 기록한 피켓을 들고 10여 명이 도로에서 전도하고 있었다. 이들은 누구인가. 그들은 바로 북쪽에서 내려온 가나 기독교인들이라고 했다.

나는 아프리카 여행을 하면서 노방전도를 하거나 피켓을 들고 전도하는 모습을 처음으로 보았다. 가나에서는 이런 전도활동이 가능하다는 것을 보고 놀라기도 했고, 한편으로는 교회가 생명력이 있음을 보았다. 나는 피켓을 들고 선 전도대원들로부터 엄청난 도전과 충격을 받았다. 그들을 보면서 한국도 다시 전도의 열기가 일어나기를 조용히 기대해 보았다.

아크라 타운에서 피켓 들고 전도하는 젊은 대원들은 하나님의 말씀을 부끄러워하지 않는 위대한 믿음의 사람들이었다. 그들의 전도열정과 헌신으로 가나공화국은 기도의 일꾼이 더 많아진 것 같았다. 아크라 시내 곳곳에 세워진 교회의 종탑, 높이 솟아오른 십자가 탑을 보면서 아크라 시내를 벗어났다.

6
*
사람 사는 냄새가 나는 곳
마콜라 마켓(Makola Maket)

나는 코트디부아르에서 난 이마의 상처에 한국인 의사가 붙여준 작은 테이프를 하나 붙이고 난 후 아크라 시내로 이동을 했다. 아크라 시내는 잘 정돈되어 있었고, 아비장과는 분위기가 달랐다. 아크라 시민들의 얼굴 표정에는 삶에 지친 모습들이 눈에 들어왔고, 모두가 지쳐 있어 보였다. 무엇인가 포기한 것 같은 느낌을 받았다. 도로 위를 달리는 자동차는 중고차와 새 차들이 뒤엉켜 오고 가고 있었다. 인도에는 머리에 짐을 이고 나르는 남자와 여자들, 도로 가에 좌판을 벌여 놓고 앉아 있는 아주머니들을 보면 삶이 고달프게 보였다.

　이들의 삶을 뒤집어 보면 한편으로 아름다운 모습들이 있다. 가족을 부양해야 하는 막중한 책임감이 눈언저리에 서려 있다. 가게가 없어 길거리에 좌판을 놓고 앉아 있는 아낙네들에게서는 사람 사는 냄새가 절절 흘러나온다. 부자와 가난한 자가 별반 차이가 없어 보여 서로가 다르다고 말할 수 없다. 왜 그럴까? 먹고 사는 문제로 누구나 일을 해야 하기 때문일 것이다.

　길거리에서 행상을 하는 사람이든 머리에 짐을 이고 배달하면서 하루하루 먹고 사는 사람이든 모두가 아름답게 보였다. 만약 이들을 향해 비웃음을 짓거나 조롱한다면 그것은 잘못된 것이다.

　마콜라 시장을 오고가는 사람들 모두가 인생은 아름답다고 여기면서 자기 일을 하는 사람들이다. 물건을 사는 사람과 파는 사람 모두가 별 차이가 없는 사람들이다. 돈이 많고 적은 것이 문제가 아니라 삶의 질은 생각의 차이에서 나오기 때문이다. 생각의 차이가 삶의 질을 만드는 차이라는 점이다. 마콜라 시장을 보는 순간 사람들의 생각이 얼마나 차이가 나는지도 알게 되었다.

　차창 밖으로 오고 가는 사람들을 보는 순간, 놀랍고 재미있는 풍경이 있었다. 커다란 밀짚모자를 쓰고 하루 종일 앉아 물건을 파는 사람들의 얼굴에 미소가 끊이지 않았다. 무엇이 그들을 웃게 만들까? 무엇이 희망을 주기에 앉아서 웃고 있을까? 물건을 팔면서 서로를 인정해 주는 아름다움은 편견을 파괴하는 위력을 갖추고 있었다.

　나는 마콜라 시장 골목을 걸어 다니지는 않았다. 그러나 가나 사람들의 일상을 한 눈에 볼 수 있는 기회가 된 것만으로도 좋았다. 그들의 입장에서 다시 뒤집어 생각을 해보면 따뜻함이 숨겨져 있음을 보았다.

　마콜라 시장거리에 오고 가는 사람들 때문에 카메라 셔터를 눌러도 아무롯지 않게 생각한다. 혹시 촬영을 하다 붙잡히면 돈을 달라 할지 모른다는 생각 때문에 조금은 겁이 났다. 그들은 한 가지 일에 집중했다. 물건을 팔아야 하루를 살 수 있다. 짐을 머리 위에 이고 가는 사람들 역시 하루를 벌어 하루를 산다고 한다. 이들이 선택한 직업은 어쩔 수 없는 것이지만 자기 일에 집중하는 것은 대단했다.

가나에서 머리에 짐을 이고 다니는 사람을 '까야요'라고 부른다. 이 단어의 어원은 알 수 없지만 가장 빈곤층에 있는 자들을 일컫는 말이다. '까야요'라는 말은 마콜라 시장에서 만들어 낸 단어라고 한다. 이들은 주로 가나 북쪽 지방에서 내려온 사람들이다. 문화적으로 가난하여 먹고사는 문제가 있어 시장에서 하루 종일 물건을 나르면서 생계를 이어가는 사람들이다.

'까야요' 계층으로 일하는 사람들은 대부분 무슬림들이라고 한다. 무슬림들은 대체적으로 가난하다고 말하는 자들도 있다. 종교적 윤리와 규범이 강하게 지배하기 때문에 자립하는데 많은 시간이 걸린다고 말한다. 하지만 기독교와 이슬람교가 공존하던 가나공화국이지만 언제 부터인가 이슬람교가 강세를 보이기 시작했다고 말한다. 이런 놀라운 일들은 서부 아프리카 전 지역에서 우려하는 현상이다.

7

*
장로교 서점(Presbyterian Book shop)

마콜라 시장을 끼고 조금만 옆으로 가면 장로교회가 있다. 교회 앞과 도로변에는 성경을 파는 작은 길거리 서점들이 있다. 옛날 청계천 헌 책방이 있는 것처럼 좌판 서점이 눈에 띄었다.

성경을 판매하는 좌판 서점이 교회 근처에 있다는 것은 놀라운 일이다. 그만큼 성경을 읽거나 기독교인이 자유롭게 하나님을 경외하고 있다는 것을 말해 준다. 그러나 아프리카는 정치 · 경제 · 문화적인 측면에서 기독교적인 영향력이 줄어들고 있는 형편이다. 사하라 이남(sub Sahara) 혹은 흑아프리카(Black Africa) 지역에 이슬람교의 전략에 노출되어 가고 있기 때문이다. 서부 아프리카 역시 흑아프리카에 속한다. 북부 아프리카는 8세기경 이슬람이 아랍어와 함께 전파되었다. 14세기경 북아프리카는 뿔 지역을 시작으로 남쪽으로 모잠비크 해안까지 진출하기도 했지만 크게 영향을 미치지는 못했다. 16세기까지 사하라 이남의 아프리카는 서구세계에 알려지지 않았다. 이런 점에서 북아프리카와 사하라 이남의 아프리카는 종교 · 정치 · 문화사적인 측면에서 차이가 있다.

아프리카는 국가와 다양한 종족이 함께 어우러져 생활하는 흥미로운 곳이다. 언어는 2천 개의 토착 언어와 과거 식민종주국의 언어가 함께 혼재되어 있다. 아프리카 전체는 식민 지배를 받아 오면서 토착 언어보다는 식민 지배국의 언어를 공용어로 사용하는 경우가 많은 편이다. 이러한 관계로 성경 역시 영어와 토착 언어로 번역된 것들이 많은 편이다. 장로교 서점 역시 토착 언어와 식민종주국의 언어였던 영어성경이 있다.

사하라 이남에서 영어를 사용하는 국가는 나이지리아, 가나, 케냐를 비롯하여 18개국이나 된다. 프랑스어를 사용하는 서부 아프리카의 코트디부아르, 가봉, 콩고민주공화국(DRC), 세네갈, 토고, 베냉 등 24개국이나 된다. 아랍어는 주로 북부 아프리카 모로코, 모리타니아를 비롯하여 수단 11개국이다. 이러한 국가들 모두 기독교가 지배적이지는 않지만 서부 아프리카의 코트디부아르, 가나, 토고, 베냉은 기독교인구가 많아 선교활동이 자유로운 편이다.

그러나 최근 들어 이슬람국가(IS)와 연계된 자생테러집단으로 인해 긴장하고 있다. 서부 아프리카는 과거 노예무역으로 가장 크게 희생된 곳일 뿐 아니라 고대 왕국이 왕성했던 지역이다. 지금도 가나에는 왕이 존재하고 있으며, 베냉은 왕족들이 살고 있다. 역사적으로 전통성과 정치적 자유를 누렸던 서부 아프리카였지만 과거의 아픔이 있어 타종교의 유입도 쉽게 받아들이는 형편이다. 그럼에도 불구하고 가나에는 감리교회, 침례교회, 장로교회가 함께 공존하고 있는 가운데 장로교 서점, 감리교 서점이 분리 운영되고 있다.

나는 장로교 서점에는 어떤 책들을 팔고 있을까 궁금했다. 장로교 서점 입구에 들어서는 순간 약간은 실망을 했다. 기독교 서점이라고 보기에는 형편 없어 보였다. 출입구 쪽에는 각 종족언어로 된 성경과 교회력을 기록한 다이어리가 있었다. 우측으로 돌아서 보면 전문적인 서적은 별로 없고 리더십, 설교 등등의 책이 눈에 띄었다. 반대쪽으로 이동하자 가나공화국 선교와 관련된 장로교 총회의 회의록, 장로교신조, 장로교의 선교, 교회의 역사 등에 대한 책이 있어 몇 권 구입했다.

8

*

제임스타운의
등대(James Town Naviigator)

이방인의 눈에 비친 가나는 새로웠다. 말로만 듣던 라마단 기간이라 그런지 무슬림들의 얼굴에서는 긴장감도 있다. 라마단 기간은 무슬림들 뿐만 아니라 기독교인들도 조용하게 지내는 분위기다. 가나에서는 기독교인이나 무슬림들이 별 갈등없이 지낸다는 것도 이상했다. 이웃 나라인 코트디부아르나 나이지리아에서는 기독교인과 무슬림 간에 갈등으로 인한 내전도 있는데 말이다. 하지만 가나에서는 그런 모습이 전혀 보이지 않는다. 가나는 기독교인과 이슬람교도들이 서로 평화롭고 관용적이라고 한다. 아직은 가나공화국이 기독교문화가 더 우세한 지역이어서 그런지 모른다.

가나의 종교는 기독교가 약 69%나 된다. 이슬람교가 16%, 전통종교 9%, 기타 종교가 0.8%로 되어 있고, 아무런 신앙을 갖지 않는 사람들도 6%나 된다. 기독교는 가나의 해안에 상륙한 유럽인에 의해 14세기에 처음 전파되었고, 이슬람교는 15세기경 북쪽의 소닝케(Soninke)족과 디울라(dyula)족에 의해 전래된 것으로 되어 있다.

가나 아크라 시내에서 볼 수 있는 기독교 계통은 로마 가톨릭 교회, 개신교회로 감리교회, 영국성공회, 장로교회, 루터교회, 제칠일안식일예수재림교회, 오순절교회, 침례교회 등이 있다. 그 가운데 장로교회는 아크라 제임스타운 중앙에 위치하고 있으며 서점을 갖고 있다. 반대로 이슬람교는 수니파, 아흐마디야(Ahmadiya), 수피파(sufi), 티자니-형제단(Tijani-Brotherhood), 시아파가 있다. 이외에 민속종교는 각 종족마다 주술사가 있어 지역을 통제하기도 하고, 소수의 힌두교, 불교, 소수 종교들이 함께 공존하는 곳이다.

내가 제임스타운으로 가는 동안 많은 종족들을 만날 수 있었다. 나를 안내 해준 현지 목사는 가나의 종족파일을 설명해 주었다. 가나에는 50개 이상의 민족들이 공존하는 곳이며, 다양한 언어와 문화, 종교적 관습을 서로 인정하고 포용하는 곳이라고 설명해 주었다. 그리고 정치적으로 쿠데타가 일어나기도 했지만 국가발전을 기대하는 국민의식으로 평안한 것으로 알려졌다.

가나는 천연자원과 자신의 역사와 문화에 대하여 자긍심을 갖는 민족이라고 말하면서 이방인에 대하여 친절함을 잃지 않았다. 내가 만나는 가나 사람들과 짧은 만남에서 이들이 가진 잠재력이 개발된다면 발전할 수밖에 없는 나라라는 것을 보게 되었다.

오전 11시. 제임스타운에 도착하자 현지인 한 사람이 찾아와 말을 했다. "나는 제임스타운과 등대 등에 관한 가이드입니다. 나를 보시고 안내를 받으면 좋습니다."라고 하면서 접근하는 것이 아닌가. 그는 정부가 인정하는 가이드는 아니지만 제임스타운을 가장 잘 아는 자라면서 나에게 접근해 왔다. 제임스타운에 있는 빈민촌과 사람들 그리고 등대 주변의 가옥들을 보면서 길을 걸으려 해도 현지인은 가이드를 하겠다며 계속해 따라 붙었다. 그러나 우리는 현지 가이드를 뒤로 하고 제임스타운 주변을 둘러본 후 등대가 있는 곳으로 발길을 돌렸다. 이 등대의 원래 이름은 Jamestown(Accra) Lighthouse로 1920년대 후반 또는 1930년 말에 영국에 의해 세워졌다고 알려져 있다. 세울 당시에는 지상 고도 28m(92ft),

둘레가 아래 30m(98ft)의 크기로 세웠는데, 현재 이 등대의 해수면 고도는 34m(112ft)로 맑은 날에는 육안으로 16miles(30Km) 거리까지 관측이 가능하다고 한다.

제임스타운의 등대는 가나인들의 설움이 있는 곳이다. 과거 영국인들이 아프리카 노예들이 타고 있는 노예선의 길을 밝혀 주기 위해 등대라고 한다. 가나에 대한 영국인의 식민지배는 꽤 오래되었다. 1874년부터 1957년까지 이어져 고유한 언어도 잊어버리고 영어가 공용어가 되었다. 당시 가나는 유럽 열강들의 치열한 식민지배 대상 국가였다. 가나는 영국의 지배를 받았고, 서쪽으로 코트디부아르와 동쪽의 토고는 프랑스가 식민지배를 했다. 식민지배하에서 원주민들은 차별대우와 억압을 받았고, 그 가운데 원주민들을 노예처럼 다루거나 심지어 노예무역을 통해 돈을 벌어들이는 비인도적인 행위도 있었다. 그리고 노예로 팔려가는 노예선의 빛을 비추기 위해 세워진 것이 등대이다. 작고 아담하고 흰색과 붉은 색을 띠는 등대에는 가나 사람들의 슬픈 역사가 고스란히 담겨 있다. 등대 앞에서 카메라로 풍경을 담은 다음 해변으로 내려가는 비탈길에서 일가족으로 보이는 사람들과 잠시 이야기를 나누고 예수를 전하기도 했다.

제임스타운 해변 주변에 사는 사람들은 깨끗하지 않은 환경에 산다. 그러나 나와 현지 목사는 그들과 대화를 나누면서 그들이 웃는 얼굴로 화답해 주는 모습에 감동을 받기도 했다. 한 어린아이는 우리를 향해 중국 사람이냐고 물었다.

"아니요. 중국 사람이 아니라 한국 사람입니다."
"아, 그렇군요. 이곳에 어떤 일로 오셨나요."
"제임스타운과 등대를 보기 위해 왔습니다."
"아, 그러세요."

그들은 대화가 끝나면 웃으면서 자기 일이 바쁘다는 듯이 멀어져 갔다. 제임스타운 해변과 등대를 보고 뒤돌아서자 주변에는 경찰들이 지켜 서 있고, 넓은 광장 안에는 무슬림들이 둘러 앉아 있다. 이슬람교 행사가 열리는 모양이다. 그들은 자기의 신앙을 표현하기 위해 뜨거운 태양을 맞으며 이맘의 설교를 듣고 있었다. 그 옆으로 가나성서공회 건물이 보였다.

가나에서 발행되는 성경책을 이곳에서 발행한다. 그러나 가나 사람들은 성경책을 구입해서 볼 수가 없다고 한다. 왜 그럴까. 가격이 매우 비싸기 때문이란다. 하루 벌어 사는 사람들에게 성경책을 구입하는 것은 쉬운 일이 아니다. 하지만 가나성서공회는 각 종족별로 성경을 번역하여 보급한다. 한타어, 아산티어, 에버어, 당베어(Dangbe), 다콘베(Dakonbe)어의 성경 등이다. 특히 아산티어는 주로 찬송가용으로 많이 번역되어 있다.

특히 가나인들은 토요일부터 주일을 준비한다. 집에서는 토요일 하루 종일 찬송가를 듣거나 부르면서 주일을 준비한다. 그리고 성직자의 권위를 매우 존중히 여긴다. 이들은 항상 시온의 대로가 열리기를 기대하면서 주일을 준비한다는 이야기를 들으면서 성서공회 건물을 바라보았다.

제임스타운의 등대 그리고 성서공회를 지나오는 동안 마을 풍경과 내리막길의 가족들이 눈에 아른거렸다. 비록 처음 만난 가족들이고 사람들이지만 슬픈 사연을 가진 주변 사람들의 이야기를 듣고 난 후 마음은 평안하지 않았다. 그럼에도 그들은 아무런 생각을 하지 않는 것이 아니라 어려운 경제적 현실을 극복하려고 안간힘을 쓰는 모습과 웃음을 잃지 않은 어린 아이들의 모습이 떠오른다. 해변가 주변을 걸어가기를 꺼려했던 나의 모습이 오버랩되어 나의 마음이 부끄럽기만 했다. 비록 짧은 시간에 제임스타운과 등대, 라마단 기간의 무슬림 집회, 성서공회 건물을 보았지만, 마음 깊이 생각하는 시간이었다.

9
*
상대방이 먼저
웃어야 해요

가나를 방문하는 동안 아주 재미있는 일 가운데 하나는 내가 상대방을 향해 웃음을 보내야 한다는 이야기였다. 아무리 생각해도 이상한 느낌이다. 상대방을 보고 내가 먼저 웃어야 그들이 마음을 놓고 접근해 온다는 말을 들은 것이다.

왜 그럴까. 가나 사람들은 오랜 기간 동안 식민지배와 조상들이 노예로 팔려간 슬픈 역사를 갖고 있어 웃는 사람이 별로 없다. 그리고 상대방을 향한 경계심이 매우 강하다고 한다. 그리고 가나인 스스로가 자존심이 매우 강하고, 조국에 대한 자부심으로 인해 거만한 면도 있다. 역사적으로 고통을 겪었던 민족이어서 그런지 상냥한 사람이 별로 없다. 길을 걷는 사람과 레스토랑에서 일하는 사람 모두가 인상을 쓰고 다닌다. 그래서 상대방이 먼저 웃어 주어야 한다. 그러면 상대방도 웃음으로 다가온다.

또한 가나 사람들은 가족 중심으로 일을 한다. 그러니까 가게나 일터에서 친척 중심으로 일을 하고 아는 사람 중심으로 사업을 하기 때문에 인간관계가 매우 중요하다. 그래서 이들은 어떤 모임을 가질 때 단체복을 즐겨입는다. 이는 공동체 의식을 드러내는 것이고 힘을 보여주기 위한 표현이라 한다.

가나 사람들은 레스토랑, 직장 어디든지 가슴에는 엠블럼을 붙인 것을 쉽게 보게 되는데, 바로 공동체의 힘을 과시하기 위한 것이라 한다. 개인으로는 약하지만 공동체가 함께 하면 매우 강하며 군중심리에 의해 좌우되는 일도 많다.

가나, 그들과 함께 하고 싶다면 먼저 웃어 주어야 한다. 웃는 것만이 인간관계를 맺는데 도움이 된다. 웃음은 상대방을 평안하게 해주고 해치지 않는다는 상징이란다. 가나를 방문하고자 한다면 먼저 웃는 것이 좋다.

10
*
추장의 장례식

성서공회 건물을 지나 점심 식사를 위해 레스토랑으로 가는데 동네 주민들이 검정색 바탕에 빨간색이 있는 옷을 입고 길에 서 있었다. 장례식이 있는 모양이다. 가나에서 검정색과 붉은색이 함께 있는 것은 죽음의 색이라 한다. 마을 사람들이 검정색 바탕에 붉은색 옷을 입을 경우에는 경건하게 지내야 한다. 그런 상황을 알지 못하고 나는 정신없이 카메라 셔터를 눌렀지만 겨우 세 장을 찍은 것이 전부였다. 사진을 찍는 나를 향해 현지 목사님이 깜짝 놀라면서 촬영을 제재했기 때문이다.

추장의 시신은 일주일 후 매장한다고 하는데, 가나에서 장례식이 있을 때는 몇 가지 주의 사항이 필요하다고 말한다. 특히 추장이 세상을 떠났을 때는 여러 가지 지켜야 할 규정이 있다. 첫째, 추장이 죽고 난 후 장례식을 치를 때까지는 모두가 다 조용하게 지내는 것이 전통이다. 둘째, 추장의 장례식에는 모두가 참석해야 한다. 만약 장례식에 참석하지 않을 경우 살해될 수 있다. 셋째, 장례식은 거대하고 웅장한데 그 이유는 다른 부족에게 자신들의 공동체가 힘이 있다는 것을 보여주기 위함이다. 넷째, 추장의 장례식이 마무리 될 때까지는 길가에 앉지 않으며, 임신한 여인은 집에 있거나 사람들의 눈에 띄지 않도록 숨어 있어야 한다. 만약 임신한 여인이 동네 사람들의 눈에 띄게 되면 목을 잘릴 수 있다고 한다. 다섯째, 마을 사람들은 모두가 일찍 잠을 자야 한다. 오후 6시가 되면 불을 끄고 잠을 자는 것이 전통이라 한다. 여섯째, 밤 12시가 되면 추장의 혼이 온 동네를 돌아다닌다고 믿는 신앙이 있는데, 늦은 밤에 사람이 보이면 추장의 혼이 나타나 그 사람을 무조건 죽인다고 한다. 그러나 만나는 사람이 환자인 경우는 죽이지 않는다고 한다. 이런 이유로 아산티 사람들은 낮에만 활동을 한다.

제임스타운에서 부카 레스토랑으로 가는 길에 목격한 추장의 장례식 이야기는 민족학적으로 매우 중요한 의미가 있었다. 가나인들에게 기독교 신앙이 있다 해도 각 부족만이 갖고 있는 전통 양식은 변하지 않는 것 같다.

그렇지만 가나 사람들에게 장례식은 축제라고 한다. 특히 기독교인들의 경우에는 요일에 따라 색깔을 달리하기도 한다. 주일에는 흰색, 토요일에는 검정색, 금요일에는 빨강색의 옷을 입기도 한다. 가나인들 대부분은 교회에서 장례식을 치르는데, 장례식 날은 영혼이 천국 가는 날이기 때문에 모두가 기뻐한다.

11

*

부카 레스토랑(Buka Restaurant)

제임스타운과 성서공회, 추장의 장례식과 관련된 다양한 문화 체험을 한 후 점심식사를 위해 부카 레스토랑으로 갔다. 가나의 전통 음식점이라 한다. 이곳에서 무엇을 먹을까 생각하다가 전통음식을 먹는 것이 좋겠다는 생각으로 몇 가지 음식을 주문했다.

먼저 졸로프 라이스(Jolof rice), 그릴 치킨(Grill Chicken), 생선(Tilapia; 돔 종류), 반쿠(Banku;흰색-옥수수, 얌, 카사바를 섞어 만든 것), 스튜(염소고기, 오크르, 민물 게로 만든 스프종류)를 주문했다. 빵은 서비스로 제공되었고, 음료수는 주문을 해야 한다. 가나의 전통음식은 여러 가지 면에서 색다른 면이 있었다.

가나의 전통음식은 '매우 담백하고 맛이 좋았다. 우리 입맛에 맞을 뿐 아니라 식감이 좋다'는 평가를 내리고 싶다. 레스토랑에서 일하는 종업원도 상냥하고 친절했지만, 종업원 대부분은 웃는 얼굴이 없고 무엇인가 화가 난 모습이며, 일을 할 때는 묵묵히 일하는 것이 특징이다.

가나, 우리에게는 가나 초콜릿으로 유명하지만 정작 가나 사람들은 초콜릿을 쉽게 먹을 수 없다. 최근에는 방송인으로 유명한 샘 오취리(Sam Okyere)의 고향으로 자주 입에 오르내리는 곳이다. 가나의 음식 중 일부분을 맛보았지만 그 음식들은 '아프리카의 검은 별'이라고 불리는 곳다운 맛이었다. 인구는 2,500만 명이 조금 넘는 나라, 아칸족을 비롯한 50개 부족이 어울려 사는 곳에서 그 지역의 전통음식을 맛본 것은 정말 기적이고 축복이었다.

2015년 여름에는 코트디부아르와 토고 공화국을 방문했고, 2016년 1월에는 토고공화국과 베냉 공화국을 방문하면서 가나공화국을 방문하지 못한 아쉬움을 모두 떨쳐 버리는 시간을 부카 레스토랑에서 보냈다. 짧은 시간에 가나의 전통의 음식을 맛보고 가나의 상징 예술박물관으로 향했다.

12
*
Artists Alliance Gallery & Omanye House

가나 아크라에서 점심을 먹고 난 후 대서양 해변가에 위치한 얼라이언스 갤러리로 갔다. 갤러리는 3층 건물로 되어 있고, 뒤편에는 수영장이 있다. 갤러리는 해변가에 있어 소금으로 인해 끈적끈적하고, 바닥은 미끄러웠다. 이 건물의 주인은 대학교수이면서 화가인 아브레다 글로버(Ablade Glover 관장)이다. 그는 평생을 미술과 조각, 전통가구들을 모아 전시하고 있었다.

갤러리 1층에는 각종 관(棺)을 진열해 놓았다. 평생 동안 축구를 좋아하는 사람은 축구화로 만든 관, 어부는 물고기 관, 사냥꾼은 표범으로 된 관, 새를 잡는 사냥꾼은 새 모양의 관을 만들어 놓았다. 왼쪽 방에는 말리와 니제르, 가나 등에서 수집한 전통신앙을 상징하는 신들을 모아 놓았다. 북쪽의 말리에서 가져온 신들은 대부분이 남성과 여성의 성기를 상징하는 모형들이 많았다. 민간 신앙으로 무당의 머리와 버섯 모양의 모자로 된 신, 조개껍질, 의자에 앉아 있는 왕(king), 왕과 왕비를 상징하는 나무 조각상등을 전시하고 있다. 말리는 나무로 된 조각한 신을 많이 숭배하고 있었고, 대부분은 가정을 지키는 신이라고 한다. 특히 새 머리의 신은 축제를 할 때 쓰는 모자(帽子)라고 한다.

그 외에도 아산티 족과 관련된 신들이 있었고, 2층에는 클래식한 그림과 포스트모더니즘을 상징하는 작품들이 전시되어 있었다. 3층에는 직물로 만든 전통적인 작품들이 진열되어 있어 가나의 전통과 문화, 현대 문화를 모두 볼 수 있는 갤러리였다.

2층 갤러리에서 눈에 띄는 그림 몇 점이 있었다. 길가의 노점상을 그린 작품, 저녁 시장을 상징하는 그림, 바오바 나무의 모습을 그린 것을 비롯하여 현대 미술과 음악, 뮤직을 상징하는 다양한 것들을 볼 수 있었다. 또한 그림 가운데는 성 차별을 금지를 요구하는 그림, 인간을 납치하지 말라는 포스터 형식의 그림, 사랑하고 돌보아주라, 좋은 엄마, 평화, 불공정에서 일어나라, 국내 범죄를 다루는 그림도 있었다.

알리 앙스 갤러리는 아크라의 문화와 전통, 신앙과 삶을 엿볼 수 있는 곳이었다. 갤러리 주인은 나에게 작품과 그림, 직물 등을 살펴 볼 수 있도록 배려해 주기도 했다. 그리고 나에게 작품을 보고 감상한 후 가나의 문화를 알리는 데 기여해 줄 것을 주문하기도 했다.

13

*

외국인에 대한
편견

가나를 여행하는 동안 슬픈 이야기를 들었다. 현지인들이 외국인에 대한 편견을 갖고 있다는 내용이다. 왜 외국인에 대한 편견을 가지고 있을까. 여러 가지 생각도 해 보았지만 현지인은 이렇게 말해 주었다.

> "외국인은 저희들에 대해 정직하지 않아요."
> "무엇인지 모르지만 신뢰하기 어려워요."
> "외국인들은 우리보다 돈이 많지 않나요."

우리가 현지인들로부터 들을 때 별 느낌이 없는 것 같지만 그들의 마음에는 '외국인은 신뢰할 수 없다'는 생각이 지배적이다. 이는 과거 식민지배를 받을 때부터 가졌던 피해의식이 아닌가 싶다. 아무도 신뢰할 수 없다는 생각 때문에 가나에서는 사업하기가 어렵다고 한다.

비즈니스 혹은 사업하는 사람들이 정직하게 세금관련 신고를 해도 믿어주지 않는다. 기업가들이 탈세했다는 것 때문에 폐업이 속출하는 것도 신뢰하지 못하는 편견 때문이라 한다. 이는 국가적인 비극이며 가나의 경제성장에 전혀 도움이 되지 않는 방법이다.

14

*

주일은
가나 한인교회에서_(2016년 7월 3일 주일)

가나공화국에 머무른 지 3일째가 되는 주일날이다. 가나 아크라와 테마의
그리스도인들은 매주 토요일부터 경건한 마음으로 주일을 준비한다. 주
일 전날에는 경건한 마음으로 시간을 보내면서 하나님을 향한 예배를 드
리기 위해 노력한다. 하나님 제일주의 신앙과 교회 중심의 삶이다. 이런
곳에서도 실제 삶에서는 그리스도인의 모습보다는 자기 유익을 좇아가는
자들이 많다는 소문도 들리지만, 이는 가나 기독교인들만이 가진 특성은
아니라고 본다. 한국의 그리스도인들 역시 주일신자가 더 많다고 알려진
것은 오래되었다.

　주일 아침에는 경건한 마음을 모아 주님께 드리기 위해 묵상기도를 했
다. 숙소에서 몇 시간 동안 머무르면서 복음전도에 대한 열정과 비전을 심
어주기 위한 노력을 기울여야 하는 부담감을 느꼈다.

　오전 10시 10분, 가나 한인교회로 출발을 위해 방을 나왔다. 4층 계단에
서 1층까지 내려와 모기장철문을 지나 또 하나의 철문을 통과하면 주차장
이 나온다. 주차장에서 차를 타고 테마에 있는 교회로 이동을 했다.

　내가 머물고 있는 숙소주변은 공장지대다. 자동차 공업사를 비롯한 제
조업을 하는 곳이 많지만 도로는 곳곳이 패여 있다. 비포장도로를 조금만
벗어나면 포장된 도로가 나온다. 이 도로는 서구 식민지배 시대 건설된 것

이라 매우 좁은 도로이다. 이 도로를 끼고 이리저리 가다보면 교회가 나온다.

가나 한인교회는 역사가 짧지만 아름다운 성전과 열린마당, 식당, 사택, 교육관을 갖고 있다. 넓은 땅 위에 우뚝 선 교회는 가나공화국의 복음화를 위한 공간이다. 몇 분의 목사가 바뀐 상황이지만 고경철 담임목사는 12년째 목회를 하고 있다. 성도를 사랑하는 목회, 선교와 예배 공동체를 위해 최선을 다하는 교회로 느껴졌다.

교회 교육관에서는 성가대의 찬양연습을 하는 소리가 들린다. 여 집사님의 지휘에 따라 소프라노, 알토, 테너, 베이스의 목소리가 들려온다. 성가대원은 많아 보이지 않지만 은혜가 있는 목소리가 들려왔다. 나는 오전에는 느헤미야 2장 8절과 18절을 중심으로 "하나님의 선한 손"이란 제목의 설교를 했다. 그리고 놀랍게도 그 날 교회 주보에는 나의 사진과 경력이 실려 있었다. 고경철 목사의 센스, 감각이 나를 감동시켰다. 교인들 역시 주보를 보면서 여러 모양으로 놀라움을 갖는 것 같았다.

나는 설교를 통해 은혜로운 하나님을 선포했고, 교인들은 아멘으로 화답했다. 오전 예배를 마치고 난 후 식당으로 이동했다. 교인들은 길게 줄을 서서 기다리고 있었다. 담임목사가 기도를 해야만 식사를 할 수 있도록 교육을 잘 받은 것 같다. 담임목사가 우렁찬 목소리로 식사 기도를 하자 교인들은 아멘으로 화답했다.

점심 식사 메뉴는 김치, 계란말이, 설렁탕 국물과 국수였고, 식탁에는 망고가 있다. 노란색의 망고는 맛이 있었다. 마른 망고보다는 맛이 덜 하지만 아프리카 특유의 맛을 내는 망고는 피곤을 씻어 주었다.

점심 식사 후 열린 마당에 있는 곳에서 시원한 바람을 맞으면서 오후 설교 준비를 했다. 오후 예배는 디모데전서 2장 1-4절이다. 설교본문을 중심으로 "기도와 선교"라는 제목은 부담감이 느껴지는 것이지만 현지 교인들에게는 매우 적절한 것 같았다. 가나 한인교회 교인들의 적절한 아멘으로 응답하는 것과 믿음의 기도를 드리는 것을 보면 은혜의 시간이었던 것 같다.

오후 예배를 마치고 숙소로 돌아와 입었던 셔츠 세탁을 마치고 나니 피곤이 몰려왔다. 강단에서 복음을 전한다는 것도 힘이 들었지만, 오랜 기간의 여행 때문에 피곤해서 숙소에 있는데 졸음이 몰려오기 시작했다. 서서히 몰려오는 졸음을 참고 저녁식사 장소로 이동했다.

저녁 식사는 아크라에 있는 호텔이다. 뷔페식 식사를 위해 회사 직원들과 모든 사람이 함께 움직였다. 오랜 시간 끝에 식당에 들러 그동안 있었던 대화를 나눌 수 있었던 것은 감사한 일이다.

＊
15
7월 4일 월요일
아침

가나공화국의 아침 햇살은 따가웠다. 구름 사이로 살짝 비추는 태양 빛은 아프리카의 희망을 말해 주는 것 같다. 창문을 열고 심호흡을 하자 주변도로에서 날아오는 매연 냄새가 난다. 아프리카 역시 자가 운전자가 많은 반면에 중고차에서 뿜어 나오는 매연이 도시 환경을 나쁘게 하고 있다.

구름에 살짝 가린 아침 태양을 보면서 곧바로 공항으로 출발하기 위해 숙소 계단을 내려왔다. 아침 식사로는 건강을 위해 찐 계란 2개, 양배추 삶은 것, 양파 조금을 먹었다.

테마 숙소에서 나와 곧바로 고속도로를 거쳐 공항으로 출발했다. 고속도로는 오전 6시 30분임에도 심한 정체로 가다 서다 했고, 가나 사람들은 이른 아침부터 출근하느라 모두가 분주하게 움직이고 있었다. 고속도로를 향해 달리던 차가 멈추고 또다시 출발하는 것은 무단 횡단하는 사람이 많기 때문이다. 무단횡단을 하는 시민들로 인해 차가 속도를 낼 수 없었다. 국민들의 의식이 낮은 것도 문제이지만 생각 자체를 바꾸지 않는 것이 더 문제였다.

가나에서 운전을 잘하려면 무조건 머리를 들이대지 않으면 전진하기가 어렵다. 이런 모습을 보면 아프리카인들 역시 성격이 급하다. 자기 차량보다 조금 앞서거나 끼어들면 검지손가락을 높이 치켜들고 화를 내기도 한다. 이는 심히 기분 나쁘다는 표현이다. 이러한 성격으로 인해 교통사고도 많이 일어나는 편이다.

운전자들의 습관을 구경하면서 토고 카타코페 고아원과 교육사역에 대하여 의미 있는 고민도 해보았다. 서부 아프리카 복음화를 위한 길이 무엇인가를 고민하면서 철저하게 하나님의 인도와 은혜가 있어야 한다는 것을 발견하는 기회가 되었다고 생각할 때 차는 토코타(TOKOTA) 국제공항 입구에 도착을 했다.

내가 코트디부아르 아비장으로 가는 것을 알고 배웅 나온 분들과 인사를 나누고 곧바로 입국장 안으로 들어갔다. 가방 검사를 마친 후 항공권을 발급받은 다음 2층 1번 게이트로 이동했다. 공항에 일찍 나온 관계로 오랫동안 기다려야 했다. 오전 8시, 조금씩 여행객들이 몰려오기 시작했다. 여행객들 사이에 끼여 앉아 30분을 더 기다려야만 했다. 동양인은 중국인 2명이 전부이다. 그들과 함께 대화할 수 없지만 눈빛으로 인사를 나누었다.

오전 8시 30분이 조금 지나자 출국수속이 시작되었다. 항공권을 제시하고 1번 게이트를 통과하여 버스에 올라탔다. 공항을 한 바퀴 돌아다닌 다음 코트디부아르 항공기 쪽으로 이동해 탑승을 하기 시작했다.

코트디부아르 항공기는 오전 9시 30분에 출발했다. 9시 40분에 출발해야 하는 항공기임에도 불구하고 10분이나 먼저 출발한 것이다. 아프리카에서 비행기를 타려면 항공기 출발시간보다 먼저 공항에 나가 대기하거나 탑승해야 한다. 그렇지 않으면 정한 시간의 항공기를 놓칠 수 있다.

비행기는 가나공화국 상공을 벗어나 코트디부아르 아비장으로 가는 하늘은 참으로 아름다웠다. 하얀 구름과 땅에 있는 푸른 초목들을 내려다 볼때 생동감이 넘쳤다. 가나공화국 상공을 통과한 후 코트디부아르 아비장에는 오전 10시 30분 정각에 도착했다.

나는 입국수속을 마치고 곧바로 공항 밖으로 나와 아비장 한인교회로 출발했다. 교회에 도착하자 풍성한 식탁이 준비되어 있었다. 조기, 갈치를 비롯한 생선튀김과 멸치볶음, 고추튀김은 전통적인 한국음식이다. 식사를 마치고 곧바로 아비장에서 700km 떨어진 빌라지 교회로 출발했다.

제 3 부

코트디부아르
서북부지역 교회

"내가 복음을 전할지라도 자랑할 것이 없음은
내가 부득불 할 일임이라
만일 복음을 전하지 아니하면
내게 화가 있을 것이로다"
고전 9:16

1

*

서북부지역에 흩어진
교회 탐방

선교는 가르치고, 전파하고, 고치는 것이다(마 4:23; 눅 6:17-19). 선교는 복음을 가르치기 위해 온 세상에 흩어져 있는 청중들을 찾아다니면서 천국의 기쁜 소식을 가르치는 일이다. 그리고 복음을 듣기 위하여 모여 있는 자들의 심리적 · 사회적 · 영적인 질병을 치료하는 것도 포함한다. 왜냐하면 사회는 항상 진리보다는 자신의 유익을 위해 많은 시간을 투자하고, 온 세상의 사람들은 자신들의 먹고 사는 문제로 참된 진리를 발견하려 하지 않으며, 다만 현실적 상황에서 보다 낫다는 생각을 갖고 사는 것이 그들이 생각하는 행복이라 여긴다. 그래서 그들을 향한 복음진리는 직접 찾아가서 가르쳐야 한다.

이런 측면에서 2016년 6월 23일-7월 8일까지 여행한 서부 아프리카 방문은 매우 의미가 있다. 2015년 6월 20일 이후 서부 아프리카 코트디부아르 아비장 제1차 포럼에 참석하면서부터 한 영혼을 위한 열정을 많이 갖게 되었다. 2015년도부터는 한 영혼을 위한 하나님의 구원계획을 알고 서부 아프리카를 집중적으로 방문하기 시작했다. 지금까지 방문한 곳은 코트디부아르공화국, 가나공화국, 토고공화국, 베냉공화국이다. 그 가운데 코트디부아르와 토고공화국은 2번 방문했다.

서부 아프리카 15개국 가운데 복음 전도의 효율성이 가장 높은 코트디부아르와 베냉은 선교 전략적으로 매우 중요한 곳이다. 이 두 지역은 아프리카의 다양한 종족이 섞여 사는 곳이지만 민속신앙 위에 로마 가톨릭 교회, 개신교회, 이슬람교를 믿는다는 공통점을 가지고 있다. 또한 이들 지역은 서구 열강들의 식민 지배를 받으면서 주관적인 의사표현이나 긍정적 태도를 잘 보이지 않는 민족들이다. 이러한 지역을 복음화하기 위하여 지난 20년 동안 선교활동을 통하여 지방의 중·소도시를 비롯한 빌라지에 교회를 개척하면서 하나님의 나라 확장에 헌신한 백성철 목사(선교사)와 아비장 한인교회가 있다.

아비장 한인교회는 1980년 4월 27일 3명이 이용덕 집사 자택에서 첫 예배를 드린 이후 현재까지 가장 건강한 교회로 선교활동을 하고 있다. 아비장 한인교회의 첫 출발은 가정교회(House Church)에서 부터다. 1대 목사로 부터 시작한 한인교회는 3대 목사로 부임한 백성철 목사가 1996년 10월에 부임하면서 현재까지 충실하게 한 영혼 살리는 일과 지역사회개발, 지도자 양성과 파송을 위해 헌신하고 있다.

그러나 아비장 한인교회가 설립된 이래 최대의 위기는 네 번의 쿠데타와 한 번의 내전으로 인한 교인들의 철수로 힘든 시기를 보냈을 때다. 20년 동안 다섯 번의 내전과 정치적 불안정에도 불구하고 끝까지 백성철 목사와 함께 한 교우들의 헌신에 의해 선교적 교회를 세워갈 수 있었다. 아비장 한인교회가 지향하는 것은 "선교하는 교회"로서 구원사역과 "선교와 전도하는 일"(행 4:12)이다. 이 귀중한 사역을 극대화하기 위하여 내전 이후 10년 만에 처음으로 서북부 지역의 전략적 요충지역으로 알려진 다나네(Danane) 도시 주변의 교회 방문, 내전(內戰)이 발생했을 때 가장 많은 인명 피해를 입었던 두에꾸에(Duekoue) 시 주변의 4개 교회를 방문할 계획을 갖고 있다. 아비장으로 오는 길목에 있는 가뉴아(Gagnoa) 시 인근지역에 흩어져 있는 7개의 교회, 디보(Divo) 시의 교회와 사역자들을 격려하기 위해 순방하는 계획에 필자도 동행하게 되었다. 서부 아프리카에서 지방에 있는 교회들을 개척하고 훈련하는 한인교회 담임목사와 성도들로 구성된 팀에 합류하여 사역을 한 것은 선교학을 가르치는 동안 처음 있는 일이다.

코트디부아르 아비장 한인교회에서 서북부 다나네를 왕복할 경우 1400km가 된다. 그러나 실제의 거리는 1800km의 거리를 오고 가는 셈이 된다. 왜냐하면 도시를 중심으로 흩어진 교회를 오고 가는 거리를 환산해야 하기 때문이다. 4박 5일간의 교회 순방은 사도 바울이 에베소를 비롯한 전 지역을 방문하여 주 예수 그리스도의 은혜가 충만하기를 축복한 것과 맥을 같이 한다.

나는 아비장 한인교회 백성철 목사를 비롯한 순방 팀과 함께 지역교회를 돌아보게 되는 영광을 안았다. 이 모든 것이 하나님께서 베푸신 은혜이고 축복이다. 사실 서부 아프리카에서 외국인이 지방을 순회한다는 것은 매우 어려운 일이다. 먼저 장거리 여행이기 때문에 건강의 문제와 경제적 부담감도 크다. 둘째, 외국인으로서 원주민들의 언어를 알아들을 수 없는 의사소통의 문제와 치안(治安)의 문제다. 셋째, 식사와 숙박이다. 장거리 여행은 먹고 자는 문제도 고려하지 않으면 여행이 고통스럽거나, 말라리아로 고생할 수 있기 때문이다. 이러한 어려움에도 아비장 한인교회는 지방의 교회를 돌아봄을 통해 예수 그리스도께서 하셨던 가르침과 복음 전파, 치료의 사역을 하고 있는 현장을 눈으로 확인할 수 있는 기회를 얻은 것이다. 이는 하나님의 섭리이며 특별한 은총이다.

2

*

코트디부아르
다나네 빌라지 교회
2016년 7월 4일 오후 8시 35분 도착

1) 아비장 한인교회의 선교적 목회 계획의 실천

아비장 한인교회에는 오전 11시가 조금 지나 도착을 했다. 가나공화국
에서 코트디부아르 아비장 한인교회로 온 것이다. 교회에서 점심 식사를
마치고 장거리 선교여행을 출발한 시간은 오후 12시 30분이다. 교회에서
바쁘게 점심 식사를 마치고 출발하는 관계로 마음이 바쁘고 분주했다.

교회에서 다나네(Danane) 시로 출발하기 전 백성철 목사의 출발기도가
있었다. 우리는 교회 문을 통과하여 아비장 도시를 통과하면서 차 안에서
많은 이야기를 나누었다. 내가 탄 차량에는 백성철 목사 내외와 미국에서
온 자매 2명이 탔다.

2016년 아비장 한인교회 핸드북과 주보에는 표어가 실려 있다.
"ECOWAS(CEDEAO)15 VISION"과 "별과 같이 빛나는 사람"(단 12:3)이란 표
어는 영혼구원에 대한 목표를 잘 설명해 준다.

교회의 표어를 실천하기 위해 목표를 정한 것은 목회와 선교정신이 분
명함을 말해준다. 교회의 선교적 목표는 기도의 사람, 말씀의 사람, 능력
(성령)의 사람, 선교와 전도의 사람이다. 이는 바울이 어린 디모데를 업신
여기지 말라며 성도들에게 권면한 내용과 일치하며, 이 표어는 디모데전

서 4장 5절에 "하나님의 말씀과 기도로 거룩하여 짐이니라."는 말씀을 모토로 삼고 있다.

이러한 성구를 기초로 하여 교회의 목표를 정한 것은, 목회자의 목회자이며 선교사로서의 정신자세가 하나님의 말씀에 기초하고 있다는 것을 증명한다. 하나님의 말씀을 기초로 한 신앙의 3단계를 거칠 때 확실한 선교의 사명을 이룰 수 있다는 것이 백성철 목사의 철학이다. 그는 교회와 성도들이 하나님의 말씀에 의하여 변화하고 성숙하여 하나님의 복음을 위하여 헌신하는 길만이 참 성도의 삶이라고 가르친다. 선교가 없는 교회와 성도는 무의미하며 하나님의 사랑을 경험하지 않고는 결코 하나님의 나라를 증언할 수 없다는 것이다. 이러한 선교적 삶을 위하여 다음과 같이 보다 분명한 목표를 강조한다.

"예수 믿고 변화 받아 말씀과 기도로 성숙하여 하나님과 사람을 위해 헌신하는 사람이 되는 것."

이같은 선교적 목회와 영적 리더십을 온 성도들과 함께 공유하면서 실천하려는 것은 놀랍다. 선교적 교회를 이루기 위해서는 성도들의 영적 삶에 대한 분명한 증인의 삶과 정신이 있어야 하고 이를 기초로 하여 하나님의 나라를 확장하려는 열정과 비전이 있어야 한다. 이러한 선교적 목표를 이루기 위하여 아비장 한인교회는 "바른 교회생활을 위한 십계명"을 암송하고 실천하려고 끊임없이 노력한다.

첫째, 주일을 거룩하게 지켜라(주일성수).
둘째, 십일조를 온전히 드려라(십일조 생활).
셋째, 성경을 부지런히 읽어라(성경봉독).

넷째, 선교와 전도를 열심히 하라(태신자운동).

다섯째, 맡은 직분을 충성스럽게 봉사하라.

여섯째, 신앙생활을 적극적으로 하라.

일곱째, 말씀대로 살고 실천하라.

여덟째, 찬송을 열심히 잘 부르라.

아홉째, 기도를 생활화하라.

열째, 힘들고 어려운 일이 있을 때 아비장에서 새벽기도를 시작하라.

이상은 아비장 한인교회의 성도들을 위한 교회생활 십계명이다. 아비장 한인교회 성도들의 십계명에는 하나님 중심의 신앙생활, 성경에 기초한 선교의 비전, 성도로서의 책임의식 확립과 실천 강조, 성경적 삶의 기본을 잘 지켜야 하는 것 등이다. 그러나 이보다 더 중요한 것은 신앙의 위기가 발생할 때 새벽기도를 통한 회복과 전진을 강조한 점이다. 하나님과의 친밀한 관계는 기도로부터 출발됨을 가르침으로써 하나님의 역사를 경험하는 신앙생활을 이룰 것을 강조한다.

아비장 한인교회는 목회계획을 실천하는 교회다. 교회는 담임목사의 목회계획에 협력하면서 빌라지 교회 개척과 목회자 양성에 희생과 헌신을 하고 있다. 교회의 헌신, 당회원과 제직들의 일체된 선교 목표 달성을 위한 노력은 많은 열매를 맺고 있다.

지금까지 아비장 한인교회가 지향하는 목회 계획을 들으면서 다나네 가나안 교회가 있는 곳을 향해 기도했다. 다나네로 가는 도로는 전형적인 아프리카다. 도시에서 시골로 갈 때마다 사람들은 더 분주한 듯이 걸어가는 모습이 보였다. 도시보다 시골에는 차량도 덜 다닌다. 많은 사람들이 차를 이용하는 것보다 걸어서 시장도 가고, 친척집과 가게도 가고, 땔감을 구하기 위해 산에도 오르내린다. 이들의 삶은 항상 믿음을 지향하는 거룩함이 있고, 하나님의 역사를 경험하려는 의지가 강하기 때문에 가능했다.

2) 교회 개척 현상을 확인하는 기회

하나님의 교회가 세워지고 확장되는 것은 기쁜 일이다. 아비장에서 목적지인 다나네까지의 거리는 700km나 된다. 아프리카의 도로는 좁고 차량이 낡았기 때문에 장거리 여행은 무척 피곤하다. 하지만 아프리카 시골 여행은 사람 사는 냄새, 인간미, 자연과 인간의 합일(合一)을 경험할 수 있다. 아프리카 사람의 특유한 인간미와 백인에 대한 호기심도 눈여겨 볼만하다.

아비장에서 서북부에 위치한 다나네 도시는 라이베리아와 국경이 가깝기 때문에 위험한 도시로 알려져 있었다. 10년 전에는 반군들의 주요 거점 지역이기도 했고, 대량학살과 약탈로 주민들이 마음 편히 살 수 없는 곳이었다고 한다. 이러한 곳을 방문하게 되는 기회를 갖게 된 것은 특별한 기회라 한다. 나는 아비장 한인교회 순방팀과 함께 동행하는 것을 백성철 담임목사로부터 허락받아 동행하게 되었다.

아비장 한인교회 지방 순방 팀과 동행하는 기쁨은 이루 말할 수 없다. 내가 대학교수와 목사라는 것 때문에 아무런 부담을 가지지 말고 동행하는 것이 좋을 것이라는 말에 더 깊은 감사와 감격을 느꼈다. 내가 아비장에 도착한 후 2일째가 되던 날 이 기쁜 소식을 들었을 때 몹시 흥분이 되었다. 아비장 한인교회 목사와 순방팀 모두가 오랜만에 서북부 지역을 방문하기 때문이다. 아비장 한인교회 역시 서북부 지역의 목회자의 영적 리더십, 교회성장과 성도들의 수(數), 새로운 교회 개척 현황을 살펴보기 위함이었다.

아비장에서 출발하여 목적지에 도달하는 동안 코트디부아르의 과거 정치적 상황과 현재, 그리고 목회자 양성과 영혼구원, 하나님을 향한 열심,

지역사회 개발과 협력 등 다양한 이야기를 듣는 동안 목적지는 점점 가까워오기 시작했다.

3) 다나네로 가는 복음의 실크로드 길

아비장을 떠난 지 서너 시간이 지났다. 디보 지역을 거쳐 다나네로 가는 도로는 비좁았다. 서북쪽으로 갈수록 지대는 약간씩 높아지기 시작했다. 도로는 작은 언덕길을 오르다가 또다시 내려갔다. 도로 양 옆에는 억새풀이 2m 정도 길게 자라고 있었다. 도로공사 혹은 지방자치 단체에서 풀을 베지 않아 차량이 달릴 때마다 풀들이 춤을 추었다. 좁은 도로 변으로 걸어서 시장과 집, 학교를 다니는 사람들이 눈에 띄었다. 1960년대 한국의 풍경을 보는 것 같았고, 내가 어릴 적에 비포장도로를 걸어 학교를 다닌 기억이 떠올랐다.

다나네로 가는 길은 멀었다. 좁은 도로를 따라 걸어가는 사람들 때문에 위험하기만 했다. 가끔 지나가는 대형트럭과 버스는 속도를 내어 달린다. 반대편 도로에서 오는 차량을 만나면 사고가 날 수 있는 곳이다. 이러한 도로를 따라 백성철 목사는 '교회를 개척하고 하나님의 영광을 돌리기 위하여 이 길을 셀 수 없이 오고 갔다'고 한다.

"교수님, 저는 교통사고가 많은 이 도로를 따라 교회 개척을 위해 수없이 다녔습니다. 처음 이 길을 다닐 때는 교회를 개척한다는 것 때문에 즐거움으로 다녔습니다. 교회 개척을 위해 새벽마다 기도가 힘이 되기도 했습니다. 어느 주일 새벽에 기도하는 중에 말라리아 질병을 고치기도 했습니다. 새벽예배는 1월 1일과 12월 25일만 빼고 매일 합니다. 새벽기도 시간에 신구약 성경을 세 번째 강해를 하고 있습니다."

백성철 목사는 선교사로서 교회 개척을 하는 동안이 가장 행복했다고 말한다. 선교사역의 모든 힘은 새벽에 하나님을 만난다는 말에 동감한다. 다윗이 "새벽 전에 부르짖으며 주의 말씀을 바랐사오며 주의 말씀을 묵상하려 야경이 깊기 전에 깨었나이다."(시편 119:147-48)라는 말씀이 떠올랐다. 예수의 제자들도 "새벽에 성전에 올라가서 하나님의 나라와 복음을 가르친 것처럼" 새벽기도의 중요성을 알게 되었다.

4) 다나네 시는 반군(反軍)지역이었다

2010년, 코트디부아르 서북부 지역은 라이베리아와 국경이 가까워 반군들이 활동하기에 아주 좋은 지역이었다. 정치권의 부정부패와 리더십 부재는 이웃나라인 가나와 라이베리아 반군들의 활동지역이 되었다. 정치권의 영향력이 미치지 못하는 산악지대, 수도권에서 약 700km 이상 떨어진 곳은 반군이 활동하기에 적합한 곳이다.

다나네 지역 역시 반군의 활동 거점지역이다. 여기서 조금 떨어진 망(Man) 지역은 반군사령부가 있는 곳이다. 망 지역에서 아비장 쪽에 있는 두에꾸에(뒤께예) 지역은 내전(內戰) 기간 중에 피를 많이 흘린 곳이라 한다. 두에꾸에 지역 주민들이 한 번에 화상을 겪거나 불에 타 죽는 일이 발생하여 주민들은 불안감으로 야간에 고향을 탈출하는 일도 있었다. 이 지역의 목회자는 반군들의 살상과 약탈, 살인 행위 등을 피해 야간에 맨발로 이시아까지 도망치기도 했다. 반군들의 인간 살해와 약탈은 극에 달해 있었고, 주민들에게는 공포감과 두려움을 주어 자신들에게 굴복하도록 만들기도 했다. 반군들의 활동이 왕성할 때 백성철 목사는 다나네 시를 여러 차례 방문했다. 늦은 밤에 다나네 인근 다리에서 고립되기도 했다. 다나네 시에 진입하지 못하도록 하기 위해 친 바리케이트를 통과할 수 없었고, 차량을 후진하여 오던 길로 뒤돌아갈 수 없도록 앞과 뒤에서 차량 이동을 막기도

했다. 반군들의 활동 지역이었던 다나네 시를 가기 위해 백성철 목사의 눈물겨운 희생과 헌신이 오늘의 빌라지 교회 부흥을 가져왔다.

다나네 시를 중심으로 한 빌라지 교회는 현재 40개로, 이를 통해 현대 선교에서 교회 개척 선교가 이루어져 있는 것을 볼 수 있다. 다나네 시 주변에 있는 40개의 교회는 자체적으로 교회를 운영하는 자립(自立), 자치(自治), 자전(自傳)의 교회들이다. 교인들은 목회자의 생활비를 충당하고 교회는 지역교회 부흥을 위한 또 하나의 지역을 선택하여 복음을 전하는 방식을 취하고 있다. 다나네 교회를 중심으로 하는 교회 개척 선교활동은 철저하게 '징검다리 방식'을 이용한다. 한 사람의 지도자를 파송하고 그를 통하여 또 다른 교회를 개척하는 방식의 교회 개척은 다나네 지역에서 지속적으로 일어나고 있다. 이러한 교회의 역동적 선교활동은 한 사람의 영적 리더십과 조직력, 교회를 돌보는 정신의 결과물이다.

10년 전의 다나네 시와 2016년 7월 현재의 다나네 시는 분위기가 완전히 다른 모습이다. 다나네 시의 은디유(N'Dieu) 목사는 이렇게 설명했다.

"다나네는 내전보다는 치안도 안정되고 이웃 나라와 다른 지역의 종족들이 많이 들어와 살면서 인구가 늘었어요. 이 지역은 원래 야쿠바족만이 살았어요. 그런데 지금은 외부에서 이주(移住)해온 여러 종족들이 어울려 사는 곳이 되었습니다. 사람도 많고 경제활동도 활발해지면서 오토바이와 자동차가 많아졌습니다."

은디유 목사는 다나네 시에 많은 변화가 있었음을 설명한다. 그의 설명에 어느 누구도 이의(異議)를 주장할 수 없다. 왜냐하면 그는 다나네 시에서 반군들의 활동을 눈으로 경험했고, 그 이후의 과정을 보았기 때문이다. 그리고 야쿠바 정주민(定住民)과 이주민이 함께 살면서 서로 다른 문화의 차이를 극복하는 길이 무엇인가도 알고 있다.

반군(反軍), 그들은 누구인가라고 묻는다면 무엇이라고 말하는 것이 좋은가? 아무래도 그들을 포악성, 약탈, 인명살해, 공포와 두려움을 주는 자들로 생각할 것이다. 그러나 지금은 과거의 반군이었던 자들이 정부군이 되어 국가발전에 협력하고 있다. 그들의 정치적 감각은 세련되지 않았지만 주민들을 공포에 떨게 하는 기술만큼은 뛰어나다.

과거 반군이 강하게 활동했던 다나네 시로 간다는 것에 흥분도 되었지만 한편으로는 두려움과 불안감도 앞섰다. 아비장보다 시골이라는 정보로 인하여 말라리아 약도 3일간 복용했다. 여행 중 몸이 피곤하거나 음식을 제대로 섭취하지 않으면 병으로 고생할 수 있다는 것이 현지 선교사와 성도들의 이야기다.

5) 다나네 시 '다나네 가나안 교회' 은디유 목사

2016년 7월 4일. 아비장 한인교회에서 12시 30분에 출발한 우리 일행은 다나네 시에는 오후 8시 30분이 조금 넘어서 도착했다. 교회는 높은 언덕 위에 세워져 있었다. 다나네 가나안 교회는 2006년 7월 26일 E.E.P.C.I(장로교)에 가입한 이 후 현재까지 최선을 다하고 있다. 다나네 교회 은디유(N'Dieu) 목사는 1956년생이다. 키는 작고, 깡마른 얼굴이지만 영적인 카리스마가 있어 보인다.

은디유 목사는 하나님 앞에 정직하게 살려고 하기 때문에 융통성은 없어 보인다. 그는 농담섞인 말이나 가벼운 말은 하지 않는다. 하나님의 말씀에 깊이 묶여 있는 자로서 지역교회 목회자들로부터 존경을 받는다. 반대로 그가 E.E.P.C.I에 소속되어 교회 개척과 성장을 이룩하자 시기와 질투하는 자들도 있지만 오직 하나님, 오직 성경, 오직 교회 개척에만 열정을 가진 목회자로 정평이 나 있다.

은디유 목사는 계산적이지 않은 목회자라 한다. 세상적으로 보면 둔하지만 하나님을 향한 열정은 어느 누구보다 강렬한 자다. 그의 목회는 교회와 성도들을 돌봄과 동시에 미전도 지역에 교회를 세우고 사역자를 파송하는 일이다.

은디유 목사는 아비장 한인교회 백성철 목사와 좋은 협력자이며 동역자다. 백성철 목사는 은디유 목사를 존경하는 말을 자주한다.

"저는 은디유 목사를 참 좋아합니다. 그가 영혼구원에 열정인 동시에 교회와 성도들을 사랑하기 때문입니다. 저는 은디유 목사를 좋아합니다. 그는 영적인 지도자이며, 영적으로 카리스마가 있는 자라 더 좋아합니다."

백성철 목사는 빌라지 교회를 방문할 때마다 은디유 목사를 추켜 세워준다. 현장에서 오랜 기간 사역한 은디유 목사를 존경하고 그를 신뢰하는 백성철 목사가 훌륭하다. 그는 타인을 향해 비판적 사고를 갖지 않는다. 빌라지 교회의 목사를 격려하고 존경하는 마음 때문에 오늘날 다나네 지역에 40개의 교회를 개척하는 원동력이 되었다. 백성철 목사는 나에게 이렇게 말한다.

"그는 교회 개척과 목회자 훈련을 아주 잘합니다. 그가 없으면 다나네 지역의 40개나 되는 곳에 교회를 개척할 수 없었을 것입니다. 은디유 목사는 훌륭합니다. 그의 열정과 헌신이 오늘의 내가 있도록 해주고 있습니다."

백성철 목사는 은디유 목사에 대한 변함없는 사랑을 표현한다. 그의 영적지도력과 조직력, 한 영혼을 구원하려는 비전에 대하여 칭찬을 아끼지 않는다. 교회와 모든 성도들이 함께 기뻐하도록 열심히 소개하고 칭찬과 격려, 배려를 잘한다. 지도자가 타인을 칭찬하는 일은 쉬운 일이 아니다. 하지만 백성철 목사는 은디유 목사를 가장 좋아하는 영적인 지도자라고 칭찬을 아끼지 않는다. 이런 점에 있어 백성철 목사가 더 훌륭한 지도자이다. 그는 지역사회개발과 한 영혼을 주께로 인도해야 한다는 정신으로 각 지역에 흩어져 있는 빌라지 교회를 방문한다.

사역자를 위한 격려는 현지 목회자들의 목소리에 귀를 기울이는 것이 중요하다. 현장 목회자의 목소리를 거절하면 하나님의 일을 행할 수 없다. 선교는 상대방의 요구를 듣는 데서부터 출발한다. 왜 그럴까? 그 영혼의 탄식소리와 울부짖음을 간과(看過)하게 되면 열매를 거둘 수 없게 된다. 지도자는 하나님의 소리에 민감해야 되지만 현장의 목소리에도 민감해야 지역사회변화를 가져오는 정책과 사역을 할 수 있다.

6) 다나네의 그레이스 호텔(Grace Hotel)

아비장에서 출발한 지 8시간 만에 도착한 곳은 지정학적으로 지대가 높은 다나네다. 이곳은 오후 7시가 조금 넘으면 땅거미가 진다. 누구도 알아보기 어두운 밤이다. 시골길을 밤에 다니는 것은 위험한 일이다. 왜 그럴까? 치안(治安) 때문이다. 다나네 지역은 과거 반군들이 활동하던 곳으로 외국인들이 방문하지 않는다. 다나네 도시가 점점 다가오자 가로등이 보인다.

반군 시절에 볼 수 없었던 다나네 도시는 가로등과 오토바이, 사람들의 왕래가 많은 것이 달라진 모습이라 한다. 교회도 13곳이나 된다. 교회들은 각각 교파가 다르지만 다나네 지역 복음화를 위해 서로가 격려하면서 사역하고 있지만 그래도 열악한 편이라 한다.

다나네에 도착한 후 곧바로 호텔로 이동했다. 그레이스 호텔(Grace

Hotel)이다. 그레이스 호텔은 시청 앞 로터리에서 가까운 곳에 위치한다. 호텔 주인은 과거 반군 사령관(대령) 출신이라 한다.

호텔 출입문과 각 방의 문에는 총을 가지고 있으면 안 된다는 스티커가 붙어 있다. 방안에는 두 사람이 잠을 잘 수 있는 침대와 나무 테이블이 놓여 있었다. 화장실 문을 열고 들어가려는 곳에 조리 슬리퍼가 하나는 빨강색, 다른 하나는 녹색으로 된 것이 가지런히 놓여 있었다. 화장실 안에는 샤워기와 사람 키 높이에 있는 거울이 전부였다. 침대 쪽 벽에는 한국의 러브호텔에서나 볼 수 있는 거울도 있었다. 화장실에 있는 변기에는 이중 구조의 변기 뚜껑이 없어서 당황스러웠다. 너무나 당황한 나머지 "변기 뚜껑이 왜 없느냐"며 질문을 했다. 그런데 상대편에서 들려오는 말은 단 한 마디였다. "문화적 차이입니다." 호텔 종업원은 나를 바라보면서 이렇게 말해 주었다.

"변기 뚜껑이 없는 것은 이곳의 문화입니다. 이곳에서는 변기를 덮는 뚜껑이 없이 사용합니다."

나와 함께 있었던 백성철 목사도 놀라는 표정이다. 내가 화장실 변기 뚜껑을 묻는 질문에 당황스러운 표정을 지으면서 이곳의 문화라 어쩔 수 없다는 표정이다.

호텔에는 수건과 치약, 비누도 없다. 종업원에게 수건과 비누를 요청하면 그때서야 가져다준다. 옷장에 있는 옷걸이는 철사로 되어 있어 사용할 수 없을 정도로 휘어져 있다. 많은 사람이 사용해서 그런지 모두가 정상적으로 된 옷걸이는 하나도 없다. 만약 옷걸이를 사용하고 싶다면 본인이 알아서 사용해야 한다. 철사로 된 옷걸이를 모양이 나도록 이리저리 만져야 옷걸이 모양이 나온다.

샤워실은 어떨까? 샤워기에서 쏟아져 나오는 물은 사방으로 갈라져 쏟아진다. 샤워기를 들고 수도꼭지를 여는 순간 물이 튀면서 옷을 적셨다. 아무도 보지 않는 호텔에서 혼자 물벼락을 맞은 것이다. 샤워기로 물벼락을 맞고 어이가 없어 혼자서 웃었다. 거울 앞에서 반바지가 모두 젖은 내 모습을 보는 순간 너무 놀랐다. 거울 앞의 경대는 기울어져 칫솔과 치약을 놓는 것도 불편하다. 무엇 하나 현대화된 것이 없다. 호텔이라는 모양만 있을 뿐 제대로 된 것이 없었다.

호텔의 시설이 좋든 나쁘든 감사해야 한다고 말한다. 내전이 한참 진행 중일 때는 호텔조차 없었다고 한다. 내전으로 인해 정부군과 반군이 교전 중인데 어느 누가 관광을 오겠는가. 아무도 오지 않는 다나네 도시는 침묵만 흘렀을 것 같았다.

당시 다나네 도시는 라이베리아와 국경이 불과 30km밖에 떨어지지 않은 곳으로 치안이 안정되어 있지 않았기 때문이라 한다. 지금은 내전이 종식되어 평화를 되찾은 곳으로 사람들의 왕래가 많은 곳이 되었다. 그럼에도 불구하고 호텔의 시설 수준은 한국의 어느 여인숙 정도에 불과하다.

호텔이라고 하지만 침대 위쪽 벽에 걸린 하나의 백열등, 침대에 누워 정면을 향해 설치되어 있는 24인치 텔레비전이 있을 뿐 그 외에는 별다른 것이 없다.

우리 일행이 머문 객실은 102호에서 105호까지이다. 나는 104호실에서 이틀 밤을 머무르게 된다. 그레이스 호텔에 가방을 두고 우리의 최종 목적인 다나네 가나안 교회로 갔다. 교회 안에는 인근 지역에서 온 목회자와 장로님, 교회의 중직들이 반가운 마음으로 우리를 기다리고 있었다.

7) 다나네 가나안 교회 교인
다나네 가나안 교회는 반군시절 시장이 준 땅이라 한다. 교회 부지는

3,000평이나 된다. 흰색의 교회 건물은 높은 언덕과 같은 곳에 있었다. 교회 앞에는 비탈진 잔디밭과 사택, 교인들의 모임 장소가 마련되어 있었다. 넓은 땅 위에 하얀 건물은 환상적이다. 우리는 밤 9시가 되어서 교회에 도착했다. 늦은 시간임에도 교회 중직들과 교인들이 우리를 반갑게 맞이해 주었다.

교인들과 일일이 인사를 나누고 사택으로 들어갔다. 사택은 중앙에 여러 테이블이 놓여 있었고 그곳에는 나무의자가 11개나 있었다. 아마도 교회 중직들과 식사모임을 갖거나 작은 그룹으로 모임을 갖기 위해 만들어 놓은 것 같았다.

다나네 가나안 교회에서 준비한 식사메뉴는 아주 간단했다. 커다란 냄비에 알랑미 쌀로 지은 흰 밥과 여러 가지 채소를 곁들인 스프와 닭고기이다. 우리가 방문한다는 소식에 의해 몇 마리의 닭이 희생되었다. 다나네 지역에서 먹는 야채스프와 닭고기를 곁들인 저녁 식사는 맛이 있었다. 처음으로 맛보는 야쿠바족의 전통음식이다. 이들은 고구마 잎, 양파, 가지 등을 이용한 야채스프를 잘 만들어 먹는다고 한다.

하얀 밥과 야채스프에 닭고기를 곁들인 반찬은 맛이 일품이다. 스프는 소금을 많이 넣어 맛을 냈다. 내 입맛에는 조금 짜다는 느낌을 받았지만 이러한 음식을 맛볼 수 있는 기회가 복이었다. 다나네 교회에서 전통음식과 교인들의 환영을 받은 것은 감동이고 하나님의 은혜였다. 그의 은혜가 아니었다면 풍성한 대접과 환영을 받지 못했을 것이다.

나는 식사 중에 한 가지 안 사실이 있다. 우리 일행이 식사를 하는 동안 교인들은 밖에서 기다리고 있었다. 우리가 밥을 먹고 나면 교인들의 식사 차례라고 한다. 손님이 먼저 식사를 해야만 자신들의 차례가 오는데 그때까지 기다려주는 미덕이 있었다.

다나네 가나안 교회의 교우들의 환영과 저녁 식사는 특별한 것이었다.

늦은 저녁시간에 만난 교우들의 사랑을 뒤로 하고 다시 호텔로 돌아왔다. 호텔로 돌아오는 동안 비가 내리기 시작했다. 빗소리는 점점 강해지면서 호텔의 양철 지붕을 때리기 시작했다. 늦은 밤에 내리는 빗소리는 더 강렬한 재즈 음악소리처럼 들려왔다. 비와 양철지붕이 조화가 되어 음악소리처럼 강렬하게 듣는 것도 난생 처음이었다.

어두운 밤에 내리는 소낙비 소리에도 육체가 피곤해 그만 잠이 들었다. 천정에서는 빗소리가 강하게 들려왔지만 잠을 잘 수 밖에 없었다. 이른 아침 가나공화국을 출발하여 아비장에 도착을 했고, 아비장 한인교회에서 점심 식사만 하고 먼 길을 왔기 때문에 몸은 만신창이가 된 것처럼 피곤했다. 아프리카에서는 몸이 피곤해서는 안 된다. 피곤하거나 식사를 제대로 하지 못하면 말라리아에 걸릴 확률이 높다고 한다. 아프리카에서는 잘 먹고 자는 것이 건강을 유지하는 방법이다.

8) 신선한 공기와 아침

다나네의 아침 공기는 차가웠다. 지형적으로 약간 높은 곳에 있어서 그런지 시원한 바람과 함께 차가운 공기가 좋았다. 급하게 세수를 하고 교회로 가기 위해 호텔 문을 나섰다. 백인들이 서 있는 것을 보고 동네 사람들이 쳐다보며 지나갔다.

우리가 먼저 손을 흔들어도 반응은 뒤에 나온다. 손을 흔들어 주는 외국인들을 향해 고개를 아래위로 흔들어 주는 것이 인사다. 어떤 사람은 먼저 손도 흔들어 준다. 현지인이 외국인을 향해 먼저 손을 흔드는 일은 흔한 일이 아니다. 그만큼 외국인에 대한 경계심이 높다.

아프리카 사람들은 먼저 인사하는 법이 없다. 우리가 먼저 손을 흔들거나 인사를 하면 잠시 후에 반응이 온다. 머리를 위아래로 흔들어 주거나 어쩔 수 없이 손을 흔들어 준다. 이것이 그들의 인사 방법이다. 외국인인 우리에게 먼저 와서 인사를 하는 법은 없다.

9) 바나나를 파는 여인과 무슬림 가게

다나네 시에서 첫날 밤을 보냈다. 저녁에 내린 빗소리에 잠을 잘 수 있었을까 걱정을 했다. 호텔 지붕은 함석이다. 천장에는 넓은 베니다에 페인트만 칠했을 뿐 방음이 되어 있지 않았다. 그래서 그런지 빗소리가 그대로 들린다. 장대비가 쏟아져 내리는 밤에 잠을 잤는데 몸이 개운하다. 이른 아침 다나네 가나안 교회로 걸어가기로 해서 호텔 문을 나서자 시원한 아침 바람이 불어온다. 비가 내린 뒤라 안개꽃도 피어 있다. 사람들은 흰 살결을 가진 우리를 힐끗 쳐다보면서 지나간다.

이른 아침, 교회로 걸어가는 길목은 참 아름다웠다. 그런데 내가 코트디부아르에서 자주 들은 이야기가 있다. '10년 동안 쿠데타와 내전이 있었고, 이로 인해 많은 사람들이 죽었다.'는 것이다. 이해 안 될 일도 아니다. 정권을 차지하기 위해 투쟁을 한 세력과 이를 지키려고 싸웠던 정부군을 생각하면 권력이 얼마나 중요한 가를 보게 된다. 그래서 이들은 서로가 서로를 향해 우리라는 말을 사용하지 않는 것 같다.

한 국가에서 내전이 자주 발생했다는 것은 순수 경제적 차별과 정치적 배타, 정치적 불신의 혼합형으로 나누어 볼 수 있을 것 같다. 순수 경제적 차별은 '못 산다'는 부르키나파소나 말리에서 온 사람들에 대한 원주민들의 태도다. 북쪽이나 다른 지역에서 온 이주민들에 대한 부정적 이미지가 오랜 내전을 겪도록 한 것이 아닐까? 이른 아침부터 내전이야기를 들은 것은 아니다. 다나네 지역이 내전으로 남쪽 사람들의 왕래가 없었기 때문이다. 호텔에서 교회까지 가는 길은 조금 멀었다. 걸어서 가는 동안 다나네 도시의 공기를 맛볼 수 있었다. 호텔에서 교회까지 가는 동안 라디오 방송국과 고등학교 앞을 지나 내전 때에 외국인이 자주 머물렀던 호텔 앞도 지나갔다.

우리가 걸어서 가던 길에는 시청과 광장이 있다. 광장 중앙에는 둥근 원형의 화단에 긴 장대 같은 것이 세워져 있다. 이 길을 백성철 목사는 수십번 오고 갔다고 말해주었다. 반군들의 전투가 한참일 때도 다나네를 방문했는데 대환영을 받았다고 한다. 백성철 목사는 시청 앞 광장을 걸으면서 이렇게 말했다.

"목사님, 반군들의 검문소를 어떻게 통과하여 이 곳까지 오게 되었나요. 외국인으로 우리 도시에 방문한 것을 환영합니다. 저희들이 다나네 도시에 도착했을 때 주민들과 교인들이 크게 환영해 주었습니다."

코트디부아르 내전이 한참 진행될 때 백성철 목사와 교인들은 교회 개척을 위해 방문했다. 사명은 전쟁도 두려워하지 않는다. 한 생명을 살리는 일을 위해서 온 교회의 성도들이 기도했고 살아계신 하나님을 선포하는데 집중했다. 다니엘의 하나님 앞에 다리오 왕 시대의 사람들이 떨었던 것과 같다. 다니엘이 믿었던 하나님은 살아계시는 하나님이시요 영원히 변하지 않으실 이시며 그의 나라는 멸망하지 아니할 것이요 그의 권세는 무궁할 것이다. 하나님은 구원도 하시며 건져내기도 하시며 하늘에서든지 땅에서든지 이적과 기사를 행하시는 이로서 다니엘을 구원하여 사자의 입에서 벗어나게 하셨다(단 6:26-27). 다니엘의 하나님은 백성철 목사와 그 일행에도 함께 하셨다. 내전 상황에서 한 도시를 복음화하고 하나님의 말씀을 선포하려는 믿음이 그의 길을 인도해 주셨다며 감회에 젖어 있었다. 참으로 좋으신 하나님의 손길로 다시 다나네 땅을 밟고 있다는 것만으로 흥분하고 있었다. 바로 그 옆에 제가 걷고 있다는 것 또한 기적과도 같았다.

다나네 시청 광장을 지나 조금 언덕길 아래로 내려가는데 양 옆으로 아침 장사를 위해 가게 문을 여는 사람들이 하나 둘씩 보였다. 길 옆에 놓여 있는 상가는 나무로 얽혀 놓은 것 같은 작은 가게 앞에 바나나를 판매하려는 아주머니 두 명을 만났다.

길 가의 작은 구멍가게는 과자와 음료수를 파는 곳이었다. 사람들이 앉아 쉴 수 있는 긴 의자 앞에 커다란 멍키 바나나를 바닥에 내려놓고 팔려는 젊은 아주머니, 또한 사람은 아이를 등에 업고 아침 장사를 하고 있었다. 길을 가던 백 목사님은 "저 바나나 맛있어요. 아주 맛이 좋아요."라고 외쳤다. 잠시 후 아주머니에게 다가가면서 "아주머니 좀 잘 익은 바나나 없어요."라는 말이 끝나기 무섭게 익은 바나나를 갖고 오려고 어딘가로 사라졌다. 잠시 후 노란색 바나나를 들고 온 아주머니는 우리들에게 건네주면서 가격을 말해 주었다. "멍키 바나나 한 송이는 20세파 정도입니다." 가격이 싸다는 생각이 들었다. 이른 아침에 목사님이 사준 멍키 바나나 하나를 받아 껍질을 벗겨 한 입에 넣어 먹었다. 코트디부아르에서 처음 먹어보는 바나나는 정말 맛이 좋았다. 하나님이 만드신 자연의 선물은 이렇게 맛이 좋다는 것 밖에 다른 생각이 떠오르지 않았다.

우리가 바나나를 사면서 사진을 찍을 때 가게 주인은 물끄러미 바라만 보았다. 가게 안에는 가게 주인으로 보이는 무슬림이 보였다. 그의 머리에는 카타야(Ketayap, 머리를 가리는 남성용 모자)를 쓰고 있었다. 가게 안에 있던 무슬림 남성은 우리를 계속해서 쳐다보고 있었다. 무슬림 남성의 관심 있는 시선에도 불구하고 우리는 교회로 향했다.

교회로 가는 황토길은 넓은 길이 되었다. 내전이 한창일 때는 길이 좁아 차가 다닐 수 없었다 한다. 좁고 비탈진 길이라 어렵게 교회까지 걸어서 갔다고 전해 들었다. 교회로 가는 길목에는 오토바이를 수리하는 집이 있다. 대나무로 지은 허름한 집에는 오토바이 몇 대가 서 있다. 오토바이를 수리하는 집의 사람들과 만나 웃으면서 악수를 청했다. 모두가 반겨준다.

그리고 사진을 찍고 보여 주기도 했다. 자신들의 모습이 카메라 화면에 나오는 것을 보고 기뻐하는 모습이다.

10) 평화, 평화, 깊은 평화(PAIX, PAIX, PAIX PROFONDE)

다나네 가나안 교회로 가는 도로 주변의 주택가는 어느 시골마을처럼 정겨움이 묻어난다. 이곳 사람들은 아침 일찍 활동을 시작한다. 시장도 아침에 열렸다가 오후가 되면 모두가 집으로 간다. 아침형 사람들만 모여 사는 것 같은 곳이다.

우리는 지나 온 과거에 묻혀 내전과 교회 개척 이야기를 들으면서 걸어 갔다. 길을 걷고 있는데 하얀 건물 외벽에 이런 글씨가 적혀 있었다.

"PAIX, PAIX, PAIX PROFONDE"

나는 백성철 목사에게 물었다. "저 하얀 벽에 쓰인 글씨는 무엇이죠." "네, 그것은 평화와 기쁨이란 뜻이지요. 이 나라 사람들은 평화를 좋아합니다. 평화스러운 곳에 기쁨이 있다는 것이죠." "아 그렇군요. 평화를 사랑하는 사람들이 어떻게 내전을 일으켰을까요?" "전쟁은 이웃에 사는 라이베리아 사람들이 와서 한 것이죠. 그들은 경제적 어려움으로 코트디부아르 사람들을 괴롭혀 왔죠. 아마도 이 지역은 라이베리아 사람들의 거점 장소가 되었을 겁니다. 그들은 민간인들의 집에 들어가 약탈과 공포감을 주는데 일등이었거든요. 그래서 사람들은 평화, 평화, 평화 후 기쁨을 좋아 했을 것입니다."

프랑스어를 알지 못하는 나를 향해 들려오는 말이었다. 지금도 다나네 도시에 사는 사람들은 평화를 그리워한다. 그리고 평화 후에 찾아오는 기쁨을 생각하며 길을 걷고 있다.

평화, 평화, 평화 기쁨이라고 쓴 곳에 사진 촬영을 하려는데 젊은 여자 분이 그 앞을 지나가고 있었다. 여인은 외국인이 사진을 찍으려는 것과 무관하다는 듯이 자연스럽게 걸어가고 있었다.

평화, 기쁨이란 이 두 단어는 다나네 사람들과 코트디부아르 전 국민의 생각인지 모른다. 오랜 기간 동안 겪었던 내전에서 벗어나 평화스러운 날을 얼마나 기다렸으면 이런 글을 벽에 써 놓았을까. 평화, 그것은 다나네 시민의 소망이 아니라 전 인류의 희망이다.

11) 문화는 서비스다

코트디부아르 다나네 가나안 교회를 첫 방문했을 때 그들의 대접에 매우 놀랐다. 그들은 아비장에서 다나네까지 방문한 손님인 우리에게 최고의 예우로서 강단 옆 의자로 안내했는데, 의자에는 전통적 아프리카 문형이 들어 있는 엷은 천을 덮어 놓았다. 엷은 천을 의자에 덮어 놓는 것은 손님에 대한 최고의 예의를 갖추는 행위이다. 자신의 땅을 밟는 손님에게 서비스에 대한 체감을 경험하도록 함으로서 친절성을 말해주고 있다. 코트디부아르 문화에서 손님을 위한 서비스인 셈이다.

엷은 천을 의자에 덮어 놓고 안내하는 문화는 서부 아프리카 코트디부아르인의 독특한 전통이다. 이러한 손님 우대 서비스 문화는 여러 가지 의미가 담겨 있어 보인다.

"우리는 당신들을 위한 도움(help)이 될 것이며, 당신의 말을 경청하며, 좋은 관계로서 당신을 긍정적으로 환영하며, 안내자(guide)로서 최상의 서비스(service)를 할 것입니다."

다나네 가나안 교회의 목사와 중직들의 손님에 대한 '맞이 인사'인 것이다. 이는 손님을 최고로 환영하는 긍정적 태도의 조직문화였다. 그런 의미에서 그들은 행위로서 '우리는 당신들을 진심으로 환영한다.'는 것을 보여주었다.

나는 해외 탐사 여행을 많이 다녀봤지만, 손님에게 최상의 예의를 갖추는 '맞이 인사' 행위로서 의자에 엷은 천을 덮어 놓는 행위를 처음으로 경험했다. 나는 손님에게 기쁨을 주기 위하여 최선을 다하는 그들의 모습에 감동했다. 이들의 최상의 손님 접대 맞이 행위는 '당신을 기다렸습니다.'라는 의미도 담겨있다. 나는 아일랜드 출신의 프랑스 작가 사뮈엘 베케트 (Samuel Becket 1906-1989)가 쓴 희곡 〈고도를 기다리며〉라는 것이 생각났다. 인간의 삶은 끊임없이 기다리는 것과 같았다. 백성철 목사를 10년이나 기다렸다는 것을, 의자에 덮인 천으로 그들의 마음을 표현한 것이다. '내전(內戰)의 혼돈 속에서도 단 하나의 희망을 갖고 당신이 오기를 기다렸다'라는 행위는 가치가 있었다.

'해가 저물고 하루가 끝날 무렵에도 우리는 기다렸지. 오늘 오지 않는다 해도 기다렸지. 얼마의 시간이 흘러도 좋거든. 기다리면 되니까. 하지만 내일은 반드시 올 거야.'

강단 옆 의자에 천은 방문객인 백성철 목사와 나. 그리고 일행을 향한 메시지였다. 10년의 시간을 보내며 기다릴 때 느끼는 막막함은 인간이라면 누군가 공감할 감정이다. 다나네 가나안 교회의 교인들이 아비장에서 온 손님들에게 무엇을 기대하려고 하나. 언젠가 다나네 지역에 흩어져 있는 성도들과 연합부흥회를 해야 하는지 아니면 그들과 이야기를 나누어 보아야 할지 모르겠다.

제4부

다나네(Danane)지역
노회 회원들과 교회 개척전략과
빌라지 탐방

"내가 달려갈 길과 주 예수께 받은 사명 곧
하나님의 은혜의 복음을 증언하는 일을 마치려 함에는
나의 생명조차 조금도 귀한 것으로 여기지 아니하노라"
행 20:24

1

*

원시적 부엌에서의
인간미

이른 아침, 안개가 자욱한 언덕 위에 세워진 교회가 보인다. 비탈진 언덕
위에 세워진 흰색 건물이 다나네 가나안 교회다. 교회 뜰 안으로 들어서자
푸른 잔디 위에는 이슬이 맺혀 있다. 교회 경계선은 벤자민(Benjamine tree)
으로 울타리를 대신하고 있었다. 벤자민은 열대지방에서 자라는 나무로
잎이 풍성하고 가지가 많은 편이다. 벤자민은 800종류가 되는데, 교회 울
타리로 심어 놓은 벤자민은 잎이 무성하고 잔가지가 많은 것이 특징이었
다. 그런데 놀라운 것은 동네 염소와 양들이 와서 벤자민 나무줄기에 붙은
잎을 모두 먹어 위 부분만 남아 있어도 푸르른 모습을 유지하고 있었고,
그 모습이 아주 멋있어 보였다.

　하얀 교회 아래 펼쳐진 잔디밭 사이로 길이 나 있다. 왼쪽 언덕 위에는
교회, 오른쪽에는 교육관과 같은 장소가 하나 세워져 있다. 그 옆으로 사
택이 있고, 부엌은 가건물로 사택 앞에 놓여 있다. 솥을 올려놓을 수 있는
커다란 돌 세 개, 둥근 솥과 그릇들이 즐비하게 흩어져 있다. 부엌 뒤편에
는 염소와 닭 집도 있다. 음식물을 만드는 곳에 동물이 함께 하는 것은 이
곳에서는 흔한 일이다. 이들에게 위생이란 것보다는 '동물과 함께 산다'라
는 표현이 더 어울릴 것이다.

　다나네 사람들은 아직도 땔감을 이용해 식사를 준비한다. 땔감을 이용

해 식사 준비를 하는 여인들의 이마에서는 땀이 흘러내린다. 손님을 맞이하는 식사 준비는 모두 열린 부엌에서 한다. 땔감에서 나는 연기와 솥단지에서 나오는 음식물 냄새는 축제의 향연과도 같다.

2
*
은디유 목사의
다나네 지역교회 보고

다나네 가나안 교회에서 아침 식사를 마치고 곧바로 교회 안으로 들어갔다. 마치 협상 테이블에 앉아 있는 것처럼 현지 목회자들과 마주 앉았다. 현지 노회장을 비롯한 4명의 목회자와 백성철 목사 내외, 장훈태 교수, 통역관과 비서가 서로 보고 앉아 회의가 시작되었다. 회의는 현지 목회자들의 교회 개척과 자교회(地敎會) 현황보고를 하면서 시작되었다. 먼저 은디유 목사의 환영인사가 있었다.

"아비장 한인교회 백성철 목사를 비롯한 다나네 지역을 방문해 주신 여러분에게 감사를 드립니다. 저는 백성철 목사님과 사모님을 좋아합니다. 과거 미국 선교사는 프랑스어를 할 수 없는 관계로 우리와 좋은 관계를 가질 수 없었습니다. 그러나 아비장 한인교회는 서구교회의 선교사들과 다릅니다. 우리와 소통할 수 있기 때문입니다. 지금 우리 지역의 교회는 계속해서 부흥하고 있습니다. 하나님께서 피로 값 주고 세운 교회가 성장하는 것에 감사하고 있습니다. 이 귀중한 사역을 위해 아비장 한인교회와 동행하게 된 것을 감사드립니다. 그런데 한 가지 송구스런 것이 있습니다. 우리 지역의 교회가 자립하지 않고 아비장 한인교회와 선교사님에게 의존하게 되니 송구스러울 뿐입니다. 이 모든 것은 저의 책임으로 알고 있습니다. 그리고 과거에 제가 소속되어 있었던 교단의 목회자들이 저를 비웃기도 합니다. 그들이 저희 교회에 가끔 방문하면 할 말이 없습니다. 그들과 함께 하는 모임에서도 불만이 없습니다. 과거의 교단과의 관계에 대해서는 성도들이 모릅니다. 다만 교회가 부흥하고 지역교회가 그리스도 안에서 교제하고 성장하는 것만이 제 사역이라고 생각합니다."

은디유 목사의 인사말에는 영적인 리더십이 흘러 나왔다. 그는 계속해서 말했다. 다나네 지역의 목회자를 일일이 소개했다. 벵이어 지역, 디앗뽈루와 마뿔루, 수아우니아 지역, 아알렌 지역에서 찾아온 목회자와 목회 사역의 특징도 설명했다. 목회자들은 목회적 특징은 치유사역, 전도와 복음전도, 교회건립 등을 말해주었다. 은디유 목사는 계속해서 '교단을 위한 정책을 제안'했다.

"다나네 지역 교회의 약점은 성도들이 목사의 삶과 목회 사역의 어려움을 모르고 아비장 한인교회를 의존합니다. 그리고 목회자 의료보험과 연금제도가 없습니다. 가족지원보조금이 없는 형편입니다."

은디유 목사가 가족복지 문제로 의료보험과 연금제도 등을 거론하자 백성철 목사 역시 의료보험과 연금제도가 없다며 응답해주었다. 이러한 논점은 한국과 아프리카 목회자의 현실이다. 목회자는 복음을 선포하는 자로서 인식될 뿐 목회 이후의 삶의 질과 보장이 마련되어 있지 않다. 특히 코트디부아르의 하나님의 성회(오순절교단)는 목회자들의 연금과 복지제도가 잘 되어 있지만 E. E. P. C. I. 교단 역사가 짧기 때문에 목회자 복지제도에 대해서는 신경을 쓰지 못한 것 같았다.

3
*
목회자 성경 테스트를
제고해 주세요

또 다른 정책회의에서 노회장 은디유 목사는 이렇게 건의사항을 말했다. '우리가 매월 목회자 모임을 갖는 것은 매우 좋은 일이다. 목회자 협의회로 모일 때 성경 테스트 제도는 불편하고 대부분의 목회자들이 싫어하고 있다'면서 이 제도를 중단해 줄 것을 말하자 교단 본부에서는 즉각적인 대답을 해 주었다.

"목사님, 우리가 성경 테스트 시간을 갖는 것은 목회자로서 성경을 읽고 이해하도록 하기 위한 것입니다. 목회자가 성경을 모르고 어떻게 설교할 수 있나요. 성경은 목회자의 생명과도 같습니다. 이 제도는 계속적으로 유지되어야 합니다."

교단관계자의 응답이 있자 분위기는 반전되는 기분이었다. 이는 목회자로서 체면과 자존감 상실 문제로 인한 핑계에 불과해 보였다. 이것이 아프리카 문화와 정서적 차이인 것 같았다. 교단관계자의 정서적 차이를 이해 못하는 현지 목회자. 성경 읽기와 테스트 제도를 절대로 포기할 수 없다는 교단관계자의 대답은 매우 강했다.

그들은 왜 성경 테스트 제도를 중단해 줄 것을 요구했을까. 그것은 성경 테스트에서 점수가 낮으면 지원금이 감소되는 것에 대한 항의의 표시였다. 그러나 교단 관계자의 생각은 이들과 전혀 달랐다. 성경 테스트와 지원금을 감소시키는 것에 목적이 아니라 성경을 통한 생명 살리는 일과 기도의 사람, 말씀의 사람, 성령의 사람이 되도록 도와주려는 데 있었다. 참된 목회자가 되기 위해서는 성경을 알고 믿으면서 선포하는 자가 되어야 한다는 것이다. 그렇다. 성경을 모르면 하나님의 나라와 그 세계를 올바로 선포할 수 없다.

성경, 그것은 그리스도인들에게 생명의 양식이다. 생명의 양식을 먹지 못한 자가 복음을 어떻게 설명하고 전할 수 있는가. 여기서 아프리카 지역의 목회자들의 모습이 나타난다. 그들은 '성경을 읽거나 아는 것'이 약하다는 것을 드러낸 장면이다.

은디유 목사가 제안한 성경 테스트 제도와 관련한 사항은 부결되었다. 왜 그랬을까. 원칙이 무너진 교육은 성공할 수 없다는 교단관계자의 의견이 반영되었기 때문이다. 교회가 성장하기 위해서는 목회자의 성경을 아는 지식에 달려 있다. 교육은 어릴 적부터 스스로의 동기를 갖고 비판적인 사고력을 기르는 것에서 출발한다. 그러기 위해서는 성경과 관련된 다양한 지식을 축적해야 할 뿐 아니라 목회자들의 탄탄한 추론으로 성경의 관점을 뒷받침하면서 메시지를 선포하는 데 있다. 또 교육의 초점이 필기시험과 암기가 아니라 성경을 통한 믿음의 체험활동과 목회자의 역량을 발휘하는 데 있다. 목회자 성경 테스트를 통해 지원금 감원이라는 엄청난 충격을 받는 것보다는 성경 지식 획득과 영적 · 지각력과 사고력을 키워주는 교육의 일부분이다. 그럼에도 불구하고 목회자들은 성경 테스트가 개인적 부담이라는 핑계를 대고 있었다.

목회자로서 성공하려면 코트디부아르 민족의 다양성을 성경적 관점에서 해석하기 위한 토대 마련이 필요하다. 코트디부아르는 60개 부족이 어울려 사는 곳이다. 국가의 트렌드가 변화하고 있는 상황에서 목회자가 지엽적인 부분에 빠져 있다면 변화의 세상에서 견디기가 어려울 것이다. 목회자의 서재에서 축적된 성경 지식은 강단 앞에 몰려든 청중들에게 하나님의 세계로 접근할 수 있는 능력을 제공하게 된다. 그런 측면에서 교단에서는 성경을 통한 하나님과의 깊은 소통을 바라면서 성경 테스트를 진행하고 있다.

코트디부아르 교회의 저성장 탈출구는 결국 '성경공부하는 목회자' 만들기에 달려 있다. 목회자의 성장을 위한 〈창조적 학습사회〉(Creating a Learning Society)가 필요하게 되었다. 목회자의 자율적 '성경학습 만들기' 사회가 조성되어야만 한다. '학습'이란 '더 잘하는 법'을 배우는 것이다. 다른 교단이나 기업, 다른 나라에 비해 더 좋은 성과를 올리는 법을 배우는 것이다. 목회자의 성경학습 사회란, 성경학습에 대한 능력과 인센티브를 증가시키고, 성경을 학습하는 방법을 배우고, 가장 생산적인 목회사역과 여타 사회의 지식사회의 차이를 줄이는 등 효율성을 높이기 위해 노력하는 목회자 사회이다. 성경책을 통해서도 지식을 축적시킬 수 있지만, 자신 스스로의 성경 테스트를 통해 배우는 것이 더 빠르고 효율적이다. 이처럼 목회를 더 잘하는 법을 배우기 위해서는 '더 잘하는 법'을 배우고, 성경학습 사회를 만들어 생명 살리는 사역에 생산성 향상을 이끌어내는 것이야 말로 목회적 삶의 질을 개선하는 최상의 해법이다. 그런데 목회자들은 성경 테스트에 대한 부담감, 자존감 상실이란 빌미를 들어 중단할 것을 요구한 것이다. 목회자와 교회가 저성장에 머물러 있겠다는 사고에 불과하다.

코트디부아르 목회 현장은 그렇게 쉬워 보이지 않는다. 아프리카 개신교회에 이단과 정체성 이 불분명한 해외 교파들이 유입되어 혼란스럽기 때문에 목회자의 성경학습은 필연적이다.

코트디부아르 장로교단은 목회자의 성경 테스트 제도를 왜 만들어 시행하고 있는가. '성경학습과 테스트의 목적은 성경학습과 학습의 파급효과를 촉진하는 환경을 구축하는 데 있다.'는 것이 교단관계자의 말이다. 학습과 성장을 촉진하기 위해서는 교단의 역할이 더 강조되는 정책이 필요할 뿐이다.

교단관계자의 주장은 아주 강력하다. '목회자 계층 간의 격차가 적고 불안감이 적을수록, 목회사회 안전망이 잘 갖춰져 있을수록 더 많은 성경학습이 발생할 수 있다'고 주장한다. "성경 테스트에 대한 투자는 목회자의 불만이 있지만, 훌륭한 목회자 사회를 보장하기 위해서는 모험을 해서라도 지켜야 합니다."

코트디부아르 장로교단의 '목회자 성경 테스트'제도는 꼭 필요한 정책이다. 사하라 사막 이남의 부르키나파소와 말리 등에서 밀려오는 이슬람교의 성장이 지속되고 있는 현시점에서 장로교회의 탈출구를 모색하고 있는 교단관계자들은 '성경학습과 목회자 사회'라는 새로운 성장 모형에 관한 통찰력을 갖게 될 것이다. 선교현장에서 중장기 교회성장 미래 담론을 고민하는 선교사들에게도 '목회자 성경 테스트'제도는 도움이 될 것이다. 기회가 된다면 성경을 가르치고 학습하는 제도를 현실적으로 만들어가는 새로운 담론은 '성경학습 경제'라고 얘기할 수 있을 것 같다. 그리고 코트디부아르 장로교단의 성장 탈출구는 결국 '성경을 공부하는 목회자 사회 만들기'에 달려 있다. 원칙이 무너진 교단은 성장할 수 없다. 원칙에 충실하

면 경쟁력에서 이길 수 있고, 목회자는 호평을 받고 인지도는 급상승하게
된다.

목회자의 성경지식 상승은 성도들에게 감동을 줄 수 있다. 교인들이 교
회를 떠나는 것은 영적인 능력이 없거나 성경을 제대로 가르쳐 주지 않은
결과이다. 신앙생활하기 가장 좋은 교회 문화를 창조하고 성도들을 만족
시켜 교회의 가치를 만드는 목회자가 되도록 하기 위해 교단은 원칙을 지
켜야 한다.

4
*
교단의 현실:
자립

그러자 그는 방향을 바꾸어 교단 내의 두 목사의 잘못된 생각을 이야기하
고 있었다. '아디아께 교회의 사무엘 목사는 몇몇의 목회자들과 교단탈퇴
를 계획하고 있다는 것.' '그는 항상 리더가 되기를 원하고 있다.'며 보고했
다. 은디유 목사의 고발성 발언에 대해서 교단장은 듣고만 있었다. 반면,
은디유 목사는 '다나네 지역 장로교회의 현실'을 계속해서 보고했다.

"다나네 지역을 비롯한 우리 장로교회의 역사가 20년이 되었습니다. 그
런데 코트디부아르에서 장로교회가 계속적으로 성장해야 하는데 매우 빈

약한 상황입니다. 교회의 성도 수가 증가하고 있지만 목회자 생활비가 월 30$이기 때문에 더욱 어렵습니다. 특히 알렉스 교회의 경우는 월 15,000 세파로는 생활하기가 어렵습니다. 우리 교단의 역사가 20년이 되었음에도 자립이 되고 있지 않습니다. 일부 빌라지 교회는 자립하기도 합니다만 전체적으로 보면 교회가 자립하지 못하고 있는 것이 현실입니다. 또 하나는 빌라지 교회가 재정적으로 자립하지 못하게 되면서 교인들이 부담감을 안고 교회를 떠나는 일도 있습니다. 목회자의 복지정책이 시급합니다."

교단관계자와 현지 목회자의 정책회의는 탄식소리와도 같았다. 시골에서 목회한다는 것이 어렵다는 것을 보고하는 은디유 목사의 표정에서도 교회의 현실을 읽을 수 있었다. 그는 계속해서 교단발전을 위한 제안을 했다.

"교단장님, 빌라지 교회의 성장을 위한 방법으로 교회 건축이 필요합니다. 그런 교회를 건축하려 해도 부지(땅)가 없습니다. 땅은 200평 정도가 있으면 저희들이 교회를 건축해 갈 수 있습니다. 저희 빌라지 교회 목회자들은 땅을 사고 교회를 건축하고 싶습니다. 한 주일의 헌금이 2,500세파로는 도저히 감당하기가 어렵습니다."

은디유 목사가 교회부지 매입에 대한 건의가 끝나자 백성철 목사는 5개의 빌라지 교회 땅을 구입해 주겠다고 즉각적인 대답을 하자 목회자들의 박수가 터져 나왔다. 그들은 빌라지 교회에 땅을 사 주겠다는 말에 웃음으로 화답하기도 했다. 사실, 빌라지 교회를 건축하기 위한 적당한 교회 면적은 200평이란다. 200평의 땅 값은 20만 세파. 한국의 화폐단위로 하면 40만 원이다. 다섯 개 교회의 땅 평수는 모두 천 평이 된다. 천 평의 땅 값은 우리 돈으로 200만 원이다.

은디유 목사와 목회자들의 얼굴에는 기쁨과 환희의 웃음이 흘러나왔다. 그들의 영원한 소망인 교회가 땅을 구입해 건축할 수 있는 기회가 왔기 때문이다.

5
*
신학교 보내주세요

다나네 지역 목회자와의 회의가 한참 무르익어 갈 무렵 은디유 목사가 안건을 놓고 건의를 했다.

"다나네 도시를 중심으로 흩어져 있는 40개의 교회 목회자를 위한 신학 공부가 필요합니다. 대부분의 빌라지 교회 목회자들은 경제적 어려움으로 신학교에 입학하기가 어렵습니다. 신학교에서 공부할 수 있도록 도와주세요."

은디유 목사의 목회자 교육과 관련된 건의가 끝나기가 무섭게 교단장인 백성철 목사는 즉각적으로 대답을 해 주었다.
"40개 교회의 목회자가 신학교에서 공부를 원한다면 학비는 장학금으로 해 주겠습니다."

    교단장의 대답이 끝나자 곧바로 우레 같은 박수가 터져 나왔다. 그리고 자신들의 희망이 해결되었다는 것에 흥분하는 목회자들을 볼 수 있었다. 이처럼 한 목회자의 시원한 대답은 목회자들에게 목회의 생산성, 근속율, 교단소속 만족도에 긍정적인 영향을 준다. 리더의 강점 기반이 중요한 이유가 여기에 있다. 목회자들의 단점에는 초점을 두지 않고 능력 있는 목회자가 보이면 교육을 통한 강점을 세워주므로 사역을 활성화하고 있다. 모든 사람은 자신만의 특별한 강점을 가지고 있고, 그들이 가진 강점에 성장 가능성이 있기 때문이다.

    경영학의 대가인 피터 드러커(Peter Drucker) 역시 "사람은 오직 자신의 강점으로만 성과를 올릴 수 있다. 약점 기반으로는 성과를 올릴 수 없다."고 진단했다. 성공하는 리더는 목회자의 강점을 활용한다. 오늘 내가 배운 것은 리더는 청중의 가려움을 시원하게 만들어 주는 기술을 가진 자임을 다시 발견했다.

    목회자들과의 정책 회의를 마치고 마무리 기도는 내가 했다.

    "참으로 좋으신 하나님께서 은밀한 세속주의가 목회자들에게 침입하지 않고 기도의 사람, 말씀의 사람이 되어 성령의 인도하심을 나타낼 수 있도록 축복해 주세요. 하나님의 말씀에 깊숙이 빠져 한 영혼을 구원하는 일에 전념하도록 힘을 주세요. 영적인 리더십도 주세요."

    그리고 우리는 자리에서 일어섰다. 모두가 한 자리에 모여 기념 촬영도 했다. 모두가 기쁨으로 사진을 찍으면서 다짐을 했다. 하나님의 나라가 속히 임하기를…

6

*

다나네를 복음으로
정복하라

오늘날 그리스도인과 교회가 직면한 어려움은 초대교회가 직면했던 위기 상황과 거의 비슷한 것 같다. 로마제국은 엄청나게 큰 인종집단을 거느렸고, 그 신들에게 다양한 의식을 올리느라 정신이 없었다. 그 안에는 다양한 계급이 있었고, 높은 계급의 사람들은 고대 그리스 철학의 유산을 받아 횡포를 휘둘러 대고 있었다. 피타고라스, 소크라테스, 플라톤, 아리스토텔레스, 에피쿠로스학파 등의 영향력이 컸다는 것을 우리들도 알고 있다. 역사상 그 이후에 들려오는 모든 사상들은 그리스 철학의 기초 위에 세워졌다는 것을 부정하기 어렵다. 당시에 예수 그리스도의 주장들을 고려하고 받아들일 만큼 용감한 사람이라면 그들의 권력과 맞서야 했다. 그리고 다양한 세속적 · 종교적 선택지를 가진 다원주의 사회와도 맞서야 했다.

사도행전에 나오는 초대교회는 어떻게 세속적이면서 종교적 의식을 치르는 그들과 맞서 이기고 그 자리를 차지했을까. 그리스 철학자들이 주장하는 논지를 반박하고 비판하면서 견디어 냈을까. 그 현실 세계를 극복하고 성령이 함께 하는 교회를 건설하면서 지냈을까. 그것은 다름이 아니었다. 초대교회 교인들이 희생과 죽음을 감수하면서까지 진실한 삶으로 믿음을 보여주었다. 역사적으로 가장 놀라운 그리스도인의 성공이야기는 종교적 상투어를 쓰는 세계관을 제거하고 서구 문화의 주도적 세력으로 자리 매김한 것이다.

　오늘 다나네 지역 교회 역시 어려움은 마찬가지였다. 인근 라이베리아와 국경을 맞대고 있는 상황에서 이슬람교의 적극적인 공세로 교회가 최고의 전략을 세운 것은 초대교회의 활력을 되찾은데 있다. 그들은 초대교회와 같은 찬양과 기도, 말씀을 경청하는 것으로 세상을 지배하는 영적 공동체를 만들어 가려고 노력한다. 초대교회의 역동적인 영향력을 발휘하기 위해 그들이 했던 영적 공동체를 연구하고 타종교의 도전을 극복하는 법을 배워가고 있다.

　성경은 모든 그리스도인은 선교사로 부름을 받았다고 말한다. 그래서 선교사로 부름을 받은 사람은 자신들이 말을 걸어야 할 사회의 언어를 배울 책임이 있다. 고국 땅의 경계 안에서도 다른 종족에게 복음을 전하기 위해서는 토착 언어와 공용어를 배워야 한다. 만약 언어가 다른 사람과 만나 이야기하려고 한다면 언어와 세계관의 장벽에 부딪히게 된다. 우리는 다나네 도시 인근 사람들의 세계관을 극복하는 방법을 배워야 한다. 사람들의 가장 깊은 내면의 세계를 흔들어 놓을 수 있고 교감할 수 있는 성경의 메시지를 표현하는 방법을 배워야만 다나네 도시를 정복할 수 있다.

　모든 그리스도인은 그리스도의 대사(大使)로 부름을 받았다. 고린도 후서 5장 20절을 보라.

"이러므로 우리가 그리스도를 대신하여 사신이 되어 하나님이 우리로 너희를 권면하시는 것 같이 그리스도를 대신하여 간구하노니 너희는 하나님과 화목하라."

그리고 그리스도인은 하나님의 은혜를 헛되이 받아서는 안 된다(고후 6:1). '내가 은혜 베풀 때에 너를 듣고 구원의 날에 너를 도왔다 하셨으니

보라 지금은 은혜 받을 만한 때요 보라 지금은 구원의 날이로다(고후 6:2)'
라는 말씀이 이루어져야 한다.

다나네 도시와 근교를 복음으로 정복하기 위한 조건은 '다나네 도시에
거주하는 종족들을 아는 것'이다. 이 도시에 사는 자들에게 메시지를 전달
하려면 그들이 품고 있는 가정과 의문, 반론과 희망, 두려움과 갈망을 다
루어야 한다. 그들의 세계관을 다루어야만 정복할 수 있다.

그러나 한 가지 우리가 유념해야 할 것이 있다. 다나네 도시는 기독교와
개신교 그리고 이슬람교가 뒤섞여 사는 민족들로 구성되어 있다. 하지만
다나네 주변은 개신교 인구가 다른 지역보다는 높은 것으로 나타나 있다.
그러나 부르키나 파소, 가나, 라이베리아에서 이주해 온 이슬람과 민속신
앙 배경에서 자란 사람들에게 복음은 단순하지 않다.

오늘날 경제적으로 힘이 들어 빈곤 속에 허덕이는 문화에 있는 이들에
게, 세상은 성경의 메시지를 고려할 수조차 없을 정도로 미로(迷路)와 같은
정신적 장벽들을 세워 놓았다. 우리의 목적은 그들의 장벽을 허무는 것이
다. 고린도 후서 10장 4-5절과 같이 "견고한 진을 무너뜨리는 것"에 있다.
그래서 하나님의 말씀을 온전히 들을 수 있도록 해야 한다. 바울은 사람들
의 마음에 성벽을 쌓아 하나님을 알지 못하도록 막는 자기 논증, 전승된
문화적 장벽, 종족 공동체의 관념들과 정치적 이데올로기를 비유로 이 단
어를 썼다. 다나네 도시를 복음으로 정복하기 위해서는 정치적·종교적
이데올로기로 하나님을 아는 지식에 대항하는 교만한 생각들을 물리쳐야
한다.

다나네 인근 지역을 복음화 한다는 것은 더더욱 어려웠다고 한다. 반군
과 정부군의 치열한 접전과 인근 라이베리아 반군들의 침입과 약탈은 복
음을 선포하기 어려운 장벽이었다. 이제 반군은 없지만 다나네 시민들 가
운데 '그릇된 사상'에 묶여 있는 자의 수가 점점 증가하고 있다. 이들에게

다가갈 수 있는 유일한 방법은 "네 마음을 다하고 목숨을 다하고 뜻을 다하여 주 너의 하나님을 사랑하는 것"과 "네 이웃을 네 몸과 같이 사랑하라."는 명령을 지키는 것이다(마 22:37-39).

이것은 원주민처럼 옷을 입고 생활하는 것을 말하지 않는다. 그들을 사랑하려면 상대를 알아야 한다는 논리이다. 무엇보다 원주민의 세상에 대한 그들의 해석에 친숙해 지는 것이다. 그래야 현지인들의 연민과 공감을 가지고 그들의 삶의 경험 속으로 들어가 메시지를 선포할 수 있다.

다나네 가나안 교회에서 '목회자 정책회의'는 한 시간이나 걸렸다. 처음에는 긴장된 얼굴이었지만 시간이 지나면서 웃는 얼굴로 바뀌었다. 교단장인 백성철 목사가 현지 목회자들의 입장과 생각을 알고 대처를 해 주었기 때문이다. 내가 백성철 목사를 보고 놀란 것은 그들의 심리와 정서, 기다림을 알고 즉각적으로 응답해 주는 리더십과 제3세계 사람들의 정서적 · 인식적 차원의 실재를 파악하고 기회를 놓치지 않는 태도 때문이었다. 그리고 코트디부아르에 '하나님이 필요하다'고 진심으로 믿고 있기에 그들의 요구를 쉽게 수용해 주는 태도 때문이었다. 또 하나는 교단장의 방문은 다나네 지역 목회자들에게 구원투수와 같았다. 그가 방문해 준 것 만으로 힘이 되고 격려가 된다는 은디유 목사의 말이다. 백성철 목사의 리더십은 현지인의 요청이나 대화의 내용을 경청한 후 행동으로(Action) 옮겼고, 목회자로서 기본(Basic)에 충실하고, 현지 목회자들에게 자신감을 심어줬다(Confidence).

코트디부아르 전국이 내전으로 복음전도사역에 모두가 주저할 때 백성철 목사는 과감하게 다나네를 방문했고, 목회자로서 성과와 수치에 집착하지 않고 본연의 목회자로서의 책무에 집중했다. 많은 성도들과 목회자가 패배의식에 젖어 있었을 때 자신감을 심어주었다.

현지 사역의 핵심가치는 현지인들을 존중하고 잘 대접하면 된다. 현장에 있는 한인교회가 이 같은 기본을 갖고 늘 기도하고, 생각하고 행동으로 실천한 것이 힘이었다. 또 하나는 목회자들에게 '우리가 하는 사역은 승리할 수 있다'는 믿음을 심어 주는 것이었다. 이전까지 우리 목회자들이 어려움과 고통을 겪어 왔다는 것, 실패(lose)한 것으로 위축된 그들을 격려했다. 그리고 그리스도인으로서 기본에 충실해야 한다는 것을 가르쳐 준 결과였다.

다나네 지역 교회의 목회자들은 아비장 한인교회를 사랑하고 존경하는 모습이 보였다. 왜 그런가. 아비장 한인교회가 기본에 충실하고 있기 때문이다. 영어에서 '기본으로 돌아가라'(Back to Basic)고 가르친 결과였다. 아비장 한인교회와 백성철 목사가 이슬람의 다와(선교)로 위축된 교회를 살리고 있다.

7
*
다나네 가나안
교회의 문화

다나네는 다양한 민족이 혼재되어 있다. 대부분의 사람들은 라이베리아, 기니, 부르키나 파소 등에서 건너온 이주민들이다. 이들은 경제적 유익을 위해 고향을 버리고 이주한 자들이다. 그러나 다나네 가나안 교회 성도들은 국내의 정치·사회적 불안정에도 한결같이 은디유 목사와 교회에서 삶을 같이 했다.

다나네 사람들의 특징은 알로하 스피릿(Aloha Spirit) 문화를 내세운다. 그리고 다나네에는 고유한 환대(hospitality)문화가 있다. 이 문화가 교회 문화로 전이(轉移)되었고, 교회에서는 고유한 문화를 교회 문화에 반영해 포용하였다. 나는 이름에만 다나네가 있는 것이 아니라 문화도 다나네임을 알 수 있었다.

이들은 우리가 도착하기 전부터 교회를 청소하면서 손님맞이 준비를 했다. 식사와 환영 행사 모두가 마을 문화이면서 아프리카인들의 문화였다. 교회의 중직들은 교제실에서 조용히 기다려주었고, 함께 식사를 하고, 기도로 영접해 주었다. 30-40명의 교회 중직자들은 우리를 향해 환영의 미소, 웃음, 박수를 치면서 기쁘게 맞아 주었다. 어떤 분은 환영인사를 하기 위해 메모지에 인사말을 기록해 읽으면서 영접해 주기도 했다. 이는 교회가 성도들을 조직적으로 관리를 잘하고 있음을 보여준다. 목사와 성도간의 협력(coordination)이 잘되고 있다는 증거다. 교회일은 입장이 달라도 서로 협력할 일이 많다. 선교적 교회는 협력하고 소통하고자 하는 의지가 가장 중요하다. 협력이 교회 공동체에게 가장 중요하다는 신호(signal)를 보내는 것인데 바로 알로하 스피릿을 통해 드러나고 있었다. 바로 이것이 다나네 교회를 성장시킨 핵심이었다.

8

다나네 경찰서

다나네 지역 목회자 협의회와 회의를 마치고 교회를 떠나 빌라지 교회로 이동을 했다. 교회 정원을 벗어나 시청광장을 돈 다음 목적지를 향해 갔다. 교회에서 10분 정도의 도로에는 빌라지로 가는 모든 사람을 위한 군경 합동 검문소가 있다. 우리 일행은 시골교회 방문을 위한 첫 번째 관문을 순조롭게 통과하지 못했다.

경찰은 우리에게 왜 시골에 가려고 하는가. 어느 호텔에 머물렀는가를 묻고는 검문소 통과를 허락하지 않았다. 경찰이 검문소 통과를 허락하지 않은 이유는 두 가지였다. 하나는 에볼라 전염병 때문이었고, 또 하나는 외국인의 치안 문제로 인한 국제적인 논쟁을 피하기 위한 것이었다. 그러나 나중에 안 사실이지만 우리 일행이 머물렀던 그레이스 호텔에는 중국인이 숙박하고 있었다는 것이다. 그들은 이곳에서 마약 밀매를 한다는 정보를 안 경찰이 우리도 중국 사람으로 착각을 한 것이다. 만약 시골지역을 탐방하기 원한다면 경찰의 최고 지휘자의 허락을 받아오면 통과시켜 주겠다며 우리를 되돌려 보냈다.

빌라지로 가는 길목에서 검문소 통과를 하지 못한 우리는 경찰서로 갈 수 밖에 없었다. 경찰서에는 민원을 해결하려는 경찰관들이 앉아 있었다. 우리는 최고 지휘자를 만나기 위해 방으로 안내되었다. 아마도 지역 경찰 서장 정도의 직책을 가진 자 같았다.

그는 우리를 죄인을 심문하듯이 취급했다. 일행들 모두가 긴장을 했다. 나와 백성철 목사 부부는 맨 앞줄에 앉았고, 미국에서 온 단기 팀들은 벽면 의자에 앉았다. 그런데 경찰서장은 백성철 목사의 아내를 향해 "마담, 마담, 저쪽으로 가세요."라며 명령을 내렸다. 이는 외국인에 대한 불친절이고 모욕이다. 그러면서 우리 모두의 신분증 제시를 요구했다. 나 역시 승용차로 가 여권을 챙긴 후 제시했다. 거주증과 여권을 제시한 후 자리에 앉아서 기다렸다. 경찰서장의 권위적이고 고압적인 자세는 교회 탐사 일행을 긴장시켰다.

경찰서장은 외국인이 빌라지를 방문하는 것은 상부의 지시가 있어야 한다면서 계속적으로 위협적인 자세를 취했다. 우리와 함께 교회 비서가 정부 고위직의 직함과 성함을 이야기해도 자신과는 관련이 없다면서 권위적인 자세였다. 한마디로 지역경찰의 권위는 대단해 보였다.

그가 상부의 지시를 기다리는 동안 '아비장 한인교회는 내무부 차관과 친분이 있다는 것'을 이야기해 주었다.

"내무부 차관이 한국으로부터 명예스러운 훈장을 받았습니다. 그는 한국과 깊은 인연을 가지고 있을 뿐 아니라 태권도 협회의 회장으로 명예스럽게 대한민국의 훈장을 박근혜 대통령으로부터 받았습니다. 그리고 백성철 목사는 그가 출석하는 교회에 초청을 받아 간증을 하게 되었습니다. 등등."

정부 고위 관료와 연관이 되어 있다는 것을 어느 정도 직감을 하면서 그의 권위적 태도는 조금씩 수그러들기 시작했다. 그는 상부의 지시를 기다리면서 우리들 한 사람 한 사람을 주시하면서 바라보고 있었다. 잠시 후 망(man) 지역의 지역 사령관으로부터 연락을 받은 그는 권위적 태도에서 순한 양과 같이 부드러워졌다. 정부 고위 관료의 전화를 받았는지 모르지만 갑자기 우리를 대하는 태도가 달라졌다. 우리에게는 신분증과 여권을 되돌려 주면서 부하직원을 불러 우리가 가는 지역을 안전하게 여행할 수 있도록 경호할 것을 지시했다.

우리는 그의 결정과 태도에 감사함으로 2016년 교회 달력과 선물을 주고 경찰서를 빠져 나왔다. 다나네 경찰서에서 머문 시간은 무려 한 시간이나 되었다. 경찰서에서 빌라지 교회로 떠나려는데 점심시간이 되었지만 은디유 목사는 점심 식사를 어디서 할 것인가를 묻지 않고 빌라지 교회 이야기만 했다.

빌라지 교회를 방문하기 위한 첫 번째 위기는 검문소를 통과하지 못한 것과 지역상황을 인식하지 못한 점이 실수였다. 또 하나는 은디유 목사가 외국인에 대한 배려가 미숙한 것도 한 몫을 했다. 외국인이 시골지역을 여행할 경우 여행허가를 미리 받아 두어야 하는데 목회자로서 사회적 위기 대처 능력이 미숙했다. 사실, 선교 사역은 항상 위기가 있을 수 있다. 위기관리에서 가장 중요한 부분은 당사자의 위기 커뮤니케이션(crisis communication)이다. 보통 위기 전- 위기 발생-위기 이후 등의 세 단계로 구분된다. 지금까지 위기 커뮤니케이션의 연구 혹은 이해는 위기 전과 위기 후만을 고려했을 뿐 위기 발생 상황에서 무엇을 어떻게 할 것인가는 고려되지 않았다.

다만 우리 일행이 첫 번째 경험한 위기관리에서 성공한 것은 부드러운 소통이었다. 경찰의 최고지휘관과 부드러운 소통, 그에게 우리는 완벽한 한국인이면서 그리스도인이라는 모습을 보여준 것이 적중했다. 인간은 먼저 용서를 구하는 사람을 심하게 다루지 못하는 습성이 있다. 우리는 경찰서 관계자와 부드러운 소통을 통해 정직하고 신속한 선제공개를 함으로 위기를 짧은 시간에 극복하고 목적지를 향해 떠날 수 있었다.

　일련의 검문소 통과를 하지 못하고 경찰서로 갔던 우리 일행의 위기관리 베스트 전략을 이렇게 말하고 싶다.

　"위기를 극복하고 싶다면 나의 정체를 상대방에게 먼저 고백하라"

　나의 정체를 고백하는 것은 최상의 위기관리 전략이다. 위기를 만났을 때 선제공개 전략이 어떤 경우에 효과적인가를 말해주는 장면이다. 선교 사역의 위기 상황에서 먼저 위기관련정보를 제공하면 우리가 정보 흐름의 주도권을 가질 수 있는 것처럼, 사람들 간의 관계에 있어서도 자신에 부정적인 내용을 솔직하게 이야기하는 사람들이 신뢰할 사람으로 인식될 수 있고 신뢰성이 높아진다. 반대로 위기 상황에서 상대방에서 먼저 정보를 공개한다고 해서 유리한 것만은 아닐 수 있다. 만약 동양인에 대한 호감을 가지고 있는 상황이라면 모르지만 부정적 태도를 지닌 상황에서는 불합리할 수 있다. 그러나 위기발생과 함께 선제 공개를 할 경우 위기결과가 달라질 수 있기 때문에 고려해 볼 만하다.

　한편, 검문소를 통과할 때 경찰은 이렇게 말했다. "프랑스어 성경이 있으면 주세요." 차에는 성경책이 없어 2016년 아비장 한인교회 달력을 선물로 주고 통과했다. 아프리카인은 강자에게 약하고 약자에게 강하다는 인상을 주었다.

9

*

다나네 가나안 교회
담임목사 은디유

은디유 목사는 키는 작고 왜소한 체구를 가졌다. 얼굴은 갸름하지만 영적인 측면에서는 매의 눈을 가진 것처럼 예리한 카리스마 소유자다. 그는 1956년 출생자로 코트디부아르의 격변기를 지내온 산 증인이다.

은디유 목사는 라이베리아 장로교단 소속이었으나 2005년에 아비장 한인교회가 속한 교단으로 영입되어 오늘에 이르고 있다. 은디유 목사는 다나네 지역에서 39개의 교회를 개척하여 지역사회 개발과 복음화에 힘을 쏟고 있는 성실한 목회자이다.

그의 복음전도 열정은 오늘날 젊은이들이 따라 갈 수 없는 열정과 비전을 가지고 있다. 그의 전도그룹은 보통 20명으로 구성되어 있으며, 그들로 하여금 빌라지 교회를 개척하는 역동적 일꾼으로 활용하고 있다. 은디유 목사가 개척한 빌라지 교회를 비롯한 다나네 가나안 교회의 교인은 2,000명이 넘는다. 그러나 은디유 목사는 교인 숫자에는 별 관심이 없다. 오직 하나님의 교회를 통해 수많은 영혼이 돌아오는 데에만 집중하고 있을 뿐이다.

그는 사실, 라이베리아에 에볼라 전염병이 발생했을 때가 가장 고통스러웠다고 말한다. 에볼라가 발생하면서 빌라지 교회 주변에서는 양고기 혹은 물고기조차 구입해 먹기가 어려웠다고 말한다. 그동안 내전으로 어려움을 겪은 것도 힘겨운데 인간의 생활에 필수적인 단백질을 보충하는 고기를 사서 먹을 수 없다는 것이 힘들었다고 말한다.

　과거 내전이 한참 진행될 때는 가장 힘들었던 것은 라이베리아 사람들이 주민들과 교인들의 재산이면서 삶의 기초가 되는 닭, 소, 양 등을 약탈해 갈 때였다. 그들은 현 대통령이 반군으로 활동할 때 용병으로 사용된 자들이다. 지금은 정부군이 되었지만 당시 용병들은 월급을 받아야 하는데 받지 못해 민간인 집에 들이닥쳐 약탈을 일삼은 것이다. 코트디부아르의 내전은 인간을 정신적·육체적으로 힘들게 했고, 내전 이후의 삶의 과정도 빈곤해 살아가기가 어렵다고 한다. 다나네 사람들은 월 1800~2000세파의 작은 돈을 받고 생활하기 때문에 생활 자체가 무척 힘이 든다고 말한다.

　그럼에도 불구하고 다나네 가나안 교회와 은디유 목사는 내전 중에도 '복음을 전하는 일'에 최선을 다했다. 내전 중에도 전도대원들은 각지로 흩어져 복음을 전했고 교회 개척을 이루어냈다.

　코트디부아르가 내전으로 가장 혼란스러웠던 때는 전도하는 일을 잠시 멈추었지만, 2007년에서 2008년도에 다시 지역을 복음화하기 위한 전도를 시작하여 지금도 동일한 방법으로 복음전도 사역을 이루고 있다. 특히 2002년에서 2004년경에는 다나네 전 지역에 라이베리아 사람들이 많아 전도하기 위해 각 지역으로 흩어지는 것이 어려웠고 마을을 걸어 다닐 수 없었다. 라이베리아 사람들 대부분은 이슬람교를 신봉하는 자들이었고 아무 곳이나 총을 쏘는 바람에 바깥출입을 할 수 없었다. 거기다가 라이베리아 사람들은 영어와 프랑스어를 하지 못해 의사소통이 되지 않아 더더욱 어려웠고 길에서 만나는 사람은 무조건 사살하거나 죽였다. 다행스러운 것은 코트디부아르 중부도시의 부아케(Bouake) 사람들이 다나네로 와서 프랑스어를 하면서부터 라이베리아 사람들을 쫓아냈다.

부아케는 수도 아비장과 부르키나파소의 수도 와가두구를 잇는 간선도로와 철도 연변에 있다. 1899년 프랑스군의 전초기지로 건설되었고, 1969년에 자치시가 되었다. 코트디부아르에서 2번째로 큰 자치구역이다. 코트디부아르 내륙지방의 무역 · 교통의 중심지로서 경제가 활성화되는 도시에 속한다. 이 지역에서는 면화 · 담배 · 사이잘삼 · 쌀이 가공되어 판매되기도 한다. 부아케 근처의 공프르빌 공장은 코트디부아르에서 가장 오래되고(1922) 가장 큰 직물공장이다.

특히 부아케 지역은 1912년 철도가 완공되면서 바울레족의 가장 중요한 교역(쌀 · 마 · 가축) 중심지가 되었다. 부아케는 부아케에서 383km 남남동쪽에 위치한 아비장으로 수송되는 각종 상품의 집결지이다. 부아케에는 사람들이 생활하기 편리하도록 국립병원, 라디오 방송국, 직물과 수의학연구소가 있으며, 로마 가톨릭의 주교청 소재지가 있다. 부아케에는 여러 개의 로마 가톨릭 교회와 개신교 교회, 하나의 베네딕투스 수도원, 그리고 몇 개의 이슬람교의 모스크가 있다. 이 지역의 특산물로는 각 종족들의 가면(mask, 假面), 청동제품, 세누포 혹은 다호메 직물, '카나리'라고 하는 질그릇과 그 밖의 각종 상품이 거래되는 곳으로 유명하다.

은디유 목사는 사명이 있는 목회자다. 그의 영적 세계는 성경에 기초하고 장로교 신조를 따라 만들어진 목회자이다. 그는 행정을 아는 자로서 조직력이 있으면서 인간관계를 잘하는 자로 정평이 나 있다. 그는 자신의 목회계획과 대화 목록을 미리 정리하는 꼼꼼한 면도 갖추고 있다.

그러나 한 가지 아쉬움이 있다면 사역을 비롯한 모든 일에 대해서는 원칙주의자이다. 그래서 타인과의 대화가 잘 되지 않는 약점도 있지만 하나님을 향한 열정으로 인정받고 있다. 그는 다나네 지역의 목회자로서 교회개척의 모델이다.

제 5 부

다나네 서북지역
빌라지 교회 돌아보기

"아침마다 주의 인자하심을 알리고
밤마다 주의 신실하심을 베풂이 좋으나이다"
시 92:2

1

*
다나네 지역 쿠안 울레(Kouan Houleu) 교회

1) 아프리카의 전형적인 산길을 따라 교회로

선교현장 탐사에서 늘 경험하는 것은 시간을 잘 지켜야 한다는 것이다. 첫날 아침에는 지나칠 정도로 피곤해서 깊은 잠에서 일찍 일어나지 못했다. 그런데 다음 날부터는 너무 부지런해졌다. 새벽 4시 30분에 일어나 성경을 읽고 난 후 하루 일과를 놓고 기도를 했을 정도로 나 스스로는 놀랄 만큼 의아한 생각이 들었다. 성실한 생활태도로 인해 다나네 도시의 중천에 뜬 해가 눈부시게 환했다. 사실은 밤 시간에 내린 빗줄기로 바로 잠이 들지 못한 것도 있었지만 그래도 아침에는 좀 부지런을 피운 것이 화근이 되었는지 입 안에서 쓴 맛이 났다.

코트디부아르에 오기 전부터 몸이 제대로 움직여지지 않아 사고도 났다. 오른쪽 눈썹 부분에 상처가 크게 나는 바람에 여섯 바늘이나 꿰맸다. 얼굴에 하얀 반창고를 붙이고 강의도 하고, 샤워도 했다. 눈썹 주위에 상처가 나서 그런지 가려웠다. 상처 난 몸, 피곤에 지친 마음으로 먼 탐사길을 떠난 것이 무리였지만, 평생에 한 번 방문하기도 어려운 지역에 왔다는 것 때문에 모든 피곤을 잊었다.

다나네 가나안 교회에서의 목회자 회의와 지역 경찰서에 붙잡힌 일 때문에 일정에 차질이 빚어지면서 긴장은 더 심해져 갔다. 차창 밖으로 걸어

다니는 현지인들, 머리에 장작을 이고 가는 아낙네, 엄마 손을 붙잡고 길을 걷는 어린아이들, 가끔 하얀 먼지를 일으키며 달려오는 트럭을 보면 여기가 아프리카 시골이라는 생각이 번쩍 들었다.

차창 밖으로 보이는 황토길 도로 옆에 훌쩍 커버린 풀잎, 산자락 곳곳에 서 있는 커다란 나무들, 도로 주변의 대나무 군집들은 전형적인 아프리카를 경험하면서 기다리는 사람을 만나러 갔다.

그런데, 한 가지 아쉬움이 있다. 우리가 다나네 경찰서에서 출발할 때의 시간이 12시 30분이었는데 점심 식사를 할 생각을 하지 않는다. 은디유 목사는 첫 번째 Kouan Houleu 교회를 방문하는데 30분이면 도착한다며 걱정하지 않아도 된다는 말투다. 우리가 알 수 없는 시골길. 어느 누구도 말할 수 없는 상황이 일어났다. 다나네에서 출발한 지 30분이 지나도 목적지는 나오질 않았다. 더 놀라운 것은 시골마을이라 그런지 상가도 없고, 민가도 숲속에 가려져 보이지 않는다. 가끔 보이는 동네 시장은 텅 빈 상태로 남아 있었다. 어느 누구도 시장에 물건을 놓고 파는 사람이 없다. 그렇다고 빵 가게라도 있으면 사서 먹고 싶겠지만 그럴 형편이 아니다. 모두가 배고픔을 달래고 있는데 값비싼 조선 오징어 구이와 쥐포를 꺼내는 비닐봉지 소리가 들려왔다. 뒷좌석에 앉아계신 사모님께서 "교수님 오징어 드실래요." 하신다. "네, 오징어 좀 주세요." 오징어는 구운 것이라 딱딱해 침으로 녹여 먹는 수밖에 없었다. 뒷좌석에서 주는 오징어와 쥐포를 씹으면서 카메라 셔터를 눌렀다.

아프리카 여행을 할 때면 한 가지 조심해야 된다. 오토바이를 타는 사람과 자동차를 이용하는 사람과는 시간 개념이 다르다는 것을 알아야 한다. 우리와 함께 하는 은디유 목사는 오토바이로 시골을 다니는 분이다. 그는 차량으로 얼마 동안 가야 하는지에 대한 개념이 없다. 자신의 시간으로 30분이면 된다고 말한다. 그런데 차량으로 이동하는 시간은 한 시간 이상 차이가 난다. 왜 그럴까. 시골길은 좁고 패인 곳이 많아 자동차가 마음대로 속도를 낼 수가 없다. 그런데도 30분이면 목적지에 도착한다고 말한다. 아프리카는 되는 것도 안 되는 것도 없다는 것을 또다시 알게 되었다.

오후 2시가 되어 산골 마을의 Kouan Houleu 교회에 도착을 했다. 기니와 라이베리아 국경에서 가장 가까운 지역에 있는 Kouan Houleu 교회는 전형적인 시골마을 안에 있었다. 빌라지 교회로 가는 중간에 들은 이야기지만 다나네 도시에는 현재 3개의 이슬람사원이 있어 활발하게 움직이고 있다면서 다들 걱정했다.

2) 교인들의 환영식

드디어 오후 2시가 되어 Kouan Houleu 교회에 도착을 했다. 교인들은 길거리로 나와 환영의 노래와 춤을 추었다. 40~50명의 어린이와 어른 성도들은 혼연일체가 되어 우리를 뜨겁게 환영해 주었다. 세 번의 춤과 노래, 함께 춤을 추는 시간은 점점 길어져 갔다.

아프리카 노래와 춤은 항상 선창이 있으면 따라 부르는 형식인데 교회도 일반 사회와 별반 차이가 없었다. Kouan Houleu 교회 성도들의 찬양과 춤에 빠져 넋을 잃을 정도였다. 시골교회이지만 영적인 부분과 교단장에 대한 열렬한 환영식은 천국의 천사들이 환영하는 듯했다.

알렌(Kpea Alain) 전도사는 우리 일행을 열렬하게 환영해 준 교인들을 향해 할렐루야 아멘을 외쳤다. 그럴 때마다 교인들은 목소리가 터져라 아멘으로 응답해 주었다.

Kouan Houleu 교회는 허름하기 짝이 없었다. 대나무 기둥위에 팜나무 잎으로 덮은 지붕이다. 교회의 창문과 출입구 문도 없다. 태양 빛을 가릴 수 있는 공간, 모두 함께 하나님을 찬양할 수 있으면 만족한 성도들뿐이다. 이것이 천국이 아닐까. 누군가 널 위해 기도해 준다는 음성을 들을 수 있는 공간과 오직 예수 그리스도만을 찬송할 수 있는 공간에서 소리 높여 찬송을 하고, 온 몸을 다해 춤을 추는 곳이 교회다. 교회는 춤과 노래가 있는 공간이고, 하나님의 말씀을 들을 수 있는 곳이다.

알렌 전도사는 이곳까지 찾아 준 교단장 백성철 목사와 한국에서 방문한 장훈태 교수를 위해 기도해 줄 것을 온 교인들에게 요청을 했다. 교인들은 한 목소리로 하나님을 향한 감사의 기도, 방문객을 위한 축복의 기도를 해 주었다.

아비장 한인교회는 성도들을 위한 선물로 쌀 50kg과 기름, 비스켓 등을 준비해 갔다. 교회가 교회를 위해 준비한 것이지만 이들에게는 엄청난 선물이라 한다. 교회에는 마을에서 가장 추앙받는 추장 쿠아노 씨도 참석했다.

알렌 전도사는 계속하여 교회를 향한 복음의 기쁜 소식을 선포했다. 그리고 교단장 백성철 목사가 교회 부지 구입을 해 주겠다고 광고도 했다. 그러자 교인들은 박수와 아멘으로 화답해 주었다. 그런데 교회 안에 눈에 띄는 젊은 청년들이 있었다. 그들은 청년 전도회라 한다. 청년전도회 회원들은 남다른 제복을 입었다. 청색 옷에 팔에는 리본을 착용했고, 목에는 호루라기를 걸고 다녔다. 이들은 교회의 집회가 있을 때 방해하는 자들로부터 지켜줄 뿐 아니라 질서유지에도 힘을 쓰는 자들이라고 한다.

3) 교단장 백성철 목사

Kouan Houleu 교회 알렌 전도사의 인사말과 성도들의 대단한 환영식을 받았다. 이어서 교단장 백성철 목사가 다음과 같이 교인들을 향해 격려의 메시지를 전해 주었다. 성경 데살로니가 전서 5장 18-20절의 말씀을 낭독한 후 짧은 인사말을 전했다.

"저는 Kouan Houleu 교회의 온 성도들을 만나 뵙게 되어 감사드립니다. 여러분 모두에게 하나님께서 복을 주시기 바랍니다. 저와 함께 동행한 한국에서 오신 백석대학교 선교학 교수 닥터 장을 소개합니다. 그리고 미국에서 단기 선교사로 코트디부아르에서 활동하는 네 명의 자매를 소개합니다."

백성철 목사는 우리 일행을 소개한 후 조금 전에 읽은 성경 말씀을 갖고 간략하게 메시지를 전했다.

"여러분, 성경은 하나님의 말씀이 기록된 책입니다. 성경에는 성도들이 지켜야 할 메시지가 담겨 있습니다. 이 세 가지를 말씀드리면서 여러분에게 격려하고 싶습니다. 첫째, 항상 기뻐하라는 것입니다. 우리는 신앙생활을 하면서 늘 기뻐하는 것이 하나님의 뜻입니다. 돈이 없어도 하나님께 기뻐해야 합니다. 가진 것이 없어도 주를 향한 기쁨을 드린다면 하늘의 하나님은 기뻐하십니다. 둘째, 쉬지 말고 기도하라고 했습니다. 우리는 농장과 산에서 그리고 가정에서 매일매일 하나님께 감사의 기도를 드려야 합니다. 기도하면 하나님께서 반드시 응답하십니다. 셋째, 범사에 감사해야 합니다. 우리는 모든 일에 감사로 시작하고 감사로 마감을 해야 합니다. 하나님을 경외하는 교인들은 늘 감사의 삶으로 하나님께 나아가시기 바랍니다.

결론적으로 우리는 하나님 앞에서 항상 기뻐하고, 기도하고, 감사하는 믿음의 백성이 되시기를 주의 이름으로 축복합니다. 여러분에게 축복기도는 한국에서 온 닥터 장이 해 주시겠습니다."

교단장 백성철 목사의 메시지는 간결하면서 정확했다. 그의 메시지를 듣는 성도들은 모두가 아멘으로 대답했다. 그러면서 그가 E.E.P.C.I.교단에 소속된 은디유 목사를 좋아한다고 말하자 교인들은 일어나서 환호성을 울리면서 박수를 쳤다. "저는 여러분들을 아비장 한인교회에 초청하겠습니다"라고 말하자 교인들은 휘파람을 불며 좋아했다. 그러면서 계속해서 교인들을 향해 격려해 주었다.

"여러분이 오늘 밭에 나가 새를 쫓으면서 일을 해야 하는데 저희들을 환영해 주어 감사합니다. 저는 아비장에서 개최되는 청소년 캠프에 여러분의 자녀를 꼭 초청하겠습니다. E.E.P.C.I. 교단 산하에 있는 청소년 집회를 통하여 일체된 정신과 신앙으로 코트디부아르를 복음화하는 데 최선을 다해 주시면 좋겠습니다. 저는 여러분의 교회에서 청소년 2명을 선발하여 아비장으로 보내주시면 왕복 교통비도 주겠습니다."

교단장 백성철 목사는 교인들에게 희망의 메시지를 던져 주면서 그들에게 가장 좋은 선물로 청소년을 초청해 주었다. 그러자 교인들은 큰 목소리로 외쳤다.

"구아노 마누, 구아노 마누, 구아노 마누, 구아노 마누"

'구아노 마누'는 무슨 소리인가? 야쿠바족의 정통언어로 말하는데 알아들을 수 없다. '구아노 마누'란 무엇일까. 그들이 말하는 '구아노'란 큰 자라는 의미이고, '마누'는 엄마라는 뜻이다. 남자를 부를 때는 '구아노 그래드'라고 부른다. 이는 '크고 위대한 자'라는 뜻이다. 백성철 목사와 오길순 사모는 현지인들로부터 크고 위대한 아버지와 큰 엄마라 불린다. 현지인들이 가장 존경하는 부부라는 뜻이다. 교인들은 백성철 목사 내외를 향하여

"구아노 마누, 구아노 그래드"라고 소리 높여 불러주면서 박수로 화답해 주었다.

교단장 백성철 목사와 교인들의 상호 인사가 끝나자 여전도회원 한 명이 살아 있는 '닭'을 선물로 가져왔다. 그때 백성철 목사는 이렇게 말한다.

"저는 살아 있는 것을 만질 수 없고 받을 수 없어요. 그러니까 장 박사님이 선물로 받으세요."

나는 백성철 목사님의 권유를 따라 앞으로 나가 닭과 팜 열매 등을 받았다. 교인들의 정성이 담긴 선물이다. 빌라지에 사는 사람들이 외국인을 향해 선물을 주는 것은 '우리의 친구'라는 의미가 담겨 있다.

우리는 Kouan Houleu 교회 교인들의 성대한 환영행사를 마치고 교회 문을 나서게 되었다. 교회에서 모든 행사를 마치기 전 백성철 목사는 닥터 장이 축복의 기도를 할 것이라고 광고해 주었다. 나는 강단 앞으로 나가 손을 번쩍 들고 Kouan Houleu 교회와 알렌 전도사 그리고 온 교회의 성도들과 자녀들을 위하여 주 예수 그리스도의 이름으로 기도를 했다. 나 역시 빌라지 교회의 성도들을 향한 기도사역이 행복했다. 이제 그들과 헤어져야 할 시간이다. 다음 장소를 향해 우리는 가야 한다. 아직도 우리를 향해 '어서 와 주세요!'라고 기다리는 자가 있기 때문이다. 지금도 나의 귀에는 '어서 와 주세요!'라는 소리가 들려오는 것만 같다.

4) 어! 시골 마을에 가로등이 세워졌네

코트디부아르 서북쪽 깊은 산골, 황토길을 따라 가다보면 웅덩이가 보이고, 대나무들이 운집해 있다. 여기저기 흩어져 사는 마을 중앙에 대나무로 지은 교회당, 십자가는 없지만 넓은 홀 안에는 작은 강대상과 십자가만 세워져 있다.

교회당 건물은 높지 않지만 마음껏 춤과 노래를 부를 수 있다. 숲속을 헤쳐 온 교인들의 인내가 아름답고 멋있는 장면이 연출되는 곳이 교회다. 이곳은 알렌 전도사와 함께 온 교인들이 힘을 쏟은 교회당이다. 깊고 깊은 산골 마을에 가로등이 세워졌다. 마을 공동체의 생활 편의를 위해 정부가 세워준 가로등은 대낮인데도 훤히 밝히고 있다. 전력사정이 좋아 대낮에 도 가로등을 켜 놓는 나라인가 싶다. 그 나라는 가로등이 있다는 것을 자랑하기 위해서인가.

아비장 한인교회 백성철 목사는 연거푸 감탄을 외친다. 이 산골에 가로 등이 세워졌네, 언제부터 가로등이 세워졌을까. 내전으로 힘들었던 지역이라 그런가. 아니면 반군세력이 정권을 쟁취하고 난 후 국민정서를 달래기 위해 가로등을 세웠나. 혼자 말하는 것이지만 감격스러워하는 억양은 나에게도 감동으로 다가왔다.

한국이나 아프리카 모두 국민들의 정서는 똑같은가 보다. 국가의 정책이나 방향이 잘못되었을 때, 국민들의 삶이 어려워지면 불만이 늘어나는 것은 자연적인 것 같다. 현 대통령은 다나네 지역 일대의 시골 마을에 가로등을 세워 국민 생활에 불편이 없도록 하고 있다. 1960년대 한국의 새마을 운동과 같은 형태의 지역사회 개발은 주민들의 삶의 질이 향상되고 있다. 지금 우리는 코트디부아르 시골 마을의 변화, 주민들의 삶의 질 향상을 느끼면서 서쪽 방향으로 가고 있다. 빌라지에 전기가 설치되었다.

"어! 가로등이 세워졌네. 전력이 남아도는가 보네요."
"대낮에도 가로등이 켜져 있어요. 우와 대단하네요".
"현 정권이 국민들을 위해 신경을 많이 쓰네요."
"하기야. 이 지역은 반군들의 세상이었으니 당연할 수밖에 없지요."

우리는 아프리카의 깊은 산골 마을에 전기가 설치되었다는 것에 감동을 받았다. 모두가 즐거워했다. 내전이 한참 진행될 때 국민들 정서가 이만저만이 아니었을 것 같았다. 반군들이 활동하고 라이베리아 용병들이 활동했을 때를 악몽처럼 기억하고 있었다.

"정부군과 반군이 활동할 때는 길거리를 걸어 다닐 수 없었지요."
"라이베리아 용병들의 약탈로 인한 두려움, 수많은 사람들이 고통을 겪었지요."
"일부는 희생되는 사람도 있었어요."
"지금도 그때를 생각하면 지금도 소름이 끼쳐요."
"다시는 정치적 불안정한 시절이 오지 말아야 됩니다."

코트디부아르는 불과 몇 년 전만 해도 정치 사회적 불안정으로 외국인이 모두 철수했던 곳이다. 그러나 지금은 정치 사회적 안정으로 국제사회와 기업가, 관광객들이 몰려오고 있는 신흥국가로 재도약하고 있는 중이라는 이야기를 들으면서 다음 장소를 향해 출발을 서둘렀다.

2

*
글렌 호우예(Glan Houye) 교회

1) 아프리카에서 10분은 곧 한 시간

　Kouan Houleu 교회 문을 나서자 시간은 오후 3시를 향해 가고 있었다. 더 이상 지체되면 다나네 시로 되돌아가는데 어려움이 있을 것 같았다. 백성철 목사는 걱정하기 시작했다. 선교지 사역은 일찍 마무리 지어야 한다면서 출발을 서두르기 시작했다. 그런데 우리 일행 모두가 가는 것은 무리인 것 같았다. 나머지는 베카(Bekah) 빌라지에 머물도록 하고 몇 사람만 출발했다. 그러면서 다시 빌라지 교회에 도착시간을 은디유 목사에게 확인하기 시작했다. 그는 교단장을 모시고 빌라지 교회를 방문하는 것만 생각을 했다. 외국인의 신변과 식사에는 전혀 관심이 없었다. 은디유 목사 자신이 빌라지를 방문할 때 오토바이로 이동하던 것만 생각하고 있었다.

　"은디유 목사님, Glan Houye 교회는 시간이 얼마나 걸리는가요."
　"약 10분이면 도착할 수 있을 것입니다."
　"아. 그래요. 그럼 우리 한 시간은 걸리겠네요."
　"현대차로는 도저히 시간을 맞추어 도착하기 어렵겠네요."
　"왜 그렇지요."
　"빌라지 교회로 가는 길 자체가 험로(險路)라서 그래요."
　"아. 그러면 차 한 대로 갑시다. 백 목사와 닥터 장, 은디유, 비서만 동행하기로 하지요."

"네. 그렇게 하는 것이 좋겠습니다."

"또 하나의 빌라지 교회는 포기하고 선물만 글렌 호우에 교회에 부탁을 하도록 하지요."

"참 좋은 생각입니다."

"아프리카에서는 오후 4시가 되면 사역을 멈추어야 합니다. 더 오랫동안 하게 되면 저녁이 되고 위험합니다. 글렌 호우예 교회까지 방문하기로 하지요. 더 이상은 안 될 것 같습니다."

　다나네 지역 빌라지 교회를 방문하는 팀은 갑자기 둘로 나누어졌다. 한 팀은 베카 빌라지에 머물도록 하고 다른 한 팀만 교회를 향해 갔다. Glan Houye 교회로 가는 길도 만만치 않았다. 황토길에 물웅덩이가 곳곳에 있고, 길가의 풀은 깎아 놓지 않아 주변을 살필 수 없을 정도이다. 운전사는 과거 트럭운전을 해서 그런지 안전을 별로 생각하지 않는 것 같다. 비포장도로에서 속력을 내고 달리니 겁이 나기도 했다. 몸에서는 식은땀이 흘러내렸다. 깊은 산속이라 긴장도 되었지만 운전사의 운전 습관으로 긴장을 해야만 했다. 이렇게 해서 목적지까지 갈 수만 있다면 다행이란 생각도 들었다.

　은디유 목사가 10분이면 도착한다는 교회는 보이지 않았다. 시간이 점점 길어져 갔다. 아무리 빠르게 간다 해도 한 시간은 걸릴 것 같았다. 우리가 예측한 시간은 정확했다. Glan Houye 교회에 도착한 시간은 오후 4시였다. 은디유 목사가 말한 10분이란 시간은 한 시간이다. 이것이 아프리카 문화이고 우리가 생각하는 문화적 차이였다.

2) Glan Houye 교회 도착

우리는 잔뜩 긴장한 가운데 Glan Houye 교회에 도착을 했다. 교회 입구

마을에는 정복을 입은 청년들이 우리 차량을 안내했다. 적당한 장소에 차를 세우자 교인들이 나와 노래와 춤을 추면서 환영해 주었다. 어린아이들의 얼굴에는 동그라미 두 개를 겹치기로 그리기도 했다. argile를 반죽하여 얼굴에는 하얀색(찰흙)으로 타원형을 겹치기로 그렸다. 여성들의 얼굴에 argile로 그린 것은 최고의 환대를 의미한다. 총회장 백성철 목사와 동행함으로 인해 이러한 환대를 받을 수 있었다.

Glan Houye 마을에 처음으로 방문한 나로서는 어떻게 저들을 위해 사랑을 표현할 수 있을지 막연했다. 그들의 환호성에 놀라 당황하기도 했지만 선교사로서의 소임을 다하는 것과 하나님의 말씀으로 축복하는 것 외에는 별다른 것이 없을 것 같았다. 참으로 놀라운 것은 인간의 기능이 기계로 대체되는 시대에 순수함과 소박함으로 우리를 향한 사랑을 표현해 주는 것이 고마웠다. 문명이 진보하고 교차하는 시대에 복음이라는 희망의 열차를 올라탄 저들이 더 가치가 있어 보였다. 미래 사회는 인간을 넘어선 기계가 초래할 인간-기계의 역전현상을 우려하는 마당에 순수한 자연 속에서 복음으로 무장된 교우들이 더 아름다워 보였다.

우리가 교회에 도착한 시간은 오후 4시였다. 시간적으로 늦은 것은 아니지만 숙소가 있는 곳으로 가기 위해서는 서둘러 산속에서 빠져 나와야 한다. 우리는 교회로 들어가 하나님을 향한 감사의 기도를 올렸다. 그리고 교회 주변을 둘러보았다. 교회는 자연 친화적이었다. 자연에서 얻은 나무와 흙, 대나무로 천장을 엮어 지었다. 교회 건물은 아름답지 않지만 이슬을 피하고, 비를 피할 수 있는 아름다운 공간이다.

교회로 가는 길은 잘 정돈되어 있었다. 들풀도 제거하고 빗자루로 길을 쓸어 놓기도 했다. 종려나무 가지를 깔아 놓지 않았어도 손님을 맞이하기 위해 많은 준비를 하고 기다렸음을 볼 수 있었다. 이 지역에서는 인간의 모습으로 가득 찬 세속주의는 볼 수 없다. 범세계적인 '문화의 충돌'과는 거리가 먼 곳이다. 시골 마을은 추장을 중심으로 한 전통사회일텐데 기독교문화로 변화가 시작되는 모습이 역력해 보였다.

Glan Houye 교인들의 모습은 매우 화려했다. 자신들의 종족과 문화를 표현하는 양식과 옷은 시골마을을 잔치 분위기로 바꾸어 놓았다. 화려한 옷과 춤, 노래는 온 동네를 떠들썩하게 만들어 놓았다. 무엇이 그들을 이렇게 만들었을까. 그것은 바로 복음이었다. 과거에는 여러 세대에 걸쳐 많은 사람들이 가족과 인종집단의 전통을 따라 종교(샤머니즘)를 물려받았을텐데 새로운 종교(기독교)를 쉽게 수용했다는 것이 놀라웠다. 대도시의 도심에서는 전통에 따라 기독교 신앙을 수용하는 것이 불가능하지만 한 사람의 리더십에 의해 50명의 신자들이 모여 천국의 찬송을 부를 수 있는 것은 기적이었다.

Glan Houye 교회는 한 지도자의 헌신에 의해 세워진 곳이다. 은디유 목사로부터 훈련받은 성도를 중심으로 전도활동을 한 결과로 교회가 개척되어 세워졌다. 이들은 "지킬만한 것 중에 더욱 네 마음을 지키라 생명의 근원이 이에서 남이니라"(잠 4:23)는 말씀에 근거한 것으로 보인다. 이들이 예수를 영접한 그 순간이 의로운 길이고 생명의 길에 들어섰기에 복된 삶이 이루어질 것으로 보인다.

3) Glan Houye 교회 교우들과 함께

교회 앞마당에 온 성도들이 무리를 지어 모였다. 사역자 데이비스(Deivis) 집사의 영적 리더십은 대단했다. 그가 비록 교회의 서리 집사였지만 영적인 파워는 대단했다. 그의 신앙은 "하나님의 말씀은 다 순전하며 하나님은 그를 의지하는 자의 방패시니라"(잠 30:5)의 말씀대로 사는 자였다. 사역자 데이비스는 하나님 앞에 성실하게 복음을 전하는 자였고, 성도들의 신앙이 굽은 길로 행하지 않도록 하기 위해 끊임없이 노력하는 자로 보였다. 그는 하나님의 은택을 잊지 않고 그 은혜를 성도들과 나누려고 노력하고 있었다. 참 좋으신 하나님은 필요한 곳에 사람을 보내어 지경(地境)을 넓히고 계셨다.

사실 이 교회가 있었던 지역은 과거 정치적 충돌, 신념 간 충돌, 양극화, 약탈과 살인적인 공포로 변화의 조짐이 보이지 않았던 곳이다. 그런데 최근 들어 정치가 안정되면서 산골 마을까지 전기시설과 도로 개설을 위한 투자가 진행되고 있었다. 변화의 파고가 드세게 밀려오고 있음을 실감할 수 있었다. 그럼에도 더 놀라운 것은 변화의 세상에서 세속에 물들지 않은 순수한 그리스도인들이 모여들고 있었다. 정말 중요한 일이 벌어지고 있는 마을이었다. 그것은 무엇일까.

마을에 교회가 들어서면서 전통적 노래를 즐겨 부르던 사람들이 찬송가를 부르게 된 것과 교회에 다니면서 성경을 공부하는 신자가 늘고 있다는 것. 아주 강력한 복음주의 공동체가 늘고 있다는 증거였다.

이들의 환영을 통한 찬송소리를 들으면서 이런 질문을 해보았다. '당신은 저들을 사랑할 수 있는 준비가 되었는가?' 기독교 공동체는 진짜 중요한 일이 벌어지는 곳이 될 수 있는 전례없는 기회를 맞고 있는 곳이 바로 다나네 지역이다. 사람들은 지배적인 세속주의 세계관에 대한 대안을 갈망하고 있다. 그 대안은 바로 기독교가 개인과 사회를 새롭게 할 주체이다. 그렇다면 이들을 위한 영적 지도자의 파송과 관리, 세속주의 이데올로기에 빠지지 않도록 하기 위한 성경적 세계관을 충실히 익혀 성실하게 일하도록 도와 줄 필요가 있다. 그것은 바로 영적인 훈련과 복음주의적 신학훈련이다. 이것은 Glan Houye 교회를 방문하면서 느낀 것에 불과하다.

우리 일행은 Glan Houye 교회 성도들을 향한 축복의 메시지를 전했다. 총회장 백성철 목사는 교인들을 향해 큰 소리로 외쳤다.

"나는 여러분에게 오직 예수 그리스도와 그를 죽은 자 가운데서 살리신 하나님 아버지의 은혜가 있기를 빕니다. 나는 여러분을 사랑합니다. 여기 함께 있는 모든 형제와 자매 여러분에게 하나님 아버지와 주 예수 그리스도로부터 은혜와 평강이 넘치시기를 빕니다. 귀한 교회를 위해 섬기고 헌신하는 여러분을 사랑합니다. 우리는 기회가 있을 때 다시 만날 수 있습니다. 오늘은 짧게 여러분을 뵙고 갑니다. 다음 기회에는 좀 더 많은 시간을 갖고 교제하기를 원합니다. 여러분을 위해 한국에서 온 닥터 장이 축복기도를 할 것입니다."

백성철 목사의 메시지는 언제나 간단했다. 교회와 성도들을 복음으로 격려하고 희망의 메시지를 선포하는 것이 특징이다. 복음 외에는 다른 복음이 없다는 것을 강조할 뿐 아니라 하나님이 교회와 함께 하심을 선포했다. 우리가 이 자리를 떠난다 해도 '복음의 진리'가 항상 교회와 성도들 가운데 있음을 확인시켜 주었다.

우리는 Glan Houye 교회 교인들의 서운한 얼굴을 보면서 교회에서 속히 빠져 나왔다. 다나네 숙소로 가기 위해서였다. 아프리카에서는 해가 지기 전에 숙소로 돌아가야 한다는 원칙이 있다. 왜 그럴까. 낮과 밤의 분위기가 다르기 때문일까. 아니 신변안전이 문제가 되기 때문이다.

3

*

베카 지역 시장 구경과
베카 교회 방문

Glan Houye교회를 벗어 난지 30분이 지났다. 오던 길로 되돌아오면서 베카 마을의 시장에 차를 세웠다. 우리 일행과 합류하기 위해서였다. 시장에는 사람들이 웅성거리면서 물건을 구입하기 위해 모여 있었다. 갑자기 들이닥친 외국인들을 보면서 신기하게 바라보았다. 하얀 색깔을 가진 우리 일행을 동물원에 있는 동물로 착각을 하는지 신기한 눈으로 바라보았다.

나는 차에서 내려 오렌지 나무가 있는 곳으로 가서 잠시 쉬었다. 주변을 보면 나무와 풀이 마을을 감싸고 있었다. 산에 있는 큰 나무들은 다 잘려 나가고 작은 나무와 풀숲으로 만들어진 마을이다. 큰 나무들은 벌목공에 의해 모두 잘려 나갔다. 군데군데 보이는 큰 나무들도 언제 잘려나갈지 모른다. 지금 남아 있는 큰 나무 덕에 자연미를 한층 돋보이고 있지만 그것도 언제까지 버틸 수 있는지 아무도 모른다.

우리가 잠시 멈춘 베카 마을은 이웃 나라인 기니와는 9km, 라이베리아와는 10km의 거리에 있는 마을이다. 국경선이 가까운 곳이라서 그런지 긴장감도 있다. 어느 누군가 이곳에 와서 복음을 전해야 하는데 마을 사람을 제외하고는 사역자가 없을 것만 같다. 외국선교사가 이곳에 와서 산다는 것은 더더욱 어려운 일이다. 그러면서 주변을 살펴보았다. 산에 있는 나무를 베어가기 위해 만들어 놓은 도로는 온통 빨간색이다. 베카는 주변에 높은 산은 없지만 아프리카 밀림다운 느낌을 가져볼 수 있는 곳이다. 그런 가운데 백성철 목사는 나에게 사역과 관련하여 충고를 해 주었다.

"교수님, 아프리카 선교는 늘 문제가 있어요. 크고 작은 문제가 많지만 늘 조심스럽게 일을 해야 합니다. 그리고 아프리카 선교사역은 '정'에 이끌리면 절대로 안 됩니다. 왜냐하면 정으로 모든 것을 해결하려 하면 힘들고 어렵습니다. 이들은 10분에 갈 수 있는 거리라고 허락을 하고 가다보면 30분도 걸려요. 아니 60분도 걸리지요. 그러니 정에 이끌리면 다음 사역이 어려워지거든요. 아프리카 사역은 항상 상황판단을 빨리해야 됩니다."

그는 나에게 아프리카인의 특성과 문화를 설명해 주었다. 아프리카인은 무엇을 요구하는지 그리고 무엇을 위해 말하는가를 정확히 숙지하고 움직여야 된다는 이야기다. 아프리카인에 대한 은유적인 표현이다. 하지만 여기에는 미완성의 묘미가 살아나는 대목이라 할 수 있다. 또한 관찰자로 하여금 아프리카인의 삶과 문화를 정확하게 알고 그들의 빈 공간을 채워 넣어야 한다는 메시지로 들렸다. 조금 더 구체적으로 선교개념의 변화를 이끌기 위한 새로운 패러다임을 갖도록 하면서 현대선교의 끊임없는 실험정신을 갖도록 해 주었다.

잠시 후 우리는 일행을 찾는 일에 정신이 없었다. 시장 주변을 살펴보아도 여성 팀들은 보이지 않았다. 베카 마을 시장에서 파는 좌판대 몇 곳을 둘러보았다. 시장에 나온 물건들은 값싼 것들이 대부분이다. 헌옷을 세탁해서 들어온 옷가지들은 시장바닥에 펼쳐 놓고 팔고 있었다. 과일과 생선, 중국산 샌들과 어린이 신발, 짐승의 가죽을 펼쳐 놓고 팔려는 사람은 철수 준비를 하고 있었다.

마을 사람들과 함께 긴 의자에 앉아 햇빛을 피하는 것도 제한적이다. 조금만 있어도 눈이 부시고 땀이 흘러내렸다. 날씨는 덥고 원초적인 공간으로 돌아가려고 시도하는 것 때문에 마음도 바빠졌다. 사람 키보다 훨씬 큰 상가 건물에 설치된 휘어진 나무들은 인간과 자연을 설명해 주고 있었다. 나무들의 휘어짐은 인간과 인간의 연결성을 보여주고 있었다. 그 나무를 바라보는 사람들의 시선에 소망을 상징적으로 보여주는데 전혀 부족함이 없었다.

선교는 마치 소설처럼 시작하여 절제된 테두리 안에서 하나의 시처럼 집약되어 탄생한다. 선교 외에 우리가 종합적인 형태를 표현할 수 있는 사역은 마땅히 없다. 그리고 선교는 가둬두는 것이 아니라 언제든 떠날 준비를 하고 있어야 한다. 비록 그 환경이 열악하고 다양한 모습으로 우리 곁에 다가온다 할지라도 그것은 우리가 사역할 동안뿐이다.

1) 목사님, 베카에도 교회가 있어요

2016년 7월 5일 오후 4시가 넘어 Glan Houye 교회에 도착한 후 격려의 메시지와 축복기도를 하고 떠난 지 30분이 넘어서야 베카 마을에 도착을 했다. 우리 일행이 지나 올 때는 장(場)이 서지 않았는데 어느덧 사람들이 몰려 있었다. 장날도 아닌데 생활용품을 팔려는 사람과 사려는 사람들이 어우러져 있었다.

우리가 타고 왔던 산타페 차량에는 아무도 없다. 모두 다 어디로 갔을까. 교회 비서를 통해 찾아보라고 했는데 보이지 않는다. 나중에 안 사실이지만 추장을 만나기 위해 갔다고 해서 기다릴 수 밖에 없었다. 아프리카에서는 어느 빌라지를 들어가도 맨 먼저 추장에게 인사를 해야 한다. 이것이 아프리카의 문화이고 전통이다. 또한 외부인이 현지인에 대한 예의이다. 이를 어긴다는 것은 현지인의 문화를 업신여기는 것이 되고 그들과 대화를 하지 않겠다는 것이 되어 어려움을 겪을 수 있다.

베카 마을의 추장은 아냐마에 있는 입태시 신학교 출신이란다. 그는 2008년도에 입태시 신학교를 졸업한 후 아무런 연락이 없었는데 자기 고향으로 돌아와 추장이 된 것이다. 그는 왜 목회자의 길을 걷지 않았을까? 모두가 의심스러운 눈으로 바라보았지만 그에게도 사연이 있었다.

"그는 우리 장로교단의 교단 헌법에 맞지 않는 사람입니다. 그는 건실한 가정을 가진 자가 아닙니다. 부인이 2명이나 있어 교단 헌법상 목회자가 될 수 없습니다. 우선 그는 윤리적으로 사회의 모범이 되지 않기 때문입니다."

그가 목회할 수 없는 이유는 가정문제 때문이었다. 그러나 그는 입태시 신학교 졸업생으로서 자기 마을에 교회를 개척하고 설교자를 세워 예배하고 있었다. 교회는 부친 소유의 땅이다. 그곳에는 부친의 묘도 있다고 한다. 그는 하나님 앞에 예배하는 삶을 살아야 하기 때문에 마을에 교회를 개척한 것이다. 한 영혼이라고 주께 돌아오기를 바라면서 교회를 개척한 것이다. 모든 열방이 주를 찬송하기를 소망하는 마음이 간절했기 때문이었다.

베카 마을은 아름다운 곳이다. 아비장에서 볼 수 없는 산이 있는 마을이다. 둥근 산은 거북이 등 모양과 같아서 행복을 주는 곳 같기도 하고, 둥근 빵과 같은 모양을 하고 있어 삶이 여유로운 곳으로도 보였다.

나와 백성철 목사는 입태시 신학교 출신이 개척한 교회를 방문하기로 하고 마을로 들어갔다. 마을 중앙에 위치한 교회는 15평 남짓해 보였다. 작은 강단과 흙 벽, 천정에는 대나무를 엮어 놓은 곳에 나뭇잎을 올려 놓았다. 양 옆에는 기둥이 있었고, 작은 의자 몇 개와 아프리카의 전통 북인 탐탐을 가져다 놓았다. 교회 입구의 문은 들었다 놓을 수 있는 나무로 만든 문(門)이었다.

　잠시 만난 추장은 신학교 교장이며 총회장인 백성철 목사를 만나는 순간 긴장하는 것 같았다. 그에게도 소망은 참다운 목회자로 생활하는 것이 좋겠지만 어쩔 수 없는 가정환경과 마을 공동체의 요구로 추장이 되었는지 모른다. 그러나 그의 마음 깊은 곳에 하나님의 영이 존재하고 있어 교회를 개척했다는 것만은 대단했다. 그가 존재하는 한 교회는 하나님을 찬송하는 장소로서 큰 역할을 할 것만 같았다. 우리는 추장에게 기대를 하면서 베카 교회를 떠나야만 했다. 교단장 백성철 목사는 추장을 만나면서 이렇게 말했다.

　"우리는 Glan Houye 교회만을 생각했지. 베카 빌라지에 교회가 있을 줄은 전혀 생각하지 못했네요. 참으로 하나님의 섭리는 놀랍습니다. 생각지도 못했던 곳에 교회가 세워졌다는 것은 대단한 일입니다. 코트디부아르 선교 20년만의 열매가 맺혀 가는 것을 보면 감격스럽습니다. 하나님 감사합니다."

　나는 백성철 목사와 오길순 사모의 감격스러운 모습을 보면서 차에 올라탔다. 선교의 열매는 20년이 되어야 결실을 하는 구나. 참으로 오랜 시간이 걸려야 하는 것이 하나님의 일이란 것을 또다시 깨달았다. 하나님의 일은 인내가 필요하다. 그가 오실 시간은 잠시 잠깐이다. 그러나 그의 열매가 맺히는 시간은 오랜 시간이 걸린다. 그래도 우리는 낙망치 말아야 한다는 생각을 하는데 해는 서산으로 넘어가기 시작했다. 아프리카 정글 길에 있는데 땅거미가 올라오기 시작했다. 아프리카 코트디부아르 서북지역에서 또 하루가 지나가자 피로가 몰려오기 시작했다. 나도 모르게 입에서 하품이 나왔고, 눈은 서서히 감기기 시작했다.

2) 저녁 식사가 맛이 있어요

다나네 도시에 도착한 시간은 오후 6시 30분경이었다. 다나네에서 오전 내내 회의 후 검문소에서 통과하지 못해 경찰서장의 허가서를 받느라 반나절을 보내고 정신없이 빌라지 교회 3곳을 방문한 하루였다. 은디유 목사의 안내를 받아 다녀 왔지만 점심 식사를 하지 않은 상태라 그런지 모두가 피곤한 모습이다.

다나네 가나안 교회에서 고기가 든 스프와 쌀밥을 먹고 있는데 한 곳의 빌라지 교회를 방문해야 한다는 것이다. 늦은 저녁 시간임에도 교인들이 기다리고 있다며 방문해야 된다는 말에 모두가 차를 타고 움직였다.

우리가 볼 때 별로 중요하지 않은 교회인 것 같아도 현지인들에게는 힘이 되고 격려가 된다는 말에 모두가 동의하고 마뿔루 교회를 방문하기로 했다. 마뿔루 교회는 망(man)으로 가는 길목에 자리 잡고 있다고 한다. 마뿔루 교회로 가기 위해서는 30분 이상 차를 타고 가야 한다. 우리가 방문하는 것 자체가 서로 사랑하는 것이고 친밀한 관계를 형성하기도 하고, 교회 성장의 동력이 되기도 한다.

다나네 가나안 교회 사택에서 식사를 마치고 밤이 깊어 가기 전에 마뿔루 교회를 다녀오자는 백성철 목사의 지시에 모두가 차에 탔다. 탐사 팀 모두가 건강하고 감사하는 마음으로 마뿔루 교회로 향했다.

3) 하늘의 별과 같은 마뿔루 교회

다나네 가나안 교회에서 저녁 식사를 마치자마자 곧바로 마뿔루 교회로 향했다. 내 기억으로는 저녁 7시가 넘은 늦은 시간으로 기억하고 있다. 현지인들도 밤길을 걷거나 다니는 것을 꺼려하는데 외국인 일행이 차를 이용하여 빌라지를 방문한다는 것은 모험이었다.

다나네 가나안 교회에서 마뿔루 교회로 출발한지 약 30-40분 이상은 걸린 것 같다. 칠흑 같은 밤이라 사방을 알아 볼 수 없었다. 주변 환경이 보이지 않지만 단 한 가지 교인들이 기다리고 있다는 것 때문에 모두가 움직였다.

마뿔루 교회로 가는 길은 완전히 농촌마을이다. 밤길이라 더더욱 걸어간다는 것은 어렵다. 그런데 교회로 가는 길에는 반딧불이 우리를 반겨주고 있었다. 오랜만에 보는 반딧불은 반가웠다. 하늘에는 별들이 빛나고, 우리 앞길에는 반딧불이 반겨 주니 더없이 행복했다.

교회로 가는 길 양 옆에는 풀잎뿐이다. 길바닥은 방금 비가 내렸는지 젖어 있다. 플래시 대신 스마트폰으로 길을 비추며 걸었다. 1960년대 한국에서 경험했던 정겨운 고향길 같은 느낌이다. 하늘을 보면 별이 쏟아져 내릴 것 만 같다. 밤하늘의 아름다움을 오랜만에 맛보았다. 하나님께서는 도시 생활에 찌든 우리를 향해 '이 놀라운 우주, 자연의 아름다움, 반딧불의 환성, 별들의 합창을 보라.' '내가 지은 세계가 이렇게 아름답다. 너 가는 길을 인도해 주마'라는 음성처럼 들렸다. 늦은 밤에 마뿔루 교회로 향하는 우리 일행은 아무 말도 하지 않았다. 그저 감사함뿐이었다.

4) 푸른 벌판 위에 세워진 마뿔루 교회

주변은 어두컴컴했다. 교회에는 작은 불빛이 켜져 있었다. 초가집 같은 허름한 곳에 십자가와 강단이 꾸며져 있었다. 전혀 준비되지 않은 것 같은데 여러 개의 의자가 놓여 있다. 강단 우측에는 교인들이 구입해 놓은 벽돌이 쌓여 있다. 교회 건축을 위한 헌금 벽돌이다. 성도들이 교회를 향한 마음을 갖도록 하기 위해 벽돌을 하나씩 모은 것이다. 벽돌이 모아지면 교회의 벽을 쌓고 또 모아지면 벽을 쌓는 방식이다. 한국 같으면 교회 건축을 할 때 자금이 모자라면 융자를 받아서라도 순식간에 쌓아 올리지만 아프리카 교회는 그렇지 않다. 아주 천천히 시간이 될 때 쌓아 올리는 것이 특징이다.

우리는 10여 명의 교인들과 만나 인사를 나누었다. 그리고 백성철 목사는 교인들을 향해 격려의 메시지를 선포했다.

"저는 여러분을 사랑합니다. 하나님을 경외하고 그분의 뜻을 따라 살려고 노력하는 여러분에게 예수 그리스도의 은혜와 진리가 항상 함께 하기를 빕니다. 여러분이 교회에 참석하고 성경말씀을 들으며 윤리적 삶을 사는 것에 깊이 감사를 드립니다. 그리고 여러분이 하나님의 은혜를 힘입어 영적·문화적 힘을 빼앗는 세속적 진리를 배제하고 하나님께 영광을 돌리기 위해 성전건축을 위한 노력에 힘을 쏟는 것에 대해서도 기쁘게 생각합니다."

백성철 목사의 인사와 격려의 메시지가 끝나자 박수소리가 들렸다. 밤하늘의 별과 반딧불이 기쁨의 환성을 지르는 것 같았다. 모두가 기뻐하는 모습을 보면서 마뿔루 교회에 참 잘 왔다는 생각이 들었다. 우리는 기도하고 내일 아침에 다시 방문하겠다며 축복의 기도를 한 후 헤어졌다.

나는 숙소로 돌아오는 길이 더 행복했다. 근대의 세속주의가 만연한 세대에 순수한 마음으로 하나님을 찬양하고 교회를 섬기는 교우들을 보았기 때문이다. 아프리카 시골마을이라고 해서 문화생활이 없는 것도 아니다. 그들도 TV를 보거나 라디오로 전 세계 뉴스를 듣기도 한다. 스마트 폰으로 실시간 뉴스와 통화도 한다. 과학혁명의 성취에 깊은 감명을 받고 사는 자들임에도 진리의 길을 따르려고 애쓰고 있다.

그들은 교회에서 영적인 경험을 체험하기도 한다. 아프리카인들은 내가 만든 하나님도 많은 편이다. 기도 중에 하나님의 음성을 들었다면서 새로운 교단을 만들거나 선지자 혹은 사도라고 주장하는 이들도 많은 편이다.

그렇지만 마뿔루 교회는 복음주의 교단에 속해 있어서 그런지 건전한 신앙과 영적 경험을 한 것처럼 보였다. 그들은 하나님을 향해 기도할 때 우리가 원하는 것을 원하는 때에 달라고 하지 않는다. 다만 하나님의 인도하심으로 때에 맞게 채워주고 역사하는 것을 더 바라고 있었다. 하나님께서 침묵하셔도 그들은 날마다 성전에서 기도하며 그의 은혜를 사모하는 자들이다.

5) 그레이스 호텔 지붕은 함석이거든

"주여 내가 여기 있나이다. 나를 사용하여 주옵소서!"라는 성구를 암송하듯이 마뿔루 교회를 벗어나 차가 있는 곳까지 걸어서 나왔다. 길은 패였고, 작은 자갈밭이라 미끄러웠다. 교인들은 스마트폰으로 빛을 비추면서 안내해 주었다.

믿음의 조상 아브라함이 갈 길을 알지 못하고 걸었지만 우리는 길을 알고 걸었다. 아브라함은 믿음의 조상이다.

"믿음으로 아브라함은 부르심을 받았을 때에 순종하여 장래의 유업으로 받을 땅에 나아갈새 갈 바를 알지 못하고 나아갔으며"(히 11:8)

하나님께서 아브라함에 주신 말씀은 지시한 땅이 아니라 지시할 땅이었다. 아브라함은 어느 곳으로 가야 할지 전혀 알지 못했다. 하나님의 명령을 따라 그의 고향 하란을 떠났다. 이러한 방식의 인도함이 잔인하고 모질게 느껴질 수 있지만, 미래의 길과 방향에 대해 선명하게 알고 간다는 것 자체가 복이 되는 것은 아니다. 미래가 인간의 시야에서 예측이 가능하다면 인간의 마음에서 하나님은 불필요한 존재가 된다. 미래를 알 수 없는 상황에서 백성철 목사는 다나네로 오는 길을 수도 없이 다녔다. 그의 말에 의하면 복음을 전하기 위해 나선 길은 매우 신비로우며, 그 길을 가는 데 두려움도 겁도 없었다고 한다.

"한 영혼을 살리기 위해 선교 초기에는 이 길을 수도 없이 다녔어요. 새 벽기도회를 마치고 아비장에서 출발하면 저녁때가 되어 도착을 합니다. 아비장 한인교회에서 다나네까지는 무려 700Km나 됩니다. 하나님께서 우리를 부르신 비전과 희망으로 우리의 마음을 흥분시켰기에 이 길을 겁도 없이 다녔습니다. 이제 하나님은 열매를 거두기 시작한 것 같습니다. 코트디부아르 선교 20년이 되면서 각 지역에 교회가 세워지고 성도들이 하나님을 찬미하는 것을 보니까 감동입니다. 하나님은 우리를 결코 외면하지 않으십니다."

백성철 목사는 계속해서 말한다.

"한 사람의 훌륭한 리더만 있으면 세상이 변합니다. 한 사람의 영적인 리더는 세상을 바꿀 수 있습니다."

그의 말을 듣고 있으면 사역의 길이 어렵다는 것을 말해준다. 선교현장에서 사람을 키우고 만나는 것이 얼마나 어려운 것인가를 말해 주는 장면이다. 많은 사람들이 가려하지 않는 길, 눈물 없이 갈 수 없는 길, 목회와 선교사의 여정임을 표현하고 있었다. 그의 고백과도 같은 짧은 언어는 다양한 의미가 담겨 있었다. 말로는 한 선교사의 마음을 표현하기 어렵다는 의미로 들렸다.

한인교회의 담임목사, 선교사란 직함을 가진 목사로서 '작은 것을 위해 온 마음을 다해 감당하는 사람'으로 산다는 것이 쉬운 일은 아니었을 것이다. 그는 열심히 아니 최선을 다해 교회 개척사역을 김평일 · 김진의 장로 가정과 함께 감당해 갔다. 그리고 이를 위해 눈물로 함께 기도하는 최영태 집사 가정과 그 외의 동역자들이 있었다. 교회 역사를 보면 '핍박'이 있을 때 오히려 신앙의 부흥이 나타나는 것을 알 수 있다. 반군들로 가득한 다나네, 두에꾸에 도시 지역을 겁 없이 오고 가며 복음사역을 이루어냈다. 반군들이 총칼로 위협하고 겁주는 방식으로는 절대 우리의 사역이 무너지지 못한다는 것을 보여준 것이다. 성경을 보면 다윗과 같은 인물도 고난을 많이 겪었다. 다윗은 골리앗을 물리치는 위대함과 대단한 업적을 이루어 낸 사람이다. 그의 앞에는 항상 칼과 화살이 날아오는 날이 더 많았다. 사울왕의 질투와 협박은 그가 왕이 될 때까지 멈추질 않았다. 큰 환난과 핍박을 이겨낸 일들로 '내 마음에 합한 자'로 인정받은 사람이다.

"또 그의 종 다윗을 택하시되 양의 우리에서 취하시며 젖 양을 지키는 중에서 그를 이끌어 내사 그의 백성인 야곱, 그의 소유인 이스라엘을 기르게 하셨더니"(시 78:70-71)

그 누구도 주목하지 않던 다나네 지역을 향해 겁도 없이 다녔던 백성철 목사, 그는 한 영혼과 생명 살리는 일을 위해 양치기로서의 자리를 믿음으로 감당했다. 스코틀랜드를 위해 기도했던 존 낙스(John Knox)의 거대한 고백처럼 기도한 것 같다.

"스코틀랜드를 내게 주옵소서. 아니면 내게 죽음을 주옵소서!"

백성철 목사의 거창한 기도는 다나네 지역을 영적인 곳으로 만들어가고 있다. 하나님을 위해 인생을 바치고, 사생결단의 각오와 생명을 내건 선교

현장 방문이 오늘의 결과를 가져왔다고 생각하니 눈물이 났다. 우리 주 예수 그리스도 때문에 사생결단하고 목숨을 내놓고 먼 길을 오고 가면서 영혼사랑을 위해 헌신한 모습은 선교사로 헌신하려는 자들에게 귀감이 된다.

다나네로 되돌아오는 길은 어두컴컴했다. 희미하게 보이는 검문소를 하나 통과한 후에 다나네 시로 들어섰다. 모두가 피곤해서 그런지 아무런 반응이 없다. 그리고 숙소인 그레이스 호텔로 들어왔다.

호텔 주변은 어느 시골마을 같아서 조용하기만 했다. 호텔 방으로 들어와 샤워를 하고 침대에 누웠는데 갑자기 소낙비가 쏟아지기 시작했다. 호텔 천정에 떨어지는 빗소리는 시끄러운 재즈와 같았다. 리듬도 없지만 쏟아지는 빗줄기는 엄청난 화음(和音)이었다.

침대에 누워 빗소리에 맞추어 중얼댔다.

"세상에 이런 곳이 호텔인가. 잠을 잘 수가 없네. 어떻게 하지. 호텔이라는 이름을 붙인 곳인데. 그래도 이곳은 최고의 시설이란다. 어느 누구도 쉽게 잠을 잘 수 없는 곳이라는데. 아니 너. 불평하려고 이곳까지 왔니. 아니지. 결코 불평을 하려고 온 것이 아니거든. 그럼 잠이나 자자."

나는 호텔에서 혼자말로 중얼거리다 잠이 들었다. 다나네 시 그레이스 호텔에서의 이틀밤은 환상적이었다. 아침 식사를 할 수 없는 호텔 시설. 양철 지붕의 천정, 비가 내리면 빗소리에 박자를 맞추어야 할지 모르는 환상적인 소리에서 아프리카의 분위기를 느낄 수 있었다.

여기서 나의 간사함과 오만함을 발견했다.

4
*
야쿠바족 그들은
누구인가

코트디부아르에는 약 60개 종족이 어울려 사는 다양한 국가이다. 주변국가로 부르키나파소와 말리, 기니, 가나, 라이베리아에서 건너온 소수민족들도 많다. 인근 국가에서 대규모로 이주한 인구에 대해서는 기록된 자료가 없지만 부르키나 파소에서는 매일 같이 수많은 사람들이 생활터전을 찾기 위해 코트디부아르로 오고 있다고 하는데, 모든 수치는 추정치이다.

코트디부아르에는 기니인과 아칸족이 31.7%나 되며 21개 집단이 어울려 산다. 바울레족은 15.8%로 현재의 지배종족이다. 아니족은 4.4%, 아티족은 2.7%이며 아닌족과 모르포족은 1.7%에 불과하고, 아칸족은 1.5%, 아베족은 1.2%에 뿐이다. 그리고 구르족은 24.6%로 11개집단이나 된다. 여기에 모시족, 세누포족, 쿨란고족이 있다. 이들은 모두가 12.7%를 비롯하여 적게는 1.0%에 이른다.

말린케족은 18.7%로 11개 집단이 있으며, 그 외에 마닌카족, 밤바라족, 줄라족, 디올라족이 어울려 지낸다. 만데족은 10.0%로 11개 집단을 이루고 있으며, 단족과 고우로족도 포함된다. 크르족은 9.1%에 불과하지만 29개 집단을 이루고 있을 뿐 아니라 베타족과 구에레족, 디디족, 우베족이 함께 하고 있다. 기타 아프리카인을 비롯하여 플라니족도 있다.

다나네 지역 주변에서 만난 부족은 야쿠바족이다. 이들은 인종학적으로 크루 또는 단족에 해당된다. 크루(Kru)족과 단(dan)족에 해당된 만데족은 전체적으로 19.1%가 되지만 그들만이 가지고 있는 39개 집단은 다른 종족에 비해 큰 편이다. 크루족은 라이베리아에 주로 거주하는 종족들로서 직업은 매우 다양한 것으로 알고 있다. 현재 라이베리아의 지도적 위치에 있는 크루족의 활동은 대단해서 모든 사람이 두려워하는 민족들이지만 이들은 코트디부아르 지역에서 농사를 지으면서 살고 있다.

야쿠바족은 무슬림들이 대부분인 서북부와 북부지역에 주로 많이 거주한다. 이들은 다양한 신앙을 가졌지만 주로 기독교인이 더 많은 편이다. 그동안 반군들에 의해 지배받았던 곳이지만 평화가 이루어지고 앞을 향해 나아가고 있는 곳이다. 이들이 주로 거주하는 지역에는 로마 가톨릭교회에서 운영하는 교육기관이 광범위하게 많은 편이다. 가톨릭교회는 선교와 사회봉사를 통하여 깊은 영향력을 행사하고 있다. 그 결과 가톨릭교회는 남부와 중상류층에서 거대한 소수 집단을 이루고 있다. 코트디부아르에서 가장 큰 교단인 가톨릭과 감리교에는 명목주의가 심해서 아프리카인의 정서에 맞는 것 같다. 그러나 신실한 신앙인도 상당수 존재하고 있어 그들의 영향력은 매우 클 뿐 아니라 은사주의 운동도 하고 있다.

야쿠바족은 민간신앙보다는 기독교 신앙에 더 적극적이기 때문에 복음을 전하는데 매우 좋은 토양을 갖고 있다. 우리가 방문한 지역은 대부분은 야쿠바족에 속할 뿐 아니라 복음주의적인 사역자들이 지속적으로 사역하도록 한국교회의 동역과 협력관계가 많아져야 할 것이다.

제6부

다나네에서
아비장 방향으로

"이 백성은 내가 나를 위하여 지었나니
나를 찬송하게 하려 함이니라"

사 43:21

1

*

사명자의 길을 따라

1) 자연은 거짓을 말하지 않는다(2016년 7월 6일 수요일 아침)

밤사이 내렸던 비는 그쳤다. 산동네라 그런지 약간 쌀쌀한 날씨였다. 현지인들은 긴 옷을 입고 있었다. 이들에게는 한 겨울이라고 한다. 한국인에게는 아주 좋은 날씨이고, 시원한 가을 날씨 같아서 반팔을 입어도 좋은 날씨이다. 그런데 우리는 아침 식사를 거르기로 했다. 무조건 아비장으로 내려가면서 식사를 하는 것이 좋을 것 같다는 생각이 일치했기 때문이다.

오늘이 지역교회를 탐방하는 3일째가 되는 날이다. 이른 아침부터 서둘러 짐을 챙기고 호텔 문을 나섰다. 다나네를 떠나 망(man)으로 가는 길에 마뿔루 교회를 다시 방문하기로 했다. 마뿔루 교회로 가기 전 다나네 시에서 두 대의 차량에 기름을 넣기로 했다. 이곳에서는 두 개의 주유소가 좋다고 한다. Shall과 Total에서 운영하는 기름이 좋다고 해서 일부러 두 군데 중 한 곳을 찾기 위해 이곳저곳을 옮겨 다닌 적이 있다. 그리고 빵집에 들러 아침 바게트를 구입해서 하나씩 입에 물고 망(man)으로 내려가기 시작했다. 망으로 내려오는 마음은 가벼웠다. 차량 안에서 바게트 빵과 오징어와 쥐포를 씹는 기분은 색달랐다. 한국에서는 먹지도 않는 과자도 가끔 입에 넣었다. 과자와 빵, 오징어와 쥐포는 보통의 아침 식사보다 열량이 많은 것처럼 느껴졌다. 아마도 열량은 최고일지 모른다.

우리는 망으로 내려오는 길을 두 번이나 오고 갔다. 한 번은 다나네로 가는 시간이 밤이었기 때문에 주변을 볼 수 없었다. 두 번째는 밤길에 마뿔로 교회를 방문할 때였다. 두 번 모두가 밤에 이동을 하는 바람에 주변을 살펴 볼 겨를이 없었다. 그런데 오늘 아침은 산과 들, 사람들, 길을 걷는 남자와 여자, 엄마의 손을 잡고 한쪽 도로 길을 따라 걸어가는 아이들의 모습도 볼 수 있었다.

이른 아침부터 시장에 내다 팔려는 농산물을 머리에 이고 가는 여인네들을 보면 우리 엄마를 보는 것 같아 마음이 울적해졌다. 어릴 때 농촌에서는 농산물을 내다 팔아야 생필품을 구입할 수 있었다. 시장은 4km를 걸어서 가야만 했다. 그 먼 길을 할머니와 어머니는 시장이 가깝다는 듯이 오고 가며 물건을 내다 팔았다. 지금, 아프리카 다나네에서 망으로 가는 도로 역시 1960년대 한국의 풍경 그대로였다.

2) 마뿔루 마켓

이른 아침부터 사람들이 몰려 든 마뿔루 도로가의 시장은 북적댔다. 도로가에서 아침 식사를 하는 사람과 물건을 팔기 위해 좌판을 벌려 놓은 아낙네들의 목소리가 삶의 현장을 맛나게 해주었다.

아침 식사를 하지 못한 기사들을 위해 잠시 머물러야 하는 곳이 마뿔루 시장이다. 이곳은 아침 식사를 할 수 있는 현지인 음식들이 많다. 시장에는 물건을 파는 사람과 사는 사람이 뒤엉켜 있기도 했지만 사원으로 향하는 무슬림들의 숫자가 더 많았다. 라마단을 마치고 사원으로 향하는 무슬림들의 옷차림은 경건함 그 자체였다. 무슬림들의 명절인 권능의 날을 앞에 두고 새 옷과 새 신발을 신고 길을 걷는 그들의 얼굴에는 미소가 가득했다. 한국의 추석명절처럼 기뻐하는 어린아이들, 어른들의 손을 잡고 가는 아이들의 얼굴에는 미소가 가득하다. 그들의 틈새에서 카메라를 꺼내들고 사진을 찍었다. 사진을 찍고 난 후 보여주자 모두가 기뻐한다. 누구

하나 화를 내는 사람이 없다. 모두가 순진하고 착한 것만 같다. 그러면서 시장구경도 하고 물건을 파는 상점도 들어가 보았다.

아비장 한인교회 사모님은 마뿔라 교회에 줄 쌀과 기름, 비스켓을 사기 위해 가게로 들어갔다. 나는 이곳저곳을 다니면서 마뿔라 지역 사람들의 삶을 카메라에 담았다. 튀김집 아주머니와 아이들, 과일을 파는 아주머니의 웃음에서 하루가 즐거울 것만 같았다.

3) 다시 찾은 마뿔루 교회

어제 밤에 찾은 마뿔루 교회는 칠흑 같은 밤이었다. 평생에 처음 외국인을 만난다고 밤잠을 자지 않고 기다려주었던 교인들이 그렇게 고마울 수가 없었다. 마뿔루 교회로 향하는 마지막 길목은 기나긴 풀밭 길이었다. 해발은 그리 높아 보이지 않는 곳이다. 그러나 풀숲 사이로 걷는 나는 벌레라도 물릴까봐 내심 걱정했다. 잠시 숨을 돌리고 주변을 보았다. 그 많던 반딧불, 하늘의 별은 보이지 않았다. 아침이었기 때문이다. 개인적으로 생각했던 희박한 정념 또한 희석되고 있었다. 영혼의 정화는 이미 교회로 향하는 과정에서 시작된 것 같았다.

비스듬한 언덕 위에 작게 지어진 나무 교회, 벽도 없고, 지붕만 있는 교회, 오두막집 같은 곳에서 예배하는 마뿔루 교회 성도들이 위대하고 훌륭해 보였다. 자연을 느끼고, 자연과 함께 숨 쉬면서 찬송하고 예배하는 이들이 복이 있어 보였다. 어젯밤에 보았던 벽돌도 더 정확하게 볼 수 있고, 건축하다 만 교회 안에는 풀도 깎아 놓았다. 교회로 가는 길 주변의 풀은 모두 베어져 있었고, 손님을 맞이하는 교인들의 정성어린 마음이 커 보였다.

성스러운 교회는 1m 정도 쌓다가 중단되었다. 교회당 안에는 잡풀로 가득 차 있었고, 주변은 온갖 풀들로 인해 걸어 다닐 수가 없다. 교회 건축

현장을 둘러보면서 마음이 아팠지만 한편으로는 마뿔루 교회 성도들에게 고마운 마음이 들었다. 네비우스가 말했던 3자 원리(자전. 자립. 자치)가 그대로 실현되는 코트디부아르 교회를 목격했기 때문이다. 마뿔루 교회 성도들은 스스로 교회를 세워가고, 목회자를 위해 부양하는 책임 있는 교회였다. 마뿔루 교회는 요즘 한국교회에서 뜨고 있는 선교적 교회였다.

교회는 경건한 분위기가 묻어나왔다. 이들의 열정과 비전을 보고 나도 모르게 풀숲을 헤치며 터벅터벅 교회로 향하는 발걸음이 더 가벼워졌는지 모른다. 아비장 한인교회는 이들을 위한 풍성한 선물을 준비했다. 쌀 50kg, 비스켓과 식용유 등을 선물로 교회에 내려놓고 축복기도를 한 후 다음 장소로 이동을 했다.

그런데 마뿔루 여전도회에서도 우리를 위해 귀한 선물을 준비했다. 선물에 담은 정은 소박하고 아름다운 것으로 가지, 아보카도, 팜트리 열매(종려나무) 등을 바구니에 담아 가져왔다. 우리 일행은 그들의 따뜻한 환대에 감동을 받았고 눈물이 쏟아졌다. 순수함과 담백한 마음, 먼 길을 찾아온 이에 대한 존경심, 마음을 주는 웃음의 선물을 받았다. 마뿔루 교회의 성도들이 준 선물은 지상 최고의 선물이다.

4) 다나네 지역교회 탐사

나는 다나네 지역에 있는 다나네 가나안 교회를 비롯한 3개 처의 교회를 방문하면서 느낀 점이 있다. 이 지역은 오랜 기간 동안 내전의 위기를 겪으면서도 영적생활에 충실한 건강한 교회들이다.

이 지역교회의 목회자와 성도들을 칭찬한다면, 먼저 성도들의 마음이 하나님과 올바른 상태였다. 영혼을 구원하기 위한 준비는 자신이 하나님으로부터 구원받았다는데서 출발한다. 개인전도자이든 신앙생활을 하는 사람이든 자신이 타인을 그리스도께 인도함에 있어 자신이 먼저 하나님

안에서 평안을 얻어야 한다. 요한복음 3장 11절의 "진실로 진실로 네게 이르노니 우리는 아는 것을 말하고 본 것을 증언하노라 그러나 너희가 우리의 증언을 받지 아니하노라"는 말씀의 확신이 있어야 한다. 소경 상태에서 고침을 받았던 사람은 "…한 가지 아는 것은 내가 소경으로 있다가 지금 보는 그것이니이다."(요 9:25)라고 말한 자들과 똑같았다. 그들은 모두가 교회가 있는 것을 기뻐했고, 찬송하는 것을 즐거워했다. 그들은 교단 대표자가 방문하는데 모든 일손을 놓고 교회로 모였고, 기쁨을 나누는 일에 동참했다. 그들은 고통과 경제적 어려움 속에서도 교회 생활을 하는 것에 대한 소망이 있기 때문이란 눈치였다. "우리가 이같은 소망이 있으니 담대히 말한다."(고후 3:12)라고 바울이 고백한 것과 같다. 다나네 지역 교회의 목회자와 성도들의 신앙은 막연한 체험을 한 것 같지가 않았다. 그들은 하나님에 대한 굳건한 믿음과 고백을 갖고 있었다.

둘째, 그들은 예수 그리스도께 순복하는 믿음을 가졌다. 다나네 지역 교회의 목회자와 성도들은 완전한 그리스도인이었고, 예수 그리스도의 십자가 앞에 순복하는 자들이었다. 바울이 로마서에서 성도들을 향해 교훈한 것과 같았다.

"그러므로 형제들아 내가 하나님의 모든 자비하심으로 너희를 권하노니 너희 몸을 하나님이 기뻐하시는 거룩한 산 제물로 드리라 이는 너희가 드릴 영적 예배니라"(롬 12:1)

목회자와 성도들은 자신이 하나님의 나라를 위하여 자신의 소유와 재능, 능력과 재산을 드릴 수 있는 자들이었다. 그리스도께서 전 인류의 구속을 위하여 자신의 모든 것을 내어 주신 것처럼 이들 또한 자신의 모든 것을 하나님의 구원계획을 위하여 순복하는 자들이었다.

셋째, 그들은 하나님의 말씀에 충족하는 자들이었다. 예수 그리스도가 없으면 모든 것을 잃어버린 것처럼 열정의 사람들이었다. 그들은 그리스도 안에서 죽는 것이 영광이라는 것도 아는 자였다(계 20:15).

넷째, 그들은 복음을 부끄러워하지 않았다. 하나님께서 말씀하시는 모든 것이 이루어질 것이고 역사할 것이라고 믿었다(롬 1:16). 그들은 하나님의 말씀을 '할렐루야, 아멘'으로 받을 때 열매로 돌아온다고 믿었다. 하나님의 말씀에는 생명이 있다고 믿고 있으며, 소망을 갖고 복음을 전하고 믿으면 영적 열매와 수확을 기대할 수 있다고 믿었다(히 4:12, 사 55:11).

그들은 영혼 구원에 대한 열정을 갖고 항상 기도하는 자들이었다. 모든 종족이 주께 돌아오기를 열망하였고, 그들에게 합당한 말을 할 수 있도록 기도하였고, 전도한 사람의 마음속에 시작된 역사를 하나님께서 계속적으로 역사하시기를 기도했다.

나는 2박 3일 동안의 다나네 지역 교회를 돌아보는 시간이 가장 행복했다. 하나님의 사람으로서 자부심을 경험했다. "만물이 주에게서 나오고 주께로 돌아간다"(롬 11:36)는 말씀이 새롭게 경험되어졌다. "그에게 영광이 세세에 있을 지어다 아멘"

2

*

망(Man)은 가장 아름다운 산악도시

아프리카는 대부분 평야지대가 많다. 코트디부아르 역시 높은 산이 있는 곳은 망 지역이라고 한다. 이 지역은 16개의 산봉우리가 있고, 가장 아름다운 자연을 보유한 곳이라 한다.

망은 디쥐트몽타뉴 주 또는 몽타뉴 주는 코트디부아르를 구성하는 19개 주 가운데 하나이다. 주도는 망이며 면적은 16,600㎢나 된다. 주 이름은 프랑스어로 '18개의 산'을 뜻하며 6개 현(방골로 현, 비앙쿠마 현, 다나네 현, 쿠이블리 현, 망 현, 주앙우니앙 현)을 관할한다. 망은 코트디부아르의 서부 도시이다. 지난 2010년 11월, 대통령 선거 이후 발생한 무력충돌로 코트디부아르(Coted'Ivoire)에서 100만여 명이 피난을 떠나야 했다. 6년이 지난 지금은 이전보다 상황이 많이 좋아졌음에도 불구하고 아직도 경제 사회적 현상은 불안정한 상태이다.

무력충돌이 발생한 때부터 두 번째 대통령 선거가 치러진 지금은 사회 기반 시설이 안정적인 상황이라고 하지만 국민들과 아이들의 복지 상태는 여전히 열악한 상태다. 망 도시의 이면에는 비위생적인 쓰레기 더미와 많은 아이들이 위생적이지 못한 길거리에서 뛰어 놀고 있는 모습이 있다. 비포장도로를 달리는 차량들 때문에 먼지가 많아 질병 발생률도 높을 것 같다.

그럼에도 불구하고 망은 아프리카의 로망으로 알려져 있다. 망은 코트디부아르의 독특하고 다양한 춤을 맛보기에 가장 좋은 지역이라 한다. 코트디부아르는 각 지역, 종족마다 독특한 춤을 가지고 있는데, 망 지역에는 많은 종족들이 밀집해 있어 다양한 춤으로 유명한 곳이다. 이 지역의 독특한 춤은 정글 춤, 마스크 바, 떼마떼 등의 춤은 현대 무용가들의 마음을 빼앗아 버릴 정도로, 이 곳은 아프리카 최고의 춤을 만날 수 있는 곳이다.

망 지역은 유일하게 대부분이 평지보다는 산으로 둘러싸인 곳이다. 독특한 자연환경만큼이나 사람의 마음을 감동시키는 곳이다. 그러나 망 지역은 여전히 토테미즘(totemism)과 애니미즘(animism)과 같은 전통신앙이 남아 있다. 망 지역 사람들은 자연신과 공존하며 살아가는 사람들이 많다. 마을에 들어가면 수호신의 가면을 쓴 사람들도 종종 만날 수 있고, 가면을 쓰고 춤을 추는 사람도 있다. 이곳에서 가면은 인간과 신의 세계를 이어주는 매개물이다. 사람이 가면을 쓰면 신의 힘이 몸으로 들어온다고 믿는다. 가면의 신비로움에 빠진 사람들, 그 힘에 매료되어 가면을 만드는 사람도 있다. 가면을 만드는 종족은 바로 야쿠바였다.

반면, 망 지역은 토테미즘과 애니미즘만 있는 것은 결코 아니다. 도시의 중심에는 이슬람교 사원도 있다. 라마단이 끝난(2016년 7월 12일) 지 2일째 되는 날 무슬림 대형집회가 있었다. 우리가 가야 할 도로를 막아 놓을 정도로 그들은 메카를 향해 기도했다. 그러나 소수의 기독교가 망 도시에는 건재하고 있다.

백성철 목사는 망 지역에 대한 좋은 인상으로 이야기한다. 그는 망 지역을 생각하면 한국의 설악산과 같이 아름다운 곳이라고 감탄을 한다.

"망은 정말 아름다운 곳입니다. 망은 유일하게 산이 있습니다. 18개의 산은 우리의 마음을 흥분시킵니다. 언젠가 저 산을 오를 수 있다는 희망이 있는 것처럼 저도 망을 영적으로 지배할 수 있다고 생각합니다. 그래서 저는 망을 언제나 희망적으로 생각합니다."

한국인 선교사, 망 지역을 생각하면 흥분하게 된다는 것은 무엇을 의미하는 것일까. 그것은 바로 한 영혼에 대한 사랑과 하나님의 구원사역에 대한 책임감일 것이다.

1) 목회자에 대한 신뢰와 존경 그리고 교회 개척

다나네에서 망 지역까지는 한 시간이 넘게 걸렸다. 망으로 오는 길에 마뽈루 교회를 방문한 시간을 포함하면 더 많은 시간이 소요되었다. 나는 망으로 가는 차량 안에서 현대선교의 패러다임을 생각해 보았다. 선교도 지속가능하다는 것을 전제로 하여 혁신, 창조, 환경이 필요하다는 것을 발견했다. 선교도 사회보다는 한발 앞선 전략으로 미래 사회를 이끈다면 승산이 있다. 오늘날 선교에 있어서 가장 중요시하는 것은 성경말씀을 통해 성도(聖徒)만족, 리더십, 목회자의 브랜드, 영적 성장을 위한 서비스, 지속가능한 성경교육, 창조적 정신, 개인의 혁신, 목회 환경 등이라 할 수 있다.

선교현장에서 교회 개척이 지속적으로 확장되려면 목회자가 신뢰와 존경을 받아야 한다. 목회자가 복합적인 능력과 전문성과 노력이 따라오지 않는다면 교회 개척과 신앙성장의 성과는 기대하기 어려울 것이다.

사실, 망 지역은 코트디부아르 서부 지역에서 반군 사령부가 있는 곳이었다. 이 지역의 주민들은 어려운 외부 환경을 경험한 주민들이 많은 편이다. 그러나 지금은 외부 환경보다는 내부적인 어려움으로 겪고 있는 상황이다. 이제는 정치적 변수(變數)가 아닌 상수(常數)가 되어야 할 상황이다. 위기가 간혹 있는 것이 아니라 항상 있다고 생각하고 사역에 전념해야 할 지역임을 생각하고 복음전도 사역에 전념해야 한다. 목회자는 망 지역의 종교적 변화를 분석하고 예측하는 영적 시스템을 강화하여 영적주도권을 갖고 움직이는 곳이 되어야 한다.

또한 망 지역에서 목회자로 건재하게 남아 있기 위해서는 영적으로 끊임없이 혁신해야 생존이 가능한 곳으로 보였다. 왜 그럴까. 망 지역은 코트디부아르에서 가장 유명한 마스크 춤과 노래가 있는 곳이고, 토테미즘과 애니미즘에 기초한 신앙생활을 하는 사람들이 많은 지역이라서 그렇다. 그리고 목회자의 단독적인 의사 결정보다는 성도들과 협업(協業)을 통하여 복음전도 사역에 최선을 다할 때 사역의 가능성이 넓어 질 수 있다.

망 지역을 비롯한 코트디부아르 서부지역에서 교회 개척 요인의 필수 사항은 '한 영혼에 대한 관심을 집중'하는 일이다. 영적 결핍과 갈증을 채워주기 위해 말씀, 기도, 성령 충만한 상태를 늘 점검하고, 리더십 부문에서 자질을 높이는 일에 집중해야 할 것으로 보인다. 이를 기반으로 망 지역의 민속신앙과 타종교와의 차별화된 선교전략으로 교회를 개척한다면 목표를 이룰 수 있다.

코트디부아르는 변화하고 있다. 정치적 안정과 경제적 성장을 위해 노력하는 나라가 되었기 때문에 '교회와 목회자'의 브랜드를 높이는 고급화 선교전략도 필요한 곳이 되었다. 입태시신학교를 중심한 신학교육의 차별화와 현장 목회실천과 관련된 교육은 어려운 선교환경을 극복하는데 좋은 약이 될 뿐 아니라 영적으로 주도권을 확보해 나갈 수 있을 것이다.

교회 개척과 관련하여 서부 아프리카에서는 빌라지에 교회를 설립하는 것이 매우 쉽다. 지금은 누가 먼저 종교를 심느냐에 따라 마을의 종교성향이 달라지기 때문이다. 코트디부아르는 가톨릭이 지배할 때는 교회가 많았는데, 지금은 이슬람 사원이 많이 건축되고 있는 형편이다. 이런 형편에서 교회 개척은 매우 원활하기 때문에 지금이 교회 개척의 최적기이다.

2) 망 대학교(Man University) 토목 공사

수요일 아침, 마음의 묵상과 찬양을 통한 꿈을 갖고 망 지역을 향해 달려왔다. 앞에서 말한 것처럼 망 지역은 코트디부아르에서 가장 뛰어난 자연과 민족의 다양성을 지닌 곳이다. 그럼에도 이곳은 영적으로 황무지와 같은 곳이다. 과거 프랑스가 지배할 때 로마 가톨릭 교회가 영향력을 주기도 했지만 오랜 내전과 반군들의 활동으로 신앙생활과 경제활동이 움츠러든 곳이기 때문이다.

그런데 최근 들어 망 지역의 큰 변화가 일기 시작했다. 다나네에서 망(man)으로 가기 전 대단위의 토목공사가 진행되고 있었다. 우리는 주변을 주의 깊게 살펴보았다. '망 대학교' 조성 부지였다. 모두가 놀란 표정이다. 이 지역은 과거 반군 사령부가 있던 곳인데 대학교가 건립된다는 것에 놀란 것이다. 반군사령부가 있던 곳에 새로운 변화의 물결이 일어나기 시작한 것이다. 대학교가 입주하게 되면 도시 인구의 팽창과 도심 상권의 발달로 경제적 부가가치가 매우 높아질 것이다. 국가 정치가 안정되어 가면서 주변 도시의 변화도 일어난다. 넥스트 아프리카(The Next Africa)를 위한 준비인 것 같다.

세계의 변방에서 중심으로, 우리가 인식하지 못했던 아프리카의 진짜 모습이 드러나고 있다. 그동안 아프리카가 해외 원조에 의존하는 대륙이라는 낡은 내러티브가 사라지고 있는 순간을 느꼈다. 어느 누구도 생각하지 못했던 망 대학교 건립은 세계를 주도하려는 변혁의 물결이고, 코트디부아르를 세계의 변방에서 주류로 밀어 올리는 곳이 될 것 같다.

망 대학교의 토목공사 현장을 지나오면서 아프리카 그 자체를 바라보는 강점을 갖게 되었다. 그동안 우리의 뇌 속에 익숙해져 버린 아프리카, 서구의 식민지배와 노예라는 뿌리 깊은 인종차별주의적 시각이 무너져 내리는 것 같았다. 아프리카는 서구에 의해 '타자화'되고 '주변화'되었던 곳이다. 지금도 아프리카는 독립했지만 서구의 내정 간섭으로 독립적인 지도자를 마음대로 세우지 못하는 곳이지만, 망 대학교 토지정리 현장은 변화 발전의 기회로 보였다.

국가의 미래는 인재 개발에 있음을 인식한 현 정부가 코트디부아르의 변혁을 주도하는 실리콘 사바나의 부상과 기술 운동에 내놓는 또 하나의 작품인 것 같다. 전 세계의 다음은 넥스트 아프리카로 보면 될 것 같다. 아프리카는 크게 변화하고 있다.

과거 세계 경제와 단절된 서부 아프리카 대륙 코트디부아르, 분쟁과 부패로 치고받던 정치 싸움, 상처로 얼룩진 대륙, 해외 원조에 의존했던 대륙이란 인식이 사라지고 있다. 세계적인 학자, 비즈니스, 기술, 아프리카의 인재들이 주도하는 변혁의 물결이 변방에서 주류로 떠오르고 있다.

망 지역의 새로운 트랜드, 변혁의 장소, 젊은 인재들의 활기찬 분위기가 몸으로 전류처럼 느껴져 오고 있다. 코트디부아르의 변혁에 끊임없이 영향을 주고 있는 대륙 밖의 아프리카인, 디아스포라 한인 공동체 그룹이 부(富)를 키워가고 있다. 제이크 브라이트 · 오브리 흐루비(Jake Bright & Aubry Hruby)의 〈넥스트 아프리카〉라는 주장이 현실로 다가오는 것 같다. 이제 코트디부아르는 내전으로 희망없는 나라가 아니다. 그렇다고 하루 아침에 유토피아가 이루어질 것도 아니다. 조금만 더 데이터에 입각한 보다 세심한 '순량(net weight)의 접근법으로 보면 된다. 아프리카는 계속적으로 일어나는 국내 정치와 인구, 급속한 진보와 조화를 어떻게 이루는지를 살펴야 한다.

어찌되었든 망 대학교 건립현장을 목격한 나로서는 세계와 보다 긴밀하게 연결된 아프리카의 미래를 보았다. 이제는 전 세계의 경제 · 종교 · 교육에 종사하는 자들이 코트디부아르의 주식을 거래하고, 대학교수로 취업을 하고, 망 대학교의 교수가 노벨상을 타는 것을 지켜보아야 할 그런

미래가 보이는 듯하다.

이제 우리가 타고 가는 차량은 힘차게 망 대학교 건립 현황판 앞을 빠르게 지나갔다. 잠시 후 망 도시로 들어가는 입구에 검문소가 나왔다. 우리 일행이 잠시 검문을 받는 동안 경찰은 이렇게 말했다.

"성경책을 갖고 있다면 한 권 주세요."

망 도시의 치안을 위해 수고하는 경찰관으로부터 듣는 말, '성경책 한 권 주세요.' 얼마나 감동적인가. 이곳에서는 성경책이 비싸다는 백성철 목사의 말을 듣고 갑자기 마음이 무거웠다. 시장의 발달과 투자의 성장이 아프리카를 변화시키고 있는 핵심적인 요소이겠지만, 동시에 아프리카의 문화의 영향력을 중요하게 여기고 평가하고, 건전한 정신을 소유하도록 하려면 성경 보급이 시급히 이루어져야 할 것 같다.

3) 망 교회(Man Church)의 성도들

한 가지 하나님께 감사한 것은 다나네 가나안 교회 은디유 담임목사의 아들인 레비(Levi, 1986년생) 전도사가 교회를 개척한 것이다. 교회 이름은 망 교회이다. 레비는 학교에서 음악교사로 있다가 소명을 받아 목회자가 되었다. 그는 아버지가 목회하는 현장에서 영적인 체험과 신앙 훈련을 받았고, 하나님의 구원계획에 동참하기로 결심한 후 목회자가 되었다.

더 놀라운 것은 망 교회는 시내 초입에 자리를 잡고 있었다. 작은 건물 하나를 임대하여 예배하고 있었고, 도로변에 있었다. 망 교회에서 찬송을 부르면 도시 전체가 들릴 정도로 뜨거운 찬양과 기도가 있는 곳이다.

그런데 우리를 놀라게 한 것은 망 교회 교인들이 방문하기 전날에도 기다렸다는 것이다. 왜 기다렸는가. 레비 전도사의 아버지인 은디유 목사가 저녁에 방문할 것이라고 미리 알려주었기 때문이다. 정말 탄식소리가 저절로 나왔다. 어떻게 망 교회까지 우리가 방문을 할 수 있는지 도무지 계산이 나오지 않는다. 그러나 아버지 은디유 목사의 계산하지 않은 방문 통보로 교인들만 어려움을 겪었다고 생각하니 더 없이 미안하기만 했다. 망 교회의 성도들은 우리 일행을 영접하기 위해 음식도 만들어 놓았다고 한다. 우리가 방문하지 않아 음식을 다 먹고 오늘 또 음식을 마련했다는 소식을 들었을 때 미안함이 앞섰다.

망 교회 성도들은 우리 일행을 뜨겁게 영접해 주었다. 도로변까지 나와 탐탐과 춤, 노래로 우리를 환영하고 영접해 주었다. 도로변의 교회이지만 뜨거운 춤과 노래는 흥분된 마음을 갖도록 해 주었다. 좁은 공간에서 찬양과 율동, 박진감 넘치는 스텝, 탐탐을 연주하는 세 명의 젊은 청년들, 모두가 힘을 다해 30분 동안이나 찬양으로 환대해 주었다.

아프리카인의 노래는 항상 한 사람이 선창하면 회중 모두가 따라 부르는 형식이다. 30분 동안의 찬양이 끝나자 양복을 입은 멋진 청년이 나와 분위기를 이끌어갔다. 예배의 리더인 마드(Madeu) 집사는 마이크를 잡고 교인들을 향해 "할렐루야"를 연거푸 외쳤다. 교인들은 목소리를 높여 아멘이라고 응답해 주었다. 마드 집사는 우리 일행을 향해 환영의 인사말을 해 주었다.

"아비장에서 망 교회를 방문해 주신 일행 모두를 환영합니다. 그리고 저희 교회를 방문해 주셔서 감사를 드립니다. 저희 망 교회는 여러분을 대환영합니다."

그의 인사말이 끝나자 곧이어 레비 전도사가 우리를 향해 소개하기 시작했다. 맨 먼저 아비장 한인교회의 백성철 목사 그리고 오길순 사모님을 소개했다. 그리고 한국에서 이곳을 방문한 닥터 장을 소개한 후 아비장 한 인교회의 비서를 소개한 다음 단기 선교사인 세 자매와 프랑스에서 공부하다가 부모님을 만나기 위해 방문한 황나영 양도 소개했다.

우리들을 향한 환대와 인사를 하면서 큰 박수와 탐탐을 치는 젊은이들의 눈빛에서 생명을 소중함을 느꼈다. 그런데 놀라운 것은 망 교회가 있는 동네의 추장이 참석했다는 것. 추장이 교회에 방문하여 맨 앞자리에 앉아 백성철 목사의 인사말을 듣고 있어 놀랐다. 그는 열정적인 그리스도인 같지는 않지만 교회에 손님이 오는 것을 알아보고 찾아온 것 같았다. 곧이어 교단장 백성철 목사의 메시지 선포의 시간이 되었다. 그는 마태복음 16장 16-17의 "주는 그리스도시요 살아계신 하나님의 아들이니이다…하늘에 계신 내 아버지시니라."라는 말씀을 읽고 권면했다.

"여러분 반갑습니다. 저는 망 교회가 설립된 소식을 들었습니다. 그러나 서부 아프리카에 만연한 에볼라 전염병으로 인하여 이곳에 올 수 없었습니다. 대사관의 지시로 인하여 외국인은 아비장을 떠날 수 없었습니다. 그러나 저는 망 교회와 여러 성도들을 보고 싶어 오게 되어 기쁩니다."

백성철 목사의 인사말에 교인들은 탐탐 북과 박수를 치면서 화답해 주었다. 백성철 목사는 계속해서 성도들을 격려했다.

"레비 전도사님의 부친 은디유 목사님의 특별한 권유도 있었습니다. 여러분을 만난 것이 기쁨입니다. 그런데 여러분, 오늘 우리가 망 교회에서 예배드리면서 하나님께 질문을 드려야 합니다. 내가 왜 예배당에 앉아 있는 이유를 알아야 합니다. 마태복음 16장 16절은 '주는 그리스도시요 살아계신 하나님의 아들'이라고 말씀하고 있습니다. 이 고백은 하나님을 믿는 성도들에게 아주 중요합니다. 예수 그리스도는 나를 위해 죽으신 구세주입니다. 여러분, 18절 말씀을 보실까요. 예수님은 제자들로부터 신앙고백과 같은 말을 듣고 내 교회를 세우겠다고 말씀하십니다. 망 교회 살아계신 하나님을 고백하는 교회가 되길 바랍니다.

여러분, 레비 전도사는 입태시 신학교에서 공부를 잘한 미래의 지도자입니다. 레비 전도사 역시 아버지 은디유 목사의 뒤를 따라 목회사역을 잘 할 것으로 압니다. 여러분의 협력과 기도가 필요합니다. 여러분, 우리가 주님을 만나고 나면 사명을 발견하게 됩니다. 반드시 하나님께서 주신 사명을 발견하게 될 것입니다. 전 세계 70억의 인구 가운데 하나님의 자녀로 선택된 것은 사명을 발견하게 하기 위함입니다. 망 교회의 사명은 불신자에게 예수를 믿게 하는데 있습니다. 할렐루야! 아멘. 여러분, 마을의 어른이신 추장님은 돈도 많습니다. 그러나 돈을 많이 버는 것이 목적이 아니라 많은 사람을 예수 믿도록 인도하는 것이 더 중요합니다.

오늘 예수님은 교회에 천국 열쇠를 주셨습니다(19절). 여러분의 교회가 2012년에 개척된 교회로서 부흥한 것을 압니다. 현재는 30-40명이 모여 예배하기 때문에 교회 마당에서 예배를 드리기도 하지만 앞으로는 다나네 가나안 교회처럼 교회가 건축되어 마음껏 하나님을 예배할 수 있기를 빕니다.

저는 망 교회와 여러 성도들의 예배를 위하여 기도할 것입니다. 특별히 제가 아비장에 돌아가면 망 교회를 건축할 것인가를 놓고 하나님께 기도할 것입니다. 여러분도 기도에 동참하시기를 바랍니다. 교회가 건축되도록 벽돌을 모으셔서 2017년에는 교회가 건축되기를 바랍니다."

백성철 목사의 복음적인 격려의 메시지가 끝나자 교인들은 우레와 같은 박수로 응답해 주었다. 곧이어 레비 전도사와 함께 동역하는 마드 집사가 나와 인사말을 했다.

"저희는 7월 5일부터 온 종일 목사님 일행을 기다렸습니다. 오늘도 어제와 똑같이 여러분을 이른 새벽부터 나와 기다렸습니다. 아비장 한인교회 담임목사와 일행을 사모하고 사모하는 마음으로 기다렸습니다. 망 교회에 방문해 주셔서 정말 감사합니다. 사실, 망 교회에 있는 저희들은 고아와 같은 기분이었는데 오늘 아침 백성철 목사님 일행이 방문해 주시니 위로가 됩니다. 저희들은 망 교회 설립 이후 전도를 많이 했습니다. 안타까운 것은 성전이 없어 돌아가는 성도가 많아 아쉬움이 있습니다.

망 교회가 아름답게 지어진 성전이 없다는 것을 보고 지역 주민들이 교회를 비웃기도 합니다. 그래서 성전이 세워져야만 많은 성도들이 모일 것 같습니다. 그리고 저희들이 생각하기에 다른 장로교회는 성전을 건축했는데 왜 우리 교회만 건축하지 못했는지 실망스러울 때가 참 많았습니다. 교회가 협소해서 전도하기가 어렵습니다. 여기 사용하는 스피커와 마이크는 개인의 것을 교회에서 사용하고 있습니다. 이제 저희 교회도 건축된 아름다운 성전이 있었으면 좋겠습니다. 레비 전도사가 설교할 때 사용할 수 있는 좋은 음향시설도 필요합니다. 그러나 저희 망 교회를 찾아주셔서 다시 한 번 감사를 드립니다. 그런데 어제는 은디유 목사가 아비장 한인교회의 방문하신다는 소식을 듣고 준비했는데 음식은 저희들이 다 먹었습니다. 그렇지만 오늘 우리가 다시 음식을 준비했습니다."

망 교회의 마드 집사가 인사말을 통해 자신들의 감정을 표현하자 백성철 목사의 비서가 어제 교회에 올 수 없었던 상황을 구체적으로 이야기하면서 교인들의 이해를 구하자 모두가 박수를 치면서 환호해 주었다.

우리는 망 교회 옆에 가건물로 지은 성전을 둘러보면서 닥터 장이 축복기도를 한 후 교회 앞에서 단체사진을 찍었다. 우리 모두의 추억이고 교인들에게는 위로와 기쁨이 되는 순간을 담았다.

사실, 망 교회가 있는 주변은 이슬람교가 매우 강하게 선교하는 지역이다. 무슬림들의 모임도 자주 있는 곳이고 중동과 모로코에서 이슬람교 다와(선교)를 위해 적극적으로 후원하는 것으로 알려져 있다. 그런 곳에서 교회를 개척하여 복음을 전한다는 것은 매우 어려운 실정이다. 보이는 교회가 약하고 건물이 없으면 비웃을 만도 하다.

서부 아프리카 코트디부아르에서 복음전도 사역은 보이는 교회 건물이 중요한 곳이다. 교회의 건물이 없으면 교회가 성장하기 어려운 지역이다. 교회는 성장되어야 한다. 그리고 복음은 계속해서 선포되어야 한다.

4) 선교는 현장방문이다

아비장 한인교회 백성철 목사와의 2박 3일 동안 함께 한 시간은 매우 짧은 시간 같지만 매우 뜻 깊은 동행(同行)이었다. 백성철 목사는 "환경변화를 예측하기 어려운 시기에 아비장에 정착을 시작하면서 교회 개척을 했다. 몇 번의 내전과 대통령 선거를 거치면서 복잡한 국내 사정에도 불구하고 현장의 판단과 빠른 대응이 선교사역의 성패를 좌우한다."며 "현장에서 기회가 보이면 곧바로 실행에 옮기는 자세를 갖춘 자이다." 백성철 목사는 현장을 눈으로 확인하고 현장방문을 중요하게 여기는 것은 목회자들의 보고사항만으로는 선교전략을 실천하기가 어렵기 때문이었다. 그가 현장을 방문하면서 목회자의 인격과 영적인 케어, 목회자의 체질을 개선함으로 교회 개척의 성과를 이루어내기 위함이다.

아비장 한인교회 백성철 목사는 현장방문을 통해 인재발굴과 육성을 중요시하는 목회선교철학과 맥이 닿아 있다. 백성철 목사의 2016년 빌라지교회 방문은 '현장리더십'이 빛을 보는 기회였다.

또 하나는 현장방문 사역은 "교회와 성도들로 하여금 선교적 교회,"와 "교회는 현재의 빈약함으로 좌절하지 말라."는 격려였다. 전 세계가 인종·종교적 갈등으로 신음 중일 때 한 교단장의 현장방문사역은 교회의 미래에 대한 좋은 인식과 교단정책의 조정을 이룰 수 있는 기회이다. 그러면서 빌라지 교회의 목회자와 지도자 그룹, 성도들을 향해 "우리는 하나님을 믿습니다. 좌절하지 말고 어려움을 극복하라."는 메시지이다.

5) 라마단 이후 권능의 날을 준비하는 무슬림 기도회

이슬람교의 라마단은 매년마다 날짜가 조금씩 차이가 난다. 이들은 40일간의 라마단 금식기도회가 끝나면 사원에 모여 기도한다. 무슬림들의 금식은 인간의 비열함, 위선, 비난행위, 탐욕을 없애기 위한 것으로 알려져 있다. 무슬림들이 라마단 기도회를 마치고 모이는 것을 '에이드 엘 피트르'(Eid el-Fitr)라고 한다. 가족과 친구들이 모여 기도하고 만찬을 하면서 금식을 끝낸다. 라마단 금식이 끝난 이후에는 모든 무슬림은 서로 인사하며 친지와 이웃을 방문하여 음식을 나누어 먹기도 한다. 어린아이에게는 용돈을 주기도 하며 가족 간의 우정을 쌓는 풍습은 우리의 전통명절과 비슷하다.

그런데 이슬람교 라마단 기간 동안 테러로 800명이 숨졌다는 보도가 있었다. 테러는 중동과 중앙아시아. 프랑스 파리, 미국 올랜도, 방글라데시 다카, 바그다드 차량 폭탄테러 등은 라마단 마지막 날 에이드 엘 피트로를 피로 물든 축제가 되었다. 이렇게 많은 사람을 죽이는 이슬람교는 진정한 종교인가를 생각하도록 한다. 이들이 과연 전 세계를 지도할 자격이 있는가라는 의구심이 든다.

그럼에도 무슬림들은 시간이 될 때마다 연합집회를 연다. 라마단 금식기도가 끝난 후 2일째 되는 날 망 도시는 완전히 무슬림 세상이었다. 이슬람사원이 비좁아 인근 자동차 공업사 공장 운동장을 빌려 집회를 연 것이다. 이들은 도로를 차단했고, 집회가 끝날 때까지 차량을 통제했다. 전 세계에서 거의 유일하게 종교집회를 여는 문제로 차량을 통제하는 곳이 망(man)이었다.

6) 망 교회 건축부지 히셉클롬 지역 방문

망 교회를 나와 시청을 거쳐 근처에 있는 도지사의 집도 지났다. 망은 많은 인구의 유입으로 경제와 관광 도시로서 다양성을 가진 도시로 보였다. 도시의 뒷골목은 포장되지 않아 차량이 지날 때마다 흙먼지가 일어났다. 차가 울퉁불퉁한 도로를 지날 때 몸은 이리저리 춤을 추었다. 망 도시 중심지를 벗어나 20분 정도 지나자 차량이 멈추었다. 차를 타고 도저히 갈 수 없는 도로이기 때문에 걸어서 가기로 했다. 아프리카의 태양빛은 매우 강했다. 태양이 비추일 때마다 피부가 타는 것 같은 느낌도 들었고, 선글라스를 쓰지 않으면 안 될 정도였다. 골목길을 걸어가는 동안 비닐쓰레기 더미를 지나야 했다. 많은 사람들이 버린 비닐봉지가 쌓이고 쌓여 하나의 산처럼 되어버렸다. 아프리카는 자연도 좋고 사람들도 친절하지만 자연환경과 생태계 보존에 대한 의식은 매우 약하다.

나는 교회 부지를 보기 위해 동행하는 길에 무슬림 집을 잠시 방문했다. 새 옷을 입은 할아버지와 할머니의 표정은 밝았고, 며느리는 마냥 즐거운 표정으로 요리할 고기를 물에 씻고 있었다. 부엌을 카메라에 담으려 하자 일하던 소녀는 얼굴을 가린다. 자신의 얼굴이 노출되기를 꺼려하는 아프리카의 문화를 볼 수 있었다. 나중에 안 사실이지만 내가 방문한 무슬림 가정은 망 지역에 사는 야쿠바 종족이 아니란다. 그는 북쪽에서 내려온 이주민 같다고 백성철 목사님은 말해주었다. 야쿠바족 혹은 코트디부아르 사람들을 구분하기 위해서는 코를 보면 알 수 있다. 코트디부아르 사람들의 코는 넓고 퍼져 있는데, 북쪽에서 내려온 사람들의 코는 오똑하게 솟아 있다는 점에서 차이가 있다고 한다.

히셉콜롬 지역의 무슬림 가정을 잠시 벗어나 교회 건축 부지에 도착을 했다. 대지는 200평 정도가 되고, 가격은 2천5백만 세파(CF)라 한다(한화 약 5천만 원). 건물 주변에는 산이 있고, 주변은 아직 개발되지 않는 곳으로 몇 년 동안 방치된 가건물이다. 가건물 앞에는 커다란 나무가 서 있고, 건물 사이로 나무뿌리가 자라고 있어 허술하기만 했다. 만약 이 건물을 매입하여 교회로 사용하기는 부적합하다고 한다. 왜냐하면 건물 기초공사가 약해 무너질 가능성이 높기 때문이다.

망 교회의 부지 선택과 결정은 아비장 한인교회의 사무장이신 오길순 사모님의 결정이 매우 크다. 오길순 사모님은 코트디부아르 지역에서 여러 번 교회 건축을 한 경험이 있어 지형과 지역, 건축자재와 관련된 지식이 남다른 경험을 갖고 있다. 그는 철저한 셈법과 판단력으로 아프리카인들을 리드하는 여성 사역자이다. 그의 판단과 결정은 대단해서 현지 목회자들이 인정할 정도다.

선교는 경험도 중요하다. 경험이 없는 선교, 선교 없는 경험은 무의미할 뿐이다. 건축 역시 지식과 지혜가 필요하고, 철학이 있어야 한다. 건축에도 메시지가 있다. 건축은 건물이 아니라 공간을 창조하는 것이다. 교회의 대지와 가건물을 보고 판단하는 능력은 창조적인 미(美)를 가졌다.

망 도시는 발전하는 곳으로 보였다. 사람들의 얼굴에는 경제적 여유가 있어 보인다. 이슬람교의 확장으로 무슬림이 많은 도시지만 교회를 개척하고 목회하는 레비 전도사와 마드 집사가 존경스럽다.

레비 전도사는 하나님을 향한 원칙과 열정이 많은 자로 알려져 있다. 하지만 인간관계에서는 미흡한 점이 많다는 소리도 들린다. 그의 아버지 은디유 목사도 복음 외에는 다른 것을 잘 모른다고 하는데 아들인 레비 전도사도 똑같다는 평이다. 다나네와 망 도시에서 각각 목회하는 부자(父子)에 대한 평가는 좋은 면이 더 많았다. 그러나 머리부터 발끝까지 혁신을 하지 않으면 안 된다는 것이 객관적인 평가였다.

7) 빌라지 교회와 도시교회의 문화적 차이

선교는 문화를 변혁시킨다. 복음이 들어가면 전통과 문화가 바뀐다. 문화가 바뀌면 사람들의 의식도 변한다. 문맹 지역에서 문자를 아는 곳으로 변혁되면서 사람들은 점점 세속화되어 간다. 이 말을 이해할 수 없는 부분으로 알 수 있겠지만 사실이 그렇다. 민간신앙으로 찌든 동네가 변화의 바람을 타면서 사람들은 도시로 빠져나간다. 왜 그런가하면 삶의 질을 찾아야 하기 때문이다.

나는 다나네와 망 지역을 돌아보면서 느낀 것이 있다. 도시와 시골의 문화가 현격하게 차이 가 난다는 점이다. 빌라지 교회를 방문했을 때는 온 교회와 교우들이 길거리에서부터 교회까지 춤과 노래로 환영을 해 주었지만, 도시교회는 교회 안에서 손님이 오기만을 기다리거나 춤과 노래만 부르고 있었다.

도시와 빌라지(시골)의 문화적 차이는 여기서 부터이다. 도시는 삶에 찌든 것처럼 보이고, 시골은 경제적으로 어렵지만 인간미가 있다. 결국은 문화적 차이고 가치의 문제이다.

시골은 순박함, 순수함, 강렬함이 있지만, 도시는 지성적이면서 조용하다는 점이다. 무엇인가 쫓기는 듯한 심리가 있어 불안감도 있다. 반면, 시골지역은 협력과 지역사회간의 상생(相生)하는 일에는 적극적으로 나서 건전한 공동체 문화를 만들고 있다. 그러나 도시는 모든 것이 스마트한 관계로 동반성장(同伴成長)이라는 것에 초점을 두고 있다. 특히 기업과 교육, 도시의 기반시설의 확장으로 삶의 편의시설은 좋지만 인간미가 약한 것이

흠이다. 이런 점에서 문화적 차이가 있다.

사실, 나는 다나네, 망, 두에꾸에 등에 대한 사전지식이 없었다. 단 한 가지 많은 종족이 섞여 살고 있을 것이라는 단순한 생각뿐이었고, 교회를 방문한다는 말에 별 기대를 하지 않았었다. 대부분의 선교지 교회는 '보여 주기'식이란 부정적 생각이 더 많았다. 그런데 백성철 목사의 교단 정책과 선교 전략은 현장 중심적이란 점에 더 놀랐다. 차를 타고 설렁설렁 주마산 간으로 돌아보기에는 너무 아까운 풍광들이 창문 옆으로 휙휙 지나갔다. 아프리카가 넓다는 것을 그냥 걸어 다니거나 차 안에서 느끼는 것은 어렵다. 그러나 가끔 "조금만 가면 됩니다." 해놓고는 한 시간에서 두 시간을 가야 하는 곳이라 우리의 감각을 서 너 배 정도는 보태야 답이 나오는 곳이다.

야쿠바족이 사는 동네를 벗어나 다른 종족이 사는 곳을 가도 시시하고 싱겁기 그지없는 문화인 것 같아도 손님 대접만큼은 확실한 곳이 빌라지 마을이다. 이들은 갈등도 없고 대단한 사건도 없이 산을 오가며 사람들이 느리게 움직인다. 그것이 우리가 원하는 이상향인지 모른다. 아마도 그들의 궁극적인 목적인지도 모른다.

이상적인 사회와 낭만적인 이야기는 먼 곳의 이야기처럼 생각할 수 있는 빌라지 교회의 사람들은 순수한 그대로이다. 하지만 도시인들은 세련되고 멋진 옷과 헤어스타일만 보아도 도시처럼 느껴진다. 이런 문화적 차이로 인해 손님을 맞는 문화도 차이가 있다.

3

*
코트디부아르 내전
그리고 두에꾸에(Duekoue)

망 교회에서 두에꾸에 도시까지는 80km거리이다. 보통 오전 11시 30분 아니면 정오에 도착할 가능성이 높다. 망에서 두에꾸에로 가는 도로 옆에는 아프리카에서만 맛볼 수 있는 민가와 경치를 볼 수 있다. 그런데 아쉬움이 많은 것은 산과 들에 있는 나무를 베어 내서 그런지 잡초만 무성한 곳이 많다. 큰 나무는 목재로 사용하거나 해외로 수출하고, 작은 나무들은 땔감으로 이용하기 때문에 '아프리카의 정글'은 구경하기가 어렵다. 산을 개간(開墾)하여 카카오나 고무나무 밭을 만든 곳도 있지만 대부분은 나무만 베어 낸 그대로다.

두에꾸에 지역은 코트디부아르 내전으로 가장 많은 인명피해가 있었던 곳이다. 아비장에서 두에꾸에는 무려 6시간이나 소요되는 작은 도시이다. 그런데 지금은 평온한 상태이고, 국가에서는 도로를 포장해 주고, 전기 공급과 가로등을 설치하여 줌으로 주민들의 편의생활을 돕고 있었다. 하지만 과거의 역사를 지울 수 없는 곳이다.

코트디부아르 내전동안 3천 명가량의 사람들이 목숨을 잃은 곳일 뿐 아니라 약 1,300명은 불에 타 죽은 곳으로 알려져 있다. 그런데 수 없이 많은 내전과 관련된 이야기를 들으면서도 코트디부아르를 이해하기가 정말 어렵다. 독립 이후 독재정치로 인해 내전이 일어났다는 것 밖에는 정확하게 알 수 없다. 코트디부아르를 이해하기 위해서는 독립 이후의 정치적 현안을 아는 것이 중요할 것 같다.

코트디부아르는 프랑스의 식민지배 하에 있던 1957년 자치정부 수립권을 획득한 후 1960년 8월 완전히 독립하였다. 독립 전 코트디부아르 대표로 프랑스 의회 대의원이었던 펠릭스 우푸에 부아니(Félix Houphouèt Boigny)는 1946년 10월 코트디부아르민주당–아프리카 민주연합(Parti Démocratiqe de la Côte d'Ivoire Ressemblement Dómocratique Africa, PDCI-RDA)을 창당하여 프랑스 의회에서 독립투쟁을 전개했다. 부아니는 이러한 정치적 기반을 토대로 코트디부아르의 초대 대통령이 되었다.

프랑스로부터 독립한 1960년 10월 의회는 대통령제헌법을 제정하여 보통선거로 선출되는 5년 임기의 대통령에게 막강한 권력을 부여했다. 다음 달 대통령으로 선출된 부아니가 독재정치가로 행보할 수 있는 여건을 조성해 주었고, 대통령은 국가원수이면서 행정수반으로 각료임명권을 가졌다. 국회에서 통과된 법안에 대해 거부권을 행사할 수 있는 권한도 가졌다. 또한 국회의원 선거는 5년 임기로 하여 경선제로 실시되었다. 단, 코트디부아르 민주당(PDCI)를 제외한 다른 정당은 불법 정당으로 간주했다. 이런 정치적 규약 때문에 코트디부아르민주당 소속이 아니면 국회의원 후보가 될 수 없었다.

그러나 부아니가 독재정치를 할 수 있었던 것은 독립 직후 누린 놀라운 경제적 호황의 효과였다. 코트디부아르의 광대한 코코아 농장으로 국제적 투자자들과 이민자들이 몰려오면서 경제가 활성화되었고, 이러한 경제적 효과는 '아이보리 기적(Ivorian Miracle)'이라 부를 정도였다. 1970년대까지 코트디부아르는 세계 제일의 코코아 생산국이었다. 북쪽에는 다이아몬드를 다량 보유하고 있어 이를 기반으로 경제적 성과를 이루면서 부아니 대통령은 국민들의 지지를 받았다. 부아니는 국민들의 존경을 받으면서 카리스마 넘치는 리더십을 발휘했고, 국가 내 잠재하던 종족적 분열을 억제하는 정치적 안정을 구가하기도 했다.

그러나 부아니의 정치적 리더십이 늘 안정적인 것만은 아니었다. 그의 정치적 행보에 반대하는 일도 많았다. 1964년 4월 어니스트 보카(Ernest Boka) 대법원장의 대통령 암살 음모 고백을 한 후 자살하기도 했다. 1969년에는 아비장에서 대학생들의 시위가 발생하여 1970년까지 계속되기도 했다. 1973년에는 시오 클라후(Siio Koulahou) 대위를 비롯한 12명의 위관급 장교가 정부전복음모로 체포되었고, 1980년 5월 로마 가톨릭 교회 교황 요한 바오로 2세의 방문을 틈타 육군장교의 부아니 대통령 암살을 시도했다.

코트디부아르 대통령의 독재정치에 항거하는 일이 빈번했지만 그의 존재는 건재했다. 시위와 암살 음모가 자주 발생할수록 부아니는 강경 대응을 했다. 하지만 그의 독재정치가 강화될수록 시위와 소요, 파업사태가 자주 발생했다. 국민들은 한 개인의 독재정치보다는 모든 국민이 행복할 수 있는 정치를 요구하면서 개혁을 요구했지만 묵살되었다. 이러한 상황에서 부아니는 1990년 10월 선거를 마지막으로 7선의 대통령이 되었다. 그는 대통령으로서 마지막 선거인 1990년 대통령선거는 국민들의 개혁과 변화의 요구로 복수정당 선거로 치루어졌다. 그의 경쟁자였던 자는 로랑 그바그보(Laurent Koudou Gbagbo)였다. 그러나 부아니는 부정한 방법을 통해 85%의 득표율로 대통령에 당선되었고, 동년 그의 고향이면서 1983년 코트디부아르의 새로운 수도로 지정한 야무수크르에 세계 최대 규모의 성당(Basilica of Our Lady of Peace of Yamoussoukro)을 완공하기도 했다. 그러나 그는 전립선암으로 1993년 12월 7일에 사망함으로써 34년 간 이어진 독재정치의 종지부를 찍었다. 그의 죽음 이후 앙리 코낭 베디에(Henri Kona Bédié) 국회의장이 부아니의 대통령 잔여 임기를 이어 받았다. 그러나 부아니의 사망 이후 권력투쟁에서 패한 알라사네 와타라(Alassane Dramane Ouattara) 총리는 사임했고, 베디에는 PDCI의 총재로 선출되었다. 1995년의 대통령선거에서 야당 대표들이 보이콧했지만 베디에는 대통령으로 당선되었다.

그 이후 코트디부아르는 1차 내전(2002-2007년)과 2차 내전(2010-2011년)의 내전을 겪으면서 혼란에 빠졌다. 여러 차례의 내전과 대통령 선거로 얼룩진 코트디부아르는 그바그보가 아닌 와타라 대통령의 승리로 끝난 덕분에, 현재 코트디부아르에서는 이른바 전환기의 정의(transitional justice)를 위한 노력들이 이루어지고 있다. 반면, 와타라 대통령 지지 세력에 의해서 많은 인명피해가 희생된 것은 부인하기 어렵다. 이에 대해서 국제사법재판소가 조사하지 않는 것은 공평하지 않다는 여론도 지배적이다.

현재, 코트디부아르는 와타라 대통령을 중심으로 비극적인 역사와 작별하고 새로운 도약을 위한 출발을 하고 있는 것은 확실하다. 과거에는 대통령 자격 조건(부모가 모두 코트디부아르인)에도 부합하지 않아 두 차례나 자격을 박탈당했던 인물이 국민투표를 통해 대통령에 당선된 것만 해도 큰 변화를 의미한다. 국민들은 그에 대한 기대가 크지만 어느 정도 실현될지는 미지수이다. 코트디부아르가 부패와 독재로 점철된 정치를 쇄신하고, 남·북간의 화합을 이끌 수 있는 지도자로 보고 있다. 그러나 최근 들어 대통령으로서 3선을 이루기 위한 헌법 개정으로 국민들의 빈축을 사고 있어 주목되기도 한다.

국민들은 와타라 대통령에 대한 이야기를 할 때마다 이렇게 말한다.

"와타라 대통령은 이슬람교를 믿는 무슬림입니다. 그의 부인은 유대인의 자손이나 가톨릭으로 개종한 프랑스 여성과 결혼했습니다. 그를 대통령으로서 선거에서 승리할 수 있도록 한 현 총리 기욤 소로도 가톨릭 신자입니다. 그가 취임하고 난 후 북쪽 부르키나파소 사람들의 이주가 급격히 심해졌고, 이슬람 사원도 많이 건축되고 있습니다."

코트디부아르에는 부르키나파소에서 이주해 온 주민들이 무려 400만 명이나 된다면서 원주민들은 은근히 문화적 갈등에 대한 불평을 털어 놓기도 한다.

코트디부아르는 내전이 끝난 상황이지만 평화는 아직도 머나먼 곳에 있는 것 같다. 국민들의 상처와 아픔, 종족간의 문화적 갈등이 그대로 남아 있어서 그렇다. 코트디부아르의 정국 혼란은 끊이지 않고 있다. 현 대통령은 와타리의 재선에도 불구하고 3선을 시도하기 위한 헌법 개정을 서두르고 있는데서 정국은 혼란스러워질 전망이다. 우리는 정치적으로 가장 혼란스러웠던 지역으로 탐방한다는 것 자체가 두렵고 떨렸다. 그러나 하나님을 경외하고 평화를 주시는 분의 은혜로 감사함으로 방문을 결정했다. 하나님은 상처가 있는 곳에 치유를 베풀기 위하여 일군을 부르시고 세우신다.

지금의 두에꾸에는 매우 평화로운 도시이다. 도시는 팽창하고 있다. 도시 주변은 변화의 물결을 타고 인구가 밀려들고 있다. 거리에서 물건을 사고파는 시민들의 모습은 생동감이 있다. 모두가 과거의 상처를 잊고 새로운 미래를 향해 달려가는 것 같았다. 소문으로 듣던 두에꾸에가 점점 다가오고 있다.

1) 신정부 이후 이슬람 사원이 많아졌어요

코트디부아르 전역을 탐방하면서 보고, 듣고, 느낀 것 가운데 하나가 있다. 전국적으로 이슬람 사원이 많이 세워졌다는 것이다. 도시 지역과 빌라지에 사람들이 모이는 곳이면 이슬람사원을 짓고 있다. 무슬림 신자가 대통령으로 집권하면서 급속도로 이슬람 사원 건축이 많아졌다는 것이 시민들의 이야기다.

코트디부아르에 이슬람교 확산과 사원 건축에 힘을 주는 곳은 북아프리카 모로코 국왕이라 한다. 모로코 국왕 모하메드 6세(1999년에 즉위)가 1년 반 동안 걸쳐 코트디부아르를 3회나 방문했다. 그의 방문으로 코트디부아르 개발과 이슬람 사원 건축이 활발해졌다. 모로코 국왕의 방문보다는 북쪽에서 이주해 온 시민과 무슬림들을 위한 자체 기도처를 마련하기 위한 것이 더 클 수 있다. 도시와 빌라지에 건축되는 사원은 1km마다 있다.

아무튼 코트디부아르는 이슬람교가 왕성하게 성장하는 중이다. 이슬람교에서 사원을 통한 다와(선교)가 이루어지고 있다. 이슬람 사원이 건축된 곳은 도시와 마을의 중심이 된다. 사원과 시장, 목욕탕이 모여 있다. 도시를 대표하는 이슬람 사원 주변에는 반드시 바자르(시장)가 형성되어 있고, 어김없이 함만(목욕탕)이 곁다리로 끼어 있다. 단순하게 생각해 봐도 이해가 될 것 같지만 모두가 다 이슬람 선교를 위한 전략이다. 무슬림들에게 종교가 삶인 관계로 사원은 항상 삶의 터전 한가운데 자리를 잡는다. 그곳에서 메카를 향해 하루 다섯 번 기도를 하고 돌아서면서 일상으로 돌아가는 것이 무슬림의 삶이다.

무슬림들은 기회가 주어지는 대로 아무데서나 기도를 한다. 물론 시간을 맞추어 기도한다. 무슬림들의 기도 시간은 해가 뜨기 전, 검은 색과 흰색이 분간되는 아침, 해가 중천에 떴을 때, 검은색과 흰색이 분간되는 저녁, 깊은 밤 등 5차례 한다. 그러나 세계 시간과 계절, 지역에 따라 태양의 움직임이 달라 일정한 시간을 가늠하기 어렵기 때문에 어느 국가에서는 계절에 따라 시간을 정해 공지하기도 한다.

코트디부아르도 금요일만 되면 사원으로 가는 사람들 때문에 교통체증이 심한 편이다. 이들은 항상 모스크를 중심으로 살면서 마스지드에 간다고 한다. 왜 그럴까. 마스지드는 아랍어에서 '엎드리는 곳'이란 뜻이다. 무슬림들이 허리를 땅에 굽히고 엎드려 기도를 드리는 장소라는 의미다. 그리고 무슬림들은 금요일은 쉬는 날이다. 쉬는 날 사원으로 가기 위해 각자 방석을 들고 가는 모습을 흔히 볼 수 있다.

지금, 코트디부아르에서 이슬람교가 확산되는 것은 시간문제인 것 같다. 모두가 이슬람교인은 아니지만 정책적으로 이슬람교를 우대하는 분위기다. 도시와 마을마다 세워지는 이슬람교 사원(모스크)은 더 많아질 것 같다. 그런데 교회는 언제 1km마다 건축할 수 있을까. 그런 때가 속히 오기를 기대해 본다.

2) 두에꾸에 에벤에셀 교회(Duekoue Ebenezer Church)

이른 아침 다나네를 떠나 망 교회를 돌아보고 두에꾸에 도시에 도착했다. 대낮의 태양빛은 뜨거웠다. 두에꾸에 입구가 보이자 두 명의 젊은이가 오토바이를 세워둔 채 우리를 기다리고 있었다. 그들의 안내를 받으면서 시내로 들어갔다. 두에꾸에 시내가 다가오자 낡은 승용차 한 대가 서 있다. 그는 에벤에셀 교회의 아비예(Abie) 목사와 중직자들이다.

아비에 목사는 우리가 방문한다는 것을 알고 두에꾸에 입구까지 영접하러 나왔다. 목회자가 먼 곳까지 온 것을 보고 모두가 감동을 받았다. 아비에 목사에 대한 백성철 목사는 매우 좋은 목회자라고 소개해 주었다.

"아비에 목사는 매우 훌륭한 목회자이고 차세대 지도자가 될 분입니다. 그는 코트디부아르에서 제일 좋은 대학교를 졸업하였고, 사회적으로 좋은 신분을 갖고 살 수 있는 인재입니다. 그러나 그는 하나님의 부르심을 받고 목회자로 헌신한 자입니다. 그의 영적 리더십과 결심은 믿음의 자녀를 양육하기에 넉넉한 자입니다. 그는 내전이 일어났을 때 생명을 무릅쓰고 탈출하면서 하나님의 음성을 듣기도 했습니다. 하나님의 음성을 듣고 오늘날 두에꾸에 에벤에셀 교회를 개척한 목회자이기도 합니다. 그는 이 지역에서 두 개의 교회를 개척하기도 했습니다. 그는 목회자이면서 설교가요, 지역을 선도하는 지도자이기도 합니다."

백성철 목사는 아비예 목사에 대해 계속해서 칭찬을 했다. 에비야 목사가 좋은 평판을 받게 된 것은 교단과 교회 안과 밖에서 칭찬받을 만한 사역을 하기 때문이다. 그는 교회부흥을 위한 우수한 인재를 등용하여 리더로 세워 교회조직문화를 강화하고, 시스템을 업그레이드하고, 경험된 신앙을 통해 교인들을 양육하기 때문이었다.

한편, 에비야 목사에게는 개척자 정신이 내재되어 있다. 그는 목회자로서 교인들과의 접촉을 중시하고 현장에서 일하는 성도들을 존중한다. 그런 그가 교회에서는 구성원 모두가 사명과 초점을 명확히 인식하도록 교육하면서 한 영혼 구원에 대한 책임의식을 길러주는 특별한 은사도 가지고 있다. 그에게는 개척자 정신(The trailblazer mentality)은 반역적 사명의식과 현장중시, 주인의식이라는 세 가지 주요 특성을 갖는다. 이는 교회성장을 막 시작한 단계로 주변의 가톨릭 교회 규모가 크고 여건이 잘 갖추어진 기존 집단과 가장 강력한 경쟁력이 된다. 교회 개척자가 직접 이끄는 교회는 교인들이 일상적 결정과 행동 방식에 참조하는 원칙이나 규범, 가치에 담임목사의 영향력이 크다는 점을 확인할 수 있다.

아비에 목사는 젊고 패기와 자신감이 있다. 그의 행동에서 카리스마가 느껴졌다. 그는 우리 일행을 교회로 안내했다. 교회는 도로가에 자리를 잡고 있었다. 일반 주택을 리모델링한 것이지만 허름하기만 했다. 길거리에서 보는 에벤에셀 교회는 작은 교회처럼 보였다. 그러나 에벤에셀 교회 안으로 들어가면서 놀랐다. 강단으로부터 청중석까지는 꽉 들어 차 있는 의자, 전교인이 함께 찬양과 춤을 출 수 있는 공간, 찬양 팀만이 서서 노래 부를 수 있는 공간이 있었다. 교회의 출입문은 세 곳이나 된다. 강단을 중심으로 양 옆에 문이 있고, 강단에서 바라볼 때 왼쪽 뒷부분에도 있다.

강단에는 여러 개의 의자가 놓여 있다. 강단 중앙에 있는 의자는 교단장 백성철 목사가 앉을 수 있는 큰 의자를 놓았고, 그 옆으로 닥터 장, 오른쪽 끝으로 담임목사가 앉도록 배치를 했다. 내가 앉은 좌석 옆으로 통역관, 에비야 목사의 아내와 교단장의 아내 순서로 좌석을 배치하는 치밀함도 있었다. 강단 의자에는 아프리카 전통문양의 천을 덮어 놓아 최상의 예의를 표하기도 했다. 교회는 방문객에 대한 환영과 찬양, 모두를 위한 기도, 찬양 순서로 오랜 시간 동안 진행되었다.

3) 에벤에셀 교회 교인들의 영접

에벤에셀 교회의 목사와 비서, 중직자들의 영접을 받으며 교회로 들어갔다. 그들은 오전 9시부터 우리 일행을 기다렸다고 한다. 우리가 교회에 도착한 시간은 정오가 다 되어서였다. 교인들의 인내와 열정이 자랑스럽다. 아비장에서 온 교단장을 보고 싶어 직장과 일터에 나가지 않고 교회로 모였다. 누군가 말하지 않아도 스스로 교회에서 복음전도자를 기다렸다. 나는 감동을 받았다.

'교회에서 오전 9시부터 기다렸다.'는 담임목사의 인사말에 가슴이 뭉클했다. 일부는 기다리다 지쳐 집으로 되돌아가기도 했지만, 우리가 도착한 것을 알고 어느새 많은 성도들이 다시 교회로 몰려들었다. 아비예 목사는 백성철 목사 일행을 기쁘게 맞이하면서 칭찬을 했다. 아비예는 백성철 목사를 향해 이렇게 말했다. "피터 백, 다시 한 번 환영합니다. 피터 백 목사님께서 우리를 사랑해 주시고 좋아하는 것을 압니다. 오늘 우리 교회에 방문하신 것을 진심으로 환영합니다."

아비예 목사는 자신의 목회 현장을 방문한 백성철 목사를 높이 칭찬해 주었다. 그는 백성철 목사가 우리 교회와 성도들의 신앙생활과 관련된 현장에 초점을 맞추고 한결같은 관심을 기울이고 있는 것에 대해서도 칭찬을 아끼지 않았다. 아비예 목사는 리더십도 있지만 칭찬할 줄 아는 끼도 있는 목회자이다.

　백성철 목사가 이러한 칭찬을 듣게 되는 것은 일선 현장에 대한 초점을 끈질기게 유지하며, 현장 목회자의 세부적인 것들을 챙기는 데 있다. 그리고 모두가 주인의식을 갖는 데 있다. 목회자의 의사 결정과 의견을 경청한 후 신속하게 결론을 내려주는 특성을 가졌다. 이는 백성철 목사의 강력한 책임의식에서 비롯되지만, 목회자의 사명의식, 현장 중시, 주인의식이라는 삼박자가 맞는 데 있다.

　백성철 목사의 현장중시 리더십은 끊임없는 관찰, 현지 목회자에 대한 권한 부여, 성도들의 옹호이다. 목회자로서 사명의식은 대담한 임무와 방문, 비타협성, 무한한 지평이다. 주인의식으로는 관료주의를 배척하고, 행동 지향적이면서 순수함, 강력한 비용절감을 위한 현장 실사 등이다. 이러한 것이 맞물려 아비예 목사와 교인들이 환호하고 좋아한다. 이처럼 목회는 환호와 신뢰, 적극적인 사명, 주인의식과 현장중시라는 것을 또 한 번 배웠다.

　아비예 목사의 일행 소개는 명료했다. 교인에게 얼마나 먼 길을 거쳐 이곳까지 왔는가를 구체적으로 설명함으로 이해를 구했다. 교인들의 목회자에 대한 신뢰와 일선 현장을 방문했기에 피곤한 것도 말해 주었다.

　도시와 빌라지 목회자는 감성지능이 뛰어나야 한다. 하나는 목회자의 말에 귀를 기울이고 공감하는 것이고, 또 하나는 교회의 필요를 이해하는 것이다. 목회자는 최고의 영적 지도자로서 겸손하게 처신하고 모범적인 행동을 보이며 필요한 경우 교인들을 심방하여 격려해 주어야 한다. 그리고 성도들의 가정과 목회자의 사역과 교회 운영에 대한 세부적인 사항에 대해 호기심을 갖는 것이다.

교단장과 목회자의 현장을 중시하는 돌봄과 관점은 경쟁력을 강화하는 차별화된 전략이다. 우리는 이와 똑같은 부분을 제대로 인식하고 현장목회자의 필요와 교인들의 영적 상황에 집중하는 것은 결코 우연이 아닐 것이다. 목회자의 현장 중시는 하나님의 선교를 이루려는 책무이다.

4) 에벤에셀 교회가 땅을 매입했어요

두에꾸에 지역을 방문하면서 놀람과 감동을 받은 것이 있다. 지역교회가 스스로 자립함과 동시에 "하나님이여 민족들이 주를 찬송하게 하시며 모든 민족으로 주를 찬송하게 하소서"(시편 67:5)라는 말씀이 이루어지는 것을 느꼈다. 또 하나는 "교회는 이 땅의 소망이요 생명"임을 보았다. 에벤에셀 교회가 부흥하여 두 지역에 교회 설립 사역(Church Planting Ministry)에 혼신을 쏟고 있었다. 에비야 목사의 주된 사역 가운데 하나였으며, 백성철 목사와 아비장 한인교회의 사역이다. 코트디부아르에는 약 60여 개 종족이 섞여 산다. 그 가운데 아직도 수많은 부족이 미전도종족으로 분류된 가운데 많은 빌라지와 도시지역에 교회가 없는 곳이 많다. 초기 코트디부아르 선교역사를 살펴보면 서구식민지와 함께 서구의 선교사들이 대도시를 중심으로 교회를 설립하고 복음을 전했다. 그 가운데 로마 가톨릭은 가장 좋은 도시의 위치에 교회와 유치원, 학교를 세웠다. 이로 인해 도시에서 조금 멀리 떨어져 있는 산속이나 빌라지에는 복음이 전해지지 못하고 있는 실정 가운데 이슬람교에서 모스크를 짓고 무슬림화 하고 있다. 그런 상황에서 에비야 목사와 교우들은 지역에 복음을 전파하고 교회를 세우는 일은 선교 전략적으로 매우 중요한 사역임을 알고 교회 설립 사역에도 혼신을 다하고 있었다.

특히 선교 전략적으로 가장 힘든 지역을 선택하여 교회를 개척했고, 돌봄 사역으로 주의 나라가 이루어지기를 위해 헌신하고 있었다. 이를 위하여 1994년 5월 11일 COTE ETVOIRE현지법인 장로교단 창립인가 (EGLISE EVANGELIQUE PRESBYTERIENNE DE COTE D'TVOIRE)를 받은 이후 "ECOWAS(CEDEAO)15 VISION"(에코와스15비전프로젝트)을 통하여 코트디부아르 복음화에 주력하고 있다. 도시에 이미 세워진 교회들과 협력하고 육성하여 교회로 하여금 또 다른 지역교회를 세우는 일과 미전도종족에 복음을 전파하도록 하고 있다. 이 사역은 현재진행형이면서 필연적인 사역으로서 교회 개척과 교회 지도자 육성하는 사역을 하고 있어 감동적이었다. 이 사역은 코트디부아르 장로교단만의 사역이 아니라 우리 모두의 사역임을 알고 기도와 협력이 필요하다.

에벤에셀 교회와 성도들은 본당 옆에 또 다른 땅을 매입했다. 교육관과 성도들의 교제의 장소로 활용하기 위한 것으로, 다음 세대를 위한 선교의 유업과 사명을 이루기 위한 방편으로 교회가 스스로 땅을 구입했다. 에벤에셀 교회가 다음 세대, 자녀들을 통한 코트디부아르 두에꾸에 복음화와 선교의 미래를 준비해야 하는 선교적 사명을 감당하기 위함이었다. 부모를 따라 교회에 출석하거나 자라난 자녀들이 부모 세대를 이어 선교의 유업을 함께 나눌 수 있도록 하기 위한 발판을 마련한 것이다. 신앙의 선배들이 놓았던 기초 작업 위에 토대를 세우고 완성하여 아름다운 선교적 열매로 나타나기를 기대해 본다.

한편, 에벤에셀 교회의 아비에 목사와 온 교회 성도들로 하여금 매년마다 '추수전도대회'(Harvest Outreact)가 끊임없이 진행되어 제 3의 교회와 제 4의 교회가 계속해서 세워지길 기대해 본다. 이 전도대회를 통하여 많은 영혼들이 복음을 듣고 주 예수 그리스도에게 돌아오는 역사가 있도록 기도해 본다. 하나님은 위대한 분이시다. 그 분의 만져주심과 인도하심이 오늘의 장로교단과 에벤에셀 교회를 세워 가심을 눈으로 보았다. 이 "모든 영광을 하나님께 드리면서 주께서 하셨습니다."라는 감사의 기도가 절로 나왔다.

5) 칭찬은 박수를 받는다

오늘 아침 다나네에서 출발했다. 오는 길에 망 교회와 지역을 돌아보았다. 차 안에서 선교의 미래를 생각하면서 길거리에서 파는 옥수수도 먹었다. 한국에서 공수해온 오징어와 쥐포는 천상의 맛이었다. 그뿐인가. 사과의 맛은 최고였고, 배고픔과 피곤함을 잊게 했다. 오길순 사모님은 사과를 두 조각으로 쪼개는데 선수다. 남자들도 잘 못하는 사과 쪼개기인데 이 부분에서는 아마도 최고인 것 같다. 모두가 피곤해 질 무렵 두에꾸에에 도착했지만 모두가 행복해 했다. 백성철 목사의 에벤에셀 교회의 담임목사에 대한 칭찬이었다.

"여러분, 반갑습니다. 우리를 기다려주고 환영해 주셔서 감사합니다. 여러분과 함께 하는 아비예 목사는 우리 교단의 차세대 리더입니다. 그는 우리 교단과 교회를 위해 꼭 필요한 분이고 훌륭한 목사입니다. 그래서 저는 아비예 목사를 사랑하고 좋아합니다(박수). 여러분, 중동의 두바이는 원래 사막지대였습니다. 왕의 리더십이 전 세계 사람들이 놀라고 가보고 싶은 나라가 되었습니다. 두바이 왕은 무슬림입니다. 그런데도 좋은 리더십을 발휘하여 사막이 변하여 도시가 되도록 만들었습니다. 세계에서 가장 멋있는 국가, 도시로 만들었습니다. 그동안 두에꾸에는 어려움을 많이 겪은 곳입니다. 여러 번의 위기 상황과 고통이 있었지만 하나님의 은혜로 놀라운 일이 많아졌습니다. 앞으로도 하나님의 사람에 의해 놀라운 일이 많아지길 빕니다. 무엇보다 여러분을 통하여 지역이 변화되기를 희망합니다.

오늘 여러분과 함께 하게 되어 기쁩니다. 저희는 다나네에서 점심도 먹지 못하고 다음날 아침도 먹지 못했습니다. 그러나 오늘은 여러분과 함께 점심 식사도 할 수 있어 기쁩니다. 여러분, 다시 한번 부탁을 드립니다. 에벤에셀 교회가 건강한 교회가 되기를 축원합니다. 여러 가지로 감사합니다(Merci pour tout)."

백성철 목사는 교회의 성도들에게 담임목사를 칭찬했다. 그의 말에는 감사의 표현으로 떨림현상도 있었다. 그는 "코트디부아르 선교역사 20년이 되는 해에 열매가 맺히기 시작했다."면서 연거푸 하나님을 향해 감사하고 있었다. 하나님의 나라를 건설하고 한 영혼을 구원하기 위하여 '교회를 멋지게 건축'해야 된다고 다짐하기도 했다.

6) 깔레프 교회

에벤에셀 교회를 나와 교회가 새롭게 개척된 곳으로 갔다. 아프리카의 태양은 뜨거웠다. 눈이 따가울 정도로 햇빛은 강했다. 넓은 대지위에서 풀을 뜯는 소 떼는 평화로웠다. 흙먼지를 일으키며 아비예목사의 뒤를 따라갔다.

우리 일행이 깔리프 교회에 도착한 시간은 오후 1시 10분이었다. 교회 탐방과 교인들을 격려하고 칭찬하는 데 많은 시간이 걸렸고, 점심을 먹는 것도 잊고 개척된 교회를 먼저 보기로 한 것이다.

깔리프 교회가 있는 곳은 상처가 많은 곳이다. 내전으로 인해 수많은 인명피해가 있었던 지역일 뿐 아니라 교회로 가는 곳에는 아픔의 간판이 세워져 있었다. 내전 동안에 발생한 슬픔의 장소, 가슴으로 안고 가기에는 너무나 아픈 곳이다. 깔리프 지역 외에 더 많은 곳에 아픈 상처가 있는 곳에는 갈 수가 없다고 한다. 외국인의 방문을 허락하지 않을 뿐 아니라 정부에서 출입을 통제하기 때문이란다. 우리는 교회 탐방이 우선이었기 때문에 도로변에 있는 깔리프 교회로 들어갔다.

교회, 참 좋은 곳이다. 하나님을 예배하기 위한 준비가 잘되어 있었다. 강단에는 의자와 천으로 덮어 놓은 것과 탐탐 북이 있었다. 누군가 눈물로 기도하며 세운 흔적이 보인다.

깔리프 교회의 지붕은 양철이다. 양철은 강렬한 태양 빛이 비추면 열이 발생한다. 실내 온도는 뜨거워진다. 안도현의 양철지붕이 생각났다. 양철지붕은 단순하게 생각해서는 안 된다. 양철지붕을 삶으로 비추어 본 안도현의 상상이 훌륭해 보였다.

"나는 수없이 양철 지붕을 두드리는 빗방울이었으나 실은, 두드렸으나 스며들지 못하고 사라진 빗소리였으나 보이지 않기 때문에 더 절실한 사랑이 나에게도 있었다. 양철 지붕을 이해하려면 오래 빗소리를 들을 줄 알아야 한다. 맨 처음 양철 지붕을 얹을 때 날아가지 않으려고 몸에 가장 많이 못자국을 두른 양철이 그놈이 가장 많이 상처입고 가장 많이 녹슬어 그렁거린다는 것을 너는 눈치 채야 한다."

그렇다. 비가 내리는 날 수없이 내리치는 소리를 내는 것이 양철 지붕이다. 양철 지붕을 비추는 햇빛은 또 다른 편을 뜨겁게 달군다. 벽은 대나무를 엮어 만들었고, 안에서 찬양하고 설교하는 소리가 밖에서도 들린다. 교회가 방음장치를 잘한 것은 더더욱 아니다. 온 동네와 사람들이 교회에 오지 않아도 찬송과 설교를 들을 수 있다.

깔리프 교회는 양철 교회다. 양철 교회는 무척 더운 곳이다. 그런데도 교인들은 오전부터 우리 일행을 기다렸다고 한다. 교인들의 얼굴에는 지친 모습이 역력했다. 그럼에도 찬송과 춤으로 우리를 환영해 주었다.

내가 볼 때 깔리프 교회는 세 가지 특징을 가지고 있다. 하나는 지역변화 발전을 위한 경제 우위의 원천으로서 첫째 비용절감을 위한 교회 시설이었다. 교회에서 지출되는 제반경비와 투자에 대한 것을 소중하게 여기는 태도가 역력했다. 둘째는 행동지향(bias to action)이었다. 교인들은 교회를 개척하고 매주 전도하는 일을 게을리 하지 않았다. 셋째, 섬김의 자세였다. 서로서로 협력하는 모습이 보였다. 이런 그들에게 꿈은 현실로 이루어질 것 같아 보였다. 야심찬 전도와 열정이 넘치는 교인들로 하여금 새로운 교회문화와 지역개발을 창출하는 곳이기 때문이다.

7) 이틀 만에 먹는 맛난 점심

사람은 식사를 같이 해야 정이 든다. 음식을 같이 먹는다는 것은 서로가 인연이 있다는 것을 의미한다. 수많은 사람들 가운데 함께 식탁에 앉아 밥을 먹는다는 것이 마음을 끈다. 음식을 나누면서 사람을 알게 된다. 음식을 만든 사람도 알게 되고 먹는 사람도 알게 된다. 그래서 음식은 마음을 움직인다.

옛 어른들은 "음식은 정성이고 사랑이다."라고 말했다. 백성철 목사님과 나는 점심 먹는 시간을 기다렸다. 음식 종류는 상관이 없다. 그저 식탁에 앉아 현지 음식을 먹는다는 기대감이 더 컸다.

에벤에셀 교회 목사님 댁에서 점심 식사를 대접한다는 소식에 놀랐다. 지금껏 방문한 교회에서는 점심 식사 이야기가 없었는데 아비에 목사님 사택에서 식사를 한다고! 놀라운 일이다. 목사님 사택에서 점심 식사 대접하는 것이 가장 큰 대접이라고 생각했는지 모른다.

깔리프 교회에서 곧바로 목사님 사택으로 우르르 몰려갔다. 거실로 가서 잠시 쉬었다가 식탁이 마련된 뒷마당으로 갔다. 긴 식탁 위에 놓인 음식은 전통적인 아프리카 음식이다. 하얀 밥에 닭고기와 스프는 입맛을 돋우는 냄새가 풍겨 나왔다. 식사 메뉴는 쳅(밥), 알로꼬바난, 부아송(생선튀김), 스프, 아제께(카사바) 등이다. 보기만 해도 배가 불러 온다.

아프리카 사람들은 흰 접시에 밥과 스프, 각종 요리를 담아 먹는다. 한국에서처럼 뷔페식 음식을 좋아한다고 보면 된다. 어쨌든 현지인이 외국인을 집으로 식사 초대한 것은 특이한 일이다.

아프리카에서의 식사문화가 그렇게 중요하다는 것은 나중에 알았다. 식사 초대는 상대방에 대한 신뢰인 동시에 존경의 표시인 것 같다. 자신과의 인간관계가 가장 좋을 때 식사를 초대한다는 것을 늦게 서야 알았다. 백성철 목사 덕분에 현지인 집(목사 사택)에서 식사를 하는 영광을 누렸으니 감동일 뿐이다. 어느 누구도 쉽게 방문할 수 없는 집에서 점심을 함께 했다는 것만으로도 복이었다.

두에꾸에서 귀한 손님 대접을 받았다. 현지인 집에서 식사 초대의 중요성을 경험한 것은 그 시간과 공간에서만 작용하는 어떤 우주적인 힘이 아니라 온 세계를 창조하신 하나님의 은혜였다. "오늘 식사 맛이 좋았나요?" 라는 질문을 한다면 이렇게 대답할 수 있다.

"네, 제 마음을 끄는 음식이었습니다."
"그날 식사는 정말 잊을 수 없는 소중한 시간이었습니다."
"한 사람의 좋은 관계가 다른 사람까지 경험되는 시간이었습니다."

식사는 바로 인간관계였다. 여행하는 인간에게 한 끼의 식사는 서로를 기억하고 사랑해 줄 수 있는 인간이 존재하기에 더 이상 차갑고 무의미한 일은 아닌 것 같다. 문화와 환경은 서로가 달라도 그리스도 안에서 함께 사는 모든 이에게 던질 수 있는 것은 '사랑'이었다.

두에꾸에 아비에 목사님 댁의 식사는 꿀맛이었다. 생명공동체를 나누는 시간이었다. 식사가 주는 효능, 대자연의 섭리를 이해하는 기회가 되었다.

아비에 목사의 집에서 나오는 오후 시간은 뜨거웠다. 길을 걷는 사람들이 쳐다본다. 우리가 타는 차량 앞에 돼지 몇 마리가 오고 가면서 먹을 것을 찾아다닌다. 아프리카에서는 돼지를 방목해서 키운다. 그런 돼지라 그런지 맛이 좋다고 한다. 돼지들이 먹을 것을 찾아 멀리 가는 것을 보면서 기글로 교회로 가기 위해 출발을 서둘렀다.

8) 기글로 교회(Guiglo Church) 탐방

오늘 나는 복을 받은 사람처럼 기분이 좋았다. 이른 아침부터 많은 것을 보고 배울 수 있는 기회라서 그렇다. 사람을 만난다는 것이 생명공동체의 앞날을 생각하는 것임을 느꼈다. 오늘 만난 분들과는 누구와도 다른 것은 연속성(continuity), 그리고 지속가능성(sustainability)이다. 목회를 한 곳에서 오래 동안 하려면 영력(靈力)과 인간관계가 필요했다. 훌륭한 목회 현장을 유지하려면 목회자의 영적 상태가 건강해야 한다. 교회가 건강하려면 주변에 좋은 인재들이 많아야 한다. 교회가 부흥하려면 결국 목회자가 교인들의 영적 성장을 위해 신경을 써야 한다는 사실을 천천히 깨달았다.

아비에 목사는 교회 개척을 위해 두에꾸에 도시 인근을 찾아 다녔다. 내전과 전쟁으로 고통을 겪었던 지역을 찾아다니면서 치유가 있는 교회를 설립하기 위해서였다. 가장 가슴 아픈 곳, 영적 사막화가 되는 것을 내버려 둘 수 없어 교회를 개척했다. 우선 사역자를 선발했고, 교회 개척 장소로 사역자를 파송했다.

기글로 교회의 전도사는 다디에였다. 그는 젊고 사명감과 열정이 있었다. 교회는 건물이 없어 나사렛 고등학교 강의실을 임대했다. 강의실을 교회로 사용할 수 있도록 한 것은 교장 선생님의 배려가 컸다고 들었다.

기글로 교회에는 어른과 아이들 모두 40여 명이 모였다. 주일에는 더 많은 교인들이 모여 하나님을 찬미한다. 교회 주변에는 큰 가톨릭 성당과 모스크 사원도 있다. 그러나 개신교회의 활동은 미미해서 어려움이 많다고 들었다. 이런 곳에서는 중세 교회처럼 멋지게 세워져야 한다. 교회를 개척해야 된다는 두에꾸에 에벤에셀 교회 아비예 목사의 원칙과 선교사적 접근방식이 기글로 교회를 세우게 되었다. 그는 기글로 교회의 비전을 이렇게 말했다.

"현재 기글로 교회가 학교를 임대해 예배하고 있습니다. 그러나 3년이 지나면 교회 건축을 시작하려 합니다. 이 일을 위해서는 땅을 매입하는 일이 우선입니다. 본 교회와 성도들이 온 힘을 다해 전도하여 한 생명을 구원하는 장소로 삼을 것입니다."

기글로 교회는 희망이 있다. 개척자 정신을 가진 아비예 목사와 다디에(Dadie) 전도사의 열정 때문이다. 그들은 개척자 정신을 강화하는 것과 약화시키는 것이 무엇인가를 안다. 이들은 교회에 종사하는 목적을 분명히 아는 자들이고, 우리의 사명에서 개인적으로 활력을 느끼고, 주변 동료들 역시 그것으로 고무된다고 생각하는 면이 있다. 기글로 교회는 타종교와의 차별화를 이룰 수 있는 컨셉과 '하나님 나라 선점을 위한 선도자 지위'와 '교회가 어떻게 하면 성장할 수 있는 모델'을 보유하고 있다. 또한 지역의 아픔의 역사를 하나님의 말씀으로 위로하고 격려하면서 영혼 구원에 장기적인 초점을 맞춘다. 기글로 지역의 급격한 변화를 수용하고, 타종교보다 열정적으로 전도하는 일에 앞장서고 있다. 이것이 개척자 정신이고 주의의식이다. 그뿐인가 기글로 교회는 헌금을 아껴 쓰고 비용을 절감하는 데 예리하게 집중한다. 단 한 푼도 성직자 개인의 것으로 여기지 않고 '하나님의 나라와 의'를 위하여 쓰려고 한다. 이러한 것들이 기글로 교회 개척의 원동력이 되고 있음을 느꼈다.

기글로 교회는 우리를 기쁨으로 환대해 주었다. 더운 열기가 나는 교실에서 환영의 노래를 불러 주었고, 강단에는 물과 콜라와 사이다, 티슈 등을 준비해 놓았다. 섬김을 아는 교회, 사명적 열의, 일에 대해 책임을 지는 주인의식이 돋보였다. 이 모든 과정을 보면서 하나님의 은혜를 받으면 일에 대한 집중으로 성장을 동반하게 된다. 교회가 성장하려면 임계점에 도달해야 되고, 성도의 수가 증가하려면 지역인재를 확보해야 하며 교인들에게는 복음과 사회적 책임을 제공해 주어야 한다. 기글로 교회의 성장 가능성이 얼마든지 있어 보였다. 에벤에셀 교회가 교회 개척에 대한 자긍심을 가졌기 때문이다.

그런데 교회에서 예배와 환영식을 마치고 교실 앞에서 모두 함께 기념촬영을 했다. 뜨거운 태양빛을 받으면서 사진을 찍고 곧바로 숙소로 가기 위해 이동을 했다. 오늘은 새벽부터 오후 4시가 될 때까지 열심히 사역현장을 돌아본 것 같다.

9) 기글로 교회 개척 이야기

교회 건물이 없는 기글로 교회를 방문하고 나오는 길에 기글로에 관한 이야기를 들을 수 있었다. 기글로 교회가 설립된 과정과 과거의 역사에 대한 설명을 들으면서 마음이 무거웠고, 힘이 들었다. 그렇지만 기글로로 가면서 들은 이야기는 뼈아픈 내용들이 더 많았다.

"교수님, 기글로는 두에꾸에 도시보다 큽니다. 치안도 안정되어 있습니다. 지역을 담당하는 지역사령관도 있습니다. 미래지향적으로 보면 도시교회로서 역할이 기대되기도 합니다. 기글로에 교회 개척이 이루어진 것은 교회 중진들의 역할이 컸습니다. 그런 가운데 교회가 개척된 지 3개월 밖에 되지 않았지만 지속적으로 성장 가능성이 있습니다. 사실, 기글로 교회를 개척하기 전에 우리는 440명 교인에게 세례식을 하기도 했습니다 (2009-2016년). 세례를 받은 교인이 이곳으로 이주하면서 교회 개척이 이루어졌습니다. 교회가 개척되도록 도와준 분들이 있습니다. 나사렛고등학교의 교장선생님, 수학을 가르치는 에벤에벤 교회 집사 등의 역할이 컸습니다. 거기다가 교회에 출석하는 교인들의 삶이 변화되고 많은 사람들에게 영향을 주게 되자 이를 보고 교회로 출석한 사람들이 많아졌습니다. 교회는 어느 한 사람의 헌신도 중요하지만, 이 곳은 서로가 돕겠다는 정신이 강해지면서 출발을 하게 되었습니다."

기글로 교회의 출발과정과 현재 진행되고 있는 상황은 오직 믿음에 의한 것이다. 누군가 우리를 위해 기도해 주고, 협력해 주는 것만으로 충분하다. 이에 백성철 목사는 코트디부아르 교회 개척의 당위성을 말한다.

"교수님, 지금이 코트디부아르 전 지역에서 교회 개척을 할 수 있는 최고의 기회이며 동시에 최고의 선교전략입니다. 오늘날 많은 사역자들이 교회 개척을 두려워하기 때문에 학교, NGO단체에 관심을 갖습니다. 이런 형태의 선교사역으로는 교회 개척이 될 수 없습니다."

백성철 목사의 교회 개척에 대한 사명은 확실했다. 왜 그랬을까. 교회는 세상의 다른 단체와 다르다는 입장이다. 교회는 '예수를 구주로 믿는 순간에 하나님의 자녀가 되는 큰 권세를 가진 자'(요 1:12)라서 그렇다고 말한다. 온 성도들이 지상에서 열심히 일하다가 천국에서 만날 수 있다는 비전을 갖고 하나님의 나라를 확장해 나가야 한다. 어찌됐든 기글로 교회가 '하나님께서 세우신 교회로서 땅을 구입하고 아름다운 성전을 건축하길 빈다.'

는 총회장의 격려는 힘이 되었다.

코트디부아르에서 교회 개척의 빈도수가 높아지고 있는 반면에 걱정스러운 것이 있다면 사역자의 부족이다. 정규신학교보다는 비정규신학교가 많고 목회자의 성경관, 신관(神觀)이 약한 것도 고민이다. 교회 성장에는 좋은 면도 있지만 내부적인 문제도 있다. 젊고 열정이 있는 사역자들이 노력하여 세웠던 교회가 든든히 세워져가야 하는데 다음 세대가 제대로 세워지지 않으면 교회의 규모와 인정, 경험, 능력, 자본을 비롯한 분야의 성장장애의 원인이 될 수 있다. 이는 놀랄 일이 아니다. 교회가 성장하면 복잡성이 증가하고 성장을 지속해야 할 민첩성과 유연성이 상실되기 때문이다. 크리스 주크(Chris Zook)와 제임스 앨런(James Allen)의 책 "Forunder's Mentality"〈창업자정신〉에 "나이가 들어서 몸이 굳은 게 아니에요. 몸이 굳으면 그때부터 나이가 드는 겁니다."라는 말이 떠오른다. 이런 현상이 일어나지 않도록 끊임없는 경건생활(딤전 4:5), 시대를 통찰하는 능력(롬 12:1-2)으로 자기를 잘 관리해야 할 필요가 있다. 사실 선교는 자기관리에서 시작된다.

교회를 개척한 후 내부적인 위기와 외부적 도전은 항상 있어 왔다. 내부적으로 다음 성장 단계의 물결을 막거나 성장 추세를 뒤집어 버리는 일이 발생할 수 있다. 반대로 정치적·종교적 요소로 교회성장 모델에 타격을 줄 수도 있다.

지금까지의 경험으로 볼 때 교회성장의 외부적 문제보다는 내부적 문제에 기인하는데 적응력, 신속한 의사결정과 행동, 새로운 아이디어의 수용, 비용절감, 성도들의 필요를 채우지 못하는데서 비롯된다. 특히 목회자는 하나의 생각에 치우쳐 성도들의 의견을 수렴하지 못할 때가 많다. 이러한 요인들을 데이터로 정리한 후 신속하게 데이터화하고 고칠 필요가 있음을 놓고 필요 없는 고민을 했다.

10) 기글로와 두에꾸에 지역의 슬픈 역사

나는 아비장에서 잠시 머무는 동안, 그리고 다나네로 가는 도중에 두에꾸에와 관련된 이야기를 많이 들었다. 기글로에서 두에꾸에로 들어가는 길은 한산하기만 했다. 뜨거운 햇살을 받으면서 오던 길을 되돌아가는 동안 내전동안에 일어난 이야기들은 마음을 무겁게 했다.

2010년 10월, 기글로와 두에꾸에는 한국 여미래(여성이 여는 미래)의 자원봉사자들이 방문한 곳 가운데 하나다. 이들은 25일 동안 코트디부아르에서 말라리아 감염예방을 막기 위해 말라리아 감염판별용기(소형) 7천 개를 전달한 곳이다. 첫날 기글로 지역에서 봉사활동을 할 때는 총무처장관과 주지사도 동행하였는데, 임산부를 비롯한 3천 명의 아이들이 모기장과 연필을 받으려고 뜨거운 태양 아래에서 몇 시간 동안을 기다렸다. 당시만 해도 다나네 지역에는 반군단체가 장악을 하고 있어 봉사활동 자체가 어려웠다고 한다.

한국 봉사단들이 다녀간 기글로와 다나네 지역은 정치적 폭력에 대한 두려움 속에 라이베리아에 입국하는 코트디부아르 난민들이 많아 국제적 뉴스가 되기도 했다. 2010년 12월 말에는 코트디부아르에서 라이베리아 국경을 넘는 난민들 대부분은 다나네(Danane)와 기글로(Guiglo) 마을 사이에 있는 촌락들에서 총 15,120명의 난민들이 등록했고, 그 사이에 새로 등록한 난민의 수가 무려 4천 명이나 되었다.

대부분의 난민들은 여성들과 아동이며, 62%가 18세 이하이다. 난민들 중에는 알라산 와타라(Alassane Outtara)와 로랑 그바그보(Laurent Gbagbo) 대통령 지지자들이 섞여 있었다. 코트디부아르 난민들은 정치적 상태가 내전으로 이어질 것에 대한 두려움으로 도망친 것이다. 유엔난민기구 보도에 따르면 라이베리아를 향한 코트디부아르 난민들의 행렬은 11월 29일부터 계속되었으며, 그들 대부분은 리그베플로, 투오플로, 두플로, 그비다플로, 그빈타 지역과 다나네, 기글로 마을 사이에 위치한 빌라지 출신들이 3만 명이나 되었다.

당시의 코트디부아르 상황은 도시와 촌락 모두 불안정한 정치로 고향을 떠나야 하는 사람들로 북적댔다. 코트디부아르의 아비장에서 약 70~100만 명의 실향민이 발생하기도 했고, 집을 탈출할 수 밖에 없는 이들은 대부분, 아보보(Abobo), 아자메(Adjame), 윌리엄스빌(Williamsville), 요푸공(Yopougon) 지구의 주민들이다. 이곳은 주민들이 가장 많이 밀집된 곳으로서 집을 떠나야만 했다.

2010년 11월의 대통령 선거에서 모두 승리를 주장하는 로랑 그바그보(Laurent Gbagbo), 알라산 와타라(Alassane Ouattara) 두 후보를 지지하는 각 세력 간의 무력충돌이 전면적으로 확대되면서 불안감이 증폭되면서 아비장과 각 지역에서 실향민이 급증하였고, 폭력사태로 450명 이상의 사람들이 목숨을 잃기도 했다. 아비장을 비롯한 서부 지역 주민들의 불안감은 더욱 심화되어 있는 상황에서 지난 10년간의 대통령직에 있었던 그바그보가 내려오기를 거부하는 지지세력과 무장 세력에 가담하는 수천 명의 젊은 이들이 응답하면서 폭력사태는 격화되었다. 난민들은 유엔난민기구 직원들에게 "그들의 폭력사태에 휘말리거나 유탄으로 죽임을 당할 것 같아 두렵다"고 전했다. 폭력사태로 인한 은행과 기업들의 파업과 그로 인한 실업률의 증가로 경제적으로 더 이상 버티기 힘들어 탈출사태가 속출하게 되었다. 식량의 가격 상승과 시장경제가 거의 마비된 상황에서 남부 라이베리아에 위치한 즈웨드루(Zwefru) 마을 정글길로 향하는 사람들이 몰려들었다. 유엔난민기구의 브리핑에 의하면 코트디부아르의 난민사태는 계속 이어지고 있다고 보도한다.

"코트디부아르 서부에서는 무장한 대치 세력이 확대되고 있어 추가적인 실향민들이 발생하고 있다. 사람들은 블로레킨(Blolequin), 기글로(Guiglo), 두에꾸에(Duekoue), 투레플루(Tooulepleu)의 마을로 탈출하고 있다. 블로레킨과 기글로 사이의 작전 지대 지역에는 용병들과 신원 불명의 무장세력에 의한 약탈, 성폭행, 민간의 살해 등이 대거 발생하고 있다. 수요일 기글로에서는 AK-47자동 소총을 소지한 신원 불명의 남자들에 의해 유엔난민기구 사무소가 도난을 당하기도 했다. …코트디부아르의 정치적 긴장이 악화된 2011년 2월 24일 이후로 그들 중 3분의 2 이상의 사람들이 등록된 것으로 알려졌다. …일부는 라이베리아로 들어가는 카발리(Cavally) 가을 건너던 중 배가 뒤집혀 익사했다. 그 사고에서 살아남은 한 18세 여성에 의하면, 성인 남성 2명, 여성 1명과 그녀의 아이가 있었다. 한 남자 아이는 말라리아와 극심한 호흡기 감염으로 희생되었고, 살아남은 아이도 이미 병을 앓고 있었다."

당시 코트디부아르의 정치적 불안정으로 고국과 마을을 떠난 난민과 폭력사태에 의해 희생당한 사람들이 주로 서부지역에서 발생했다. 이들의 고통스런 난민행렬은 언제 끝이 날찌 모르는 상황이라 했다. 설령 고향 집이나 혹은 거주하는 곳에 머물러 있다 해도 약탈과 폭행으로 견딜 수 없었다는 것이다.

아비장, 코트디부아르에서는 시간이 흐를수록 불안감이 고조되면서 대피 인원이 급증했다. 시민들 대부분은 아비장에 닥칠 공격을 우려해 미리 탈출하는 사태가 벌어졌다. 알라산 와타라 대통령 후보를 지지하는 무장세력이 코트디부아르 서부, 중부, 동부 마을을 장악했다는 소식에 많은 사람들이 아비장 탈출을 시도한 것이다. 특히 요푸공 지역에서 무장한 청년

무리가 고향을 탈출할 수 밖에 없던 사람들을 돌보아 주던 일가족을 살해하는 일도 발생했다. 2011년 코트디부아르의 폭력 사태와 광범위한 인권유린, 전쟁에 대한 공포로 100만 명 이상이 아비장을 떠났다. 특히 와타라 대통령 당선자 지지 세력에 의해 장악되었던 두에꾸에 지역에서 발발한 2일간의 교전으로 약 5만 명의 실향민들이 발생하기도 했다. 당시 두에꾸에 도시 안에 있던 가톨릭교회로 피신하기도 했다. 그 가운데 1만여 명은 복음주의(Evangelical)교회에 피신함으로 생명을 유지하기도 했다.

서부지역에서 치안이 불안한 상황에서 보다 안전한 지역으로 피신하는 자들이 많았다. 두에꾸에보다는 비교적 안전하다는 망(man)과 다나네(Danane)로 피신했다 한다. 망 지역이나 다나네 병원에서 두에꾸에와 기글로, 그리고 그 외 불안정한 지역에서 피신해 온 부상자들로 북적댔다.

두에꾸에와 기글로의 슬픈 역사를 듣고 있을 때 코트디부아르의 운명을 생각해 보게 된다. 내전과 폭력, 정치적 불안의 나라에서 행복해 질 수 있는 유일한 길은 '복음'을 통한 길 외에는 없다는 생각뿐이다.

그것만이 아니다. 두에꾸에는 3천 명의 인명피해가 난 곳으로 유명하다. 깔리프 마을로 가는 도로변과 마을에는 각 300명 이상의 사람이 죽은 것으로 알려져 있다. 이곳은 죽어 있지만 살아 있는 것처럼 말해 주는 작은 간판만이 덩그러니 서 있다. 깔리프 마을에는 무성한 풀만 자라 있고, 그 곳에는 무덤처럼 되어 있다. 누구도 살 수 없는 곳이다. 2012년 11월, 두에꾸에 지역에서 시신이 추가 발견되었다는 뉴스가 이를 증명한다.

2011년 7월 두에꾸에의 나히블리(Nahibly) 난민촌 습격 사건으로 다사 사망자 및 난민촌이 불타는 사건이 발생했다. 그 후 10월 11일 동 지역에서 신원을 알 수 없는 6구의 시신이 발견되었다. 사건 발생 이후 실종된 사람이 10여 명 더 있다는 주민의 증언에 의해, 시신이 암매장된 주변 10여 곳과 우물 주변에 대한 재조사를 벌이고 있다.

그 외에 더 많은 슬픈 기억들이 있다. 3천 명의 인명피해를 입은 두에꾸에는 지금도 사람들의 마음속에 슬픈 역사를 놓고 조심스럽게 말한다. 누구도 이 역사의 흔적을 부정할 수 없다. 이러한 아픔과 슬픔의 역사가 있는 기글로와 두에꾸에의 희망은 복음뿐이다. 복음만이 생명을 주고 아픈 상처를 치료할 수 있을 뿐이다.

그렇다. 교회가 할 수 있는 유일한 길은 현장의 목소리를 듣고 그 목소리에 귀를 기울여야 한다. 그리고 지도자들은 백성에 대한 책임의식이 있어야 하고 재능을 갖춘 인재 양성을 통해 국가 발전의 새로운 지평을 여는 것만이 새로운 코트디부아르의 변화와 발전을 이룰 수 있다.

11) 컴플렉스 호텔(complexe hôtelier)

두에꾸에와 기글로 사역을 마치고 컴플렉스 호텔로 갔다. 두에꾸에 시내에서 조금 떨어진 곳에 있는 작은 호텔이다. 호텔은 단층으로 지어져 있고, 아름다운 정원, 호텔 건물마다 있는 코트디부아르 종족과 문화를 담은 벽화가 이색적이었다. 호텔 방은 각 도시 혹은 지명을 붙인 것이 특이했다.

나는 두에꾸에(Duekoue) 방에 거하게 됐다. 방은 1층이어서 습기가 있지만 나름대로 깨끗한 편이었다. 호텔에서 잠시 쉬려고 하는데 장대비가 쏟아졌다. 갑자기 내리는 빗소리 때문에 낮잠을 잘 수 없을 정도다. 나는 비가 내린다고 생각하고 아무 일도 할 수 없게 되자 겉옷 세탁을 시작했다. 선교지 탐방을 할 때마다 겉옷은 저녁에 빨아서 말리고, 다음날 다른 옷으로 입었다. 나의 겉옷 세탁이 끝나자 장대비는 멈췄다. 아프리카는 갑자기 내리는 비와 강렬한 태양 빛이 특징이다. 비가 내릴 때는 나무 밑이나 교각, 처마 밑에 머물렀다 가면 된다.

컴플렉스 호텔은 매우 특이한 곳이다. 두 개 동을 건너면 레스토랑이 있다. 레스토랑은 야외에 만들어졌고, 코트디부아르 전통 빌라지 모습을 본따 지었다. 우리네 방식으로 보면 원두막보다는 조금 나은 것이지만 자신들의 문화와 특성을 살리고 있다. 각 레스토랑에는 각 종족별 마스크(Mask, 가면)가 있다. 마스크는 말리, 니제르, 부르키나파소 등지에서 전승된 것도 있지만 종족별 특징을 담고 있어 인류학을 연구하는 데 도움이 될 것 같다.

컴플렉스 호텔, 이곳을 정하게 된 것은 에벤에셀 교회의 담임목사와 교인이 근무한다는 것 때문이었다. 호텔 비용은 1인당 30$이다. 하루 밤을 지내는데 30$ 정도면 부담없는 금액이다. 그런데 놀라운 것은 침대에서 잠을 자고 나오려 하자 지네(centipede) 한 마리가 뒤집어 진 상태로 있지 않는가. 무척 놀랐다. 어떻게 내 방에 지네가 들어왔는지 궁금했다. 아마도 1층이기 때문에 장맛비를 피해 들어온 것 같다.

나는 실내에 있는 슬리퍼로 지네를 향해 힘껏 내리쳤다. 지네는 꼬리를 흔들면서 둥그런 원을 만들었다. 지네를 향해 슬리퍼를 힘껏 내리쳤는데 죽지 않고 꿈틀거렸다. 슬리퍼를 두 번째 내리치고 싶었지만 참았다. 그것도 생물이니까.

나는 호텔에서 잠시 동안 쉬었다. 비가 그치자 곧바로 교회로 갔다. 수요일 저녁예배가 있어서 그랬다. 수요예배는 전통적인 예배 형식이지만 철저하게 기도와 말씀 중심의 교회였음을 볼 수 있었다.

12) 미장원을 운영하시는 사모님

성직은 신성한 것이다. 성직자의 가족은 세속적 직업을 갖지 않아야 한다는 것이 보편적이다. 그럼에도 최근에는 성직자들의 이중직에 대한 이야기가 분분하다. 신학대학원생들 대부분은 성직자의 이중직에 긍정적이다. 성직자의 가정과 삶도 중요하다는 것이 신학대학원 학생들의 공통적인 입장이다. 이는 한국교회의 현실을 대변해주는 이야기이지만 제3세계 교회도 별반 차이는 없다.

아프리카의 경우 목회자의 이중직에 대한 편애가 별로 없다. 내가 만난 두에꾸에 에벤에셀 교회의 목회자 부인도 미용에 종사한다고 들었다. 그래서 목회자 부인은 돈이 있다고 말한다. 돈이 있는 목회자는 교인들에게 큰 부담이 되지 않는다.

아프리카에서 목회사역의 직업은 효율성, 삶을 구성하는 일에 문제가 없다고 생각한다. 고대인들과 현대인들의 문화적 차이가 이런데 있지 않는가. 목회자도 자유로워야 한다는 것이 아프리카인의 생각이다. 목회자도 신성함이 중요하지만 개인의 낭만적인 삶도 소중하다는 이야기다.

목회자의 사모가 직장을 갖는 것에 대하여 아프리카인들은 별 생각을 하지 않는다. 직장은 전도의 장소이고, 사람들의 문화를 아는 곳이라 그렇다. 누가 무어라 해도 사람 사는 이야기를 가장 많이 들을 수 있고, 상담할 수 있다. 사람 모두가 상처 속에 살고 있는데 그런 상처를 모두가 털어놓고 이야기할 수 있는 공간이 미장원이 아닐까 싶다.

목회자의 아내로서 담임목사와 함께 성도들을 돌보는 것이 당연하다. 하지만 이곳 상황은 좀 다른 것 같다. 미장원을 통해 말씀사역도 하면서 지역주민을 위한 돌봄도 곁들인다. 그는 가슴 뜨겁고 말씀을 사랑하는 비즈니스 선교사였다. 그는 아프리카의 진정한 실상에 대해 잘 아는 자였다. 그는 나에게 몇 가지 사실들을 들려주는 것 같았다. "유엔이나 NGO가 도와야 할 사람은 소수에 불과합니다. 나머지 주민들의 심리상태와 영적인 부분은 제 몫입니다. 문제는 두에꾸에와 기글로 지역의 영적 기근입니다.

이곳에 예수 그리스도의 계절이 속히 오기를 기다릴 뿐입니다." 그리고 "어서 와 주세요. 우리는 하나님의 말씀이 필요합니다. 건너와 말씀을 전해 주세요."라는 현장 목회자 아내의 생생한 음성이 들리는 것 같다.

13) 진짜 목회자

두에꾸에 목사인 아비예는 진짜 목사다. 그럼 다른 지역의 목사는 모두는 가짜란 말인가. 그런 뜻이 아니다. 그는 하나님의 일을 하기 전에 원칙을 세워 놓고 목회를 시작했기 때문이다.

첫째, 외국 선교사의 도움을 받아 예배당을 짓거나 프로젝트를 하지 않는다.

둘째, 현지인을 전도하고 그들을 양육하여 하나님 나라 확장에만 신경을 쓴다.

셋째, 생명 살리는 목회사역을 통하여 지역 복음화에 전력한다.

이상과 같은 목회철학은 입태시 신학교 교장 백성철 목사로부터 훈련을 받을 때 귀가 따갑도록 들은 것 같다. 그는 이를 실천하겠다고 다짐했고 그 원칙을 지키고 있다. 참으로 훌륭한 목회자다. 진짜 목사였다. 보편적으로 아프리카 교회는 정체되어 있거나 목회자들은 세속화된 경우가 많다.

그러나 아비예 목사는 한국인 선교사로부터 훈련을 받아서 그런지 소명이 확실하다. 그는 입태시 신학교에 2006년도 입학하면서 3년 동안 수석으로 공부한 수재(秀才)였다. 신학교를 졸업할 당시에도 당연히 수석(首席)으로 졸업을 했다. 그는 졸업하기 전(3학년)에는 하나님께 금식으로 기도했다. 하나님께서 자신에게 사명을 주시기를 바라면서 금식으로 기도했다. 그런데 어느 날 "아비예, 너는 두에꾸에로 가라. 이곳에서 너의 할 일이 있다."라는 하나님의 음성을 듣게 되었다.

아비예 목사가 금식 기도하기 전에는 백성철 목사 부부는 앙데(Ande) 지역 사역을 권유받았다. 앙데는 아비장에서 203km나 떨어진 곳에 있다. 아비장에서 앙데는 먼 곳이지만 교회가 필요한 곳이다. 이런 지역으로 가기를 소망했지만 그는 하나님의 음성을 듣고 두에꾸에로 가게 되었다.

두에꾸에는 코트디부아르 정부가 안정적이지 않을 때 내전으로 가장 힘든 곳이었다. 당시 두에꾸에 상황은 가장 어려웠다. 서쪽 망 지역에서 반군이 차지한 후 두에꾸에로 진격하려 했지만 정부군의 바리케이트 및 방어로 진출을 못한 상태였다. 그런데 어느 날 새벽 3시 37분경에 망 지역에 있던 반군이 두에꾸에 지역에 있는 정부군을 향한 공격이 시작되었다. 정부군과 반군의 격전은 치열했고 오전 10시경에는 정부군이 방갈로까지 몰아내면서 두에꾸에는 혼돈에 빠지게 되었다.

이틀 후, 밤 11시가 되면서 갑자기 프랑스와 UN의 헬리콥터 두 대가 두에꾸에 하늘에 뜨면서 반군을 향해 공격이 시작되었다. UN군과 프랑스군이 두에꾸에 지역에 폭격을 하면서 정부군은 철수했다. 아비예 목사도 오전 10시경에 기글로 지역으로 도망을 했다. 두에꾸에 시에 있는 주민들은 모두가 절망했다. '수요일 날 정부군이 철수하면서 두에꾸에는 소망이 없다'면서 모두가 울기 시작했다.

두에꾸에 시에 정부군이 철수하자 다음 날(목요일) 반군이 도시로 진입했다. 반군이 두에꾸에로 진입하기 전에 정부에 대항하던 반군세력과 합세하면서 혼란에 빠지기 시작했다. 반군들은 집집마다 방문하면서 무슬림이냐? 아니면 기독교인이냐? 게라족이냐? 라고 질문한 후 게라족이거나 기독교인이면 무조건 학살하기 시작했다. 그때 기독교인들은 두에꾸에의 평화를 위하여 숨어서 기도하기 시작했고, 목회자들은 성도들의 안전을 위하여 기도했다.

정부군과 반군간의 치열한 전투는 코트디부아르 국민들에게는 비극이었다. 어느 목사는 내전 중에 다리 하나가 잘려 나가고 죽지 않은 것만 해도 기적이라면서 도와주기도 했다.

"2012년 1월 21일, 나는 이 날을 잊지 못한다. 그 날은 내 일생에 최악의 날이다. 우리 주변에는 게라족이 많이 산다. 게라족은 땅도 있고, 물질적으로 풍요로운 종족이다. 이들은 기독교인이 많은 편이다. 평화로운 마을에 반군이 쳐들어오면서 집을 잃게 되자 모두가 난민촌으로 피신했다. 그런데 반군들은 난민촌에 있는 310명을 죽였다. 난민촌에는 기독교인도 있었고, 목사는 성도들을 만나기 위해 방문했다. 당시 목사님 사택에는 87명의 성도들이 숨어서 지냈다."

게라족은 반군들이 진입하면서 고통을 겪었다. 식량이 없어 '기' 비서실장에게 전화를 걸어 식량을 공급받기도 했다. 반군들의 진입이 있은 후 식량을 공급받은 것은 축복이었다. 우리는 하나님을 향해 감사의 기도를 했다. 그런 가운데 어떤 사람이 게라족 추장을 찾아가 목사님께서 게라족들을 상당수 데리고 있다고 말을 했다. 그때 추장은 게라족을 보호하는 목사와 만나면서 많은 사람을 보호할 수 있게 되었다. 추장은 게라족이 흩어지도록 명령을 내렸고, 그 후 게라족은 모두가 흩어져 생활하게 되었다.

1월 21일 새벽 3시, 청년 3명이 집을 벗어나 밭으로 도망을 했다. 게라족이면 무조건 죽였기 때문에 도망하는 것이 사는 길이었다. 내전 중 가장 힘든 것은 게라족으로 산다는 것은 매우 위험했다. 두에꾸에 지역에 반군들이 진입했을 때 외국인과 다른 종족들은 게라족만 보면 신고를 했다. 반군들은 게라족을 죽이는 데 혈안이 되어 있었다.

왜, 반군들은 게라족과 기독교인을 죽였을까? 게라족은 재산이 많은 종족이었고 동시에 기독교인이었다. 정치적으로는 2011년 대통령이었던 그바그보가 게라족이었기 때문이다. 게라족이 농사를 짓는 땅은 매우 좋았다. 그들을 죽이면 모든 것이 자신들의 것이 된다고 생각을 했기 때문이다. 반군은 줄라족이었다. 현지인들은 상대방의 이름을 보면 게라족인지 줄라족인지 알 수 있다고 말한다.

A 목사도 두에꾸에를 천신만고 끝에 벗어났다. 그의 이야기를 들어보면 당시의 상황을 알 수 있다.

"제가 기글로 강의 다리를 건너려 하는데 이미 반군들이 통행을 금지하고 있었습니다. 이들 때문에 다리를 건너지 못하고 대신 어부의 나룻배로 강을 건너게 되었습니다. 기글로 강을 건너는 배를 반군이 볼 때 어부의 형제로 생각한 것 같습니다. 제가 탄 배를 향하여 총을 쏘거나 저희들을 죽이지 않았습니다. 어부의 덕분에 기글로 강을 무사히 건널 수 있었습니다. 그리고 기글로에서 겟사부까지 자동차로 가게 되었는데, 거리는 30km 정도 됩니다. 차에서 내린 후 다시 이시아 지역으로 가는 동안 반군들이 서북쪽에서 계속하여 남쪽으로 내려오고 있었습니다. 참 어려운 도망 길이었습니다. 사실 두에꾸에 지역에서 이시아까지의 거리는 80km나 됩니다. 저는 20시간이나 걸어서 이시아까지 왔습니다."

나는 A 목사의 경험담을 들으면서 가슴이 아팠다. 그리고 나의 마음에서는 눈물이 흘렀다. 누구도 알 수 없는 마음의 눈물은 쉬지 않고 흐르고 있었다. 이 분은 시대적 사명을 갖고 태어난 위대한 목회자이면서 지역을 사랑하는 자, 조국과 종족을 사랑하는 자라는 것을 느낄 수 있었다. 그는 과거를 회상하면서 눈물을 흘렸고, 때로는 흥분하기도 했다. 내전 당시의 상황이 워낙 좋지 않아 이야기하는 것이 부담스러웠는지 조심스럽게 말했다. 그가 이야기하는 동안 다시는 이 땅에서 전쟁이 일어나지 않았으면 좋겠다는 의지가 보였다. 그의 눈에는 "우리는 전쟁을 원하지 않습니다."라는 얼굴을 통해 표현되고 있었다.

그와 대화를 나눌 때 느낀 것은 이렇다. 성직자로서의 품위가 드러났고, 그의 얼굴에서는 역사의 한 장면이 흘러가는 것처럼 보였다. 그의 언어는 진지하면서 전쟁 경험의 모든 측면을 극명하게 말해주는 것처럼 보였다.

그가 말하는 내전은 증언(구전. 口傳)으로서 가치가 있었고, 당시의 상황을 묘사하고 이해하고 상상하는 정보의 주요 원천이 되었다. 그의 이야기에 대해 나는 반박할 마음도 없었다. 그렇다고 진실성이 없는 단순한 말도 아니었다. 그의 이야기는 사실적 경험을 그대로 표현한 것이 더 강하게 보였다. 그리고 그는 계속해서 전쟁의 참혹상을 이야기해 나갔다.

"저는 내전이 계속되는 상황에서 시골에서 시골로 도피했고, 4월 5일 목회자 모임에 참석할 수 없었습니다. 2개월 후인 6월에 있는 목회자 모임에는 참석하게 되었습니다. 그때 저는 입을 수 있는 옷도 없었습니다. 목회자 모임에 참석하여 티셔츠를 받아 입기도 했습니다. 목회자 모임에 참석할 당시는 완전히 패닉(panic) 상태였습니다. 그러니까 공포와 공황장애가 올 정도로 정신적 충격이 매우 컸습니다. 그런 가운데 목회자 모임에 참석했는데 여러 명이 패닉 상태에 있었습니다."

그의 이야기를 듣다 보면 목회자도 심한 충격을 받으면 공황장애에 이를 수 있음을 발견했다. 목회자가 믿음이 있어도 물리적 충격은 지치고 무방비한 상태가 될 수 있다. 그에게 지금 필요한 것은 위안(慰安)이다. 나는 그의 얼굴을 보았다.

"이제는 평안하게 살고 있다. 그러나 아직도 나의 마음에는 충격이 남아있다. 다시는 이러한 일(내전)이 발생하지 않기를 바랄뿐이다. 다시는 이러한 일 발생하지 않기를 바란다."

    그는 국가라는 특권집단의 내부와 그 너머를 생각하는 모습이 역력했다. 그리고 상처와 공포, 두려움에 있는 국민을 위한 참된 목회자가 되려는 결연한 의지가 보였다.

14) 깔레프 교회 주변의 슬픈 역사

    에벤에셀 교회 앞에는 소떼가 여유롭게 풀을 뜯고 있었다. 도로 옆에 있는 풀을 뜯는 소(牛)가 제일 행복해 보였다. 아프리카의 뜨거운 태양이지만 푸른 초원을 거닐면서 자유를 만끽하는 소 떼 옆을 벗어나 깔레프 교회로 갔다.

    깔레프 교회로 가는 길은 비좁았다. 주변의 집들은 전형적인 아프리카 민가였고, 길을 걷는 사람이 많았다. 버스나 택시를 탈 수 없는 사람들은 목적지까지 걸어서 간다. 대부분의 사람들이 길을 걷는 단 한 가지 이유는 돈이 없어서 그렇다. 교통비가 없어 차를 타지 못하고 길을 걷는 자가 많다. 언젠가 깔레프 지역 사람들 모두가 차를 타고 시장과 학교, 직장을 다니는 날이 다가올 것이라고 기대해 보았다.

    깔레프 교회로 가는 길은 비극과 슬픔, 종족간의 치열한 갈등이 있었던 곳이다. 과거 정부군과 반정부군의 치열한 전쟁과 인명피해가 있었다. 왜 이 지역에서 수많은 사람들이 죽었을까. 그 역사를 거슬러 올라가보면 이해가 될 것이지만 그 역사를 모두 소개하기는 어렵다. 다만 1947년 북동부의 주민들은 코트디부아르에서 오트볼타(Haute Volta, 현, 부르키나파소)를 분리하였다. 1957년에는 자치정부 수립권을 획득했고, 같은 해 북동부의 오트볼타도 자치정부를 수립했다. 1958년 프랑스령 서아프리카가 해체되면 오트볼타와 코트디부아르는 프랑스 공동체의 일원으로서 자치공화국이 되었다. 1959년 5월 코트디부아르는 프랑스령 베냉, 니제르, 부르키나파소와 함께 화합협의를 체결했다. 그 후 부르키나파소와 코트디부아르와의 불편한 관계는 계속되었고, 종족 간의 보이지 않는 갈등이 내전으로 확산되기에 이르렀다. 실제로는 종교가 다른 종족 간의 싸움이면서 동시에 정치적 권력 다툼이었다. 이러한 종족 간의 싸움은 국가적 혼란과 피해로 이어지면서 국민들의 고통은 커 갔다. 그의 이야기를 경청하는 동안 위기상황에서 기도했던 다윗이 생각났다.

  " 우리를 괴롭게 하신 날수대로와 우리가 화를 당한 연수대로 우리를 기쁘게 하소서"(시 90:15)

  하나님을 향한 호소, 더 이상 이 땅에 전쟁이 없게 해 주세요. 저들의 손을 잡아 주시면 좋겠다는 생각뿐이었고, 심연에서 흐르는 눈물을 억제하기 어려웠다. 고난과 위기상황에서 하나님을 향한 믿음을 잊지 않고 목회 사역에 전념하는 그의 눈에는 자신감이 있었다. 그는 이렇게 하나님을 향해 찬양하는 것처럼 보였다. "찬송하리로다 하나님 곧 우리 주 예수 그리스도의 아버지께서 그리스도 안에서 하늘에 속한 모든 신령한 복을 우리에게 주시되"(엡 1:3)의 말씀처럼 복 있는 자였다.

  작은 도시의 목회자인 그는 진짜 하나님을 만난 자였다. 그는 하나님을 인격적으로 만나 입으로 시인하고 증언하는 자였다. 그는 하나님을 만난 그 순간부터 죽는 날까지 찬송하며 이 길을 걷겠다고 말한다. 하늘의 신령한 복을 누리는 자였다. 그는 지금도 위대한 길을 걷고 있는 자였다. 어쩌다 길을 잃어버린 사람들을 위해 천국의 소망을 바라보면 희망이 있다고 권면하고 있다.

깔레프 교회 주변은 조용한 마을이다. 그러나 교회 뒤쪽 골목으로 100m만 들어가면 고통의 현장이 보존되어 있다. 깔레프 마을에 학살자가 300명이나 된다. 이들이 묻혀 있는 곳에서는 잡풀만 가득하고 철조망이 있고, 낡은 하얀색 간판이 역사를 말해 주고 있다. 그리고 깔레프 교회에서 두에꾸에 시내 방향 1km 근처에는 300명이나 학살된 장소가 있다. 그곳에는 작은 실개천과 늪지대이지만 내전 기간 동안에 죽은 자가 묻혀 있는 곳이라는 표지판이 있다.

두에꾸에 지역 외에 또 다른 장소에서 주민을 학살한 곳이 있지만 경찰이 있어 방문이 어렵다. 과거의 슬픔을 외부인에게 알리는 것 자체가 불필요하기 때문이다. 내전의 아픈 현장을 보면서 우리는 교회로 들어갔다. 교회는 작지만 뜨거웠고, 영적 민감성은 뛰어났다. 담임목회자의 영적 리더십과 교인들을 돌보는 자세가 세밀함이 돋보였다.

15) 두에꾸에 에벤에셀 교회의 교회 개척

에벤에셀 교회는 온 성도들이 지역복음화에 관심이 많다. 마태복음 28장 19-20절과 사도행전 1장 8절을 성취하기 위해 온 성도들의 기도와 헌신으로 주변에 2개의 교회를 개척했다. 교회 개척을 통하여 코트디부아르에 '푸르고 푸른 그리스도의 계절이 오도록 하자'는 것이 목표이다. 현재 세계인구 74억 가운데 한 축을 이루는 조국 땅에 복음의 깃발을 높이 들고 상처받은 영혼을 치료하고 구원하려는 의지가 강력하게 보였다. 나는 이러한 과정을 지켜보면서 몇 가지 느낌을 언급하고 싶다.

(1) 교회 개척은 숭고한 사명의식에서 시작된다

이른 아침부터 이동을 해서 그런지 약간 졸음이 찾아왔다. 여행은 쉬면서 즐거움을 누려야 하는 것이 목적이다. 하지만 우리는 여행보다는 교회 개척 현장을 눈으로 확인하고 격려하는 것이 목적이었다.

다나네에서 두에꾸에까지 탐방하는 동안 보고 느낀 것이 있다. 교회 개척은 철저하게 현지화가 중요했다. 목회 경험이 없는 전도사가 교회를 개척한다 해도 현지화는 필수적이고, 숭고한 사명이 제일 중요했다. 또 하나는 개척 교회는 목회자의 자세였다. 하나님을 향한 사모함과 말씀 묵상과 기도가 제일 중요했고, 목회에 대한 원칙과 목적에 대한 엄격하고 강력한 집중력임을 발견했다.

목회자가 숭고한 사명을 망각하면 수많은 영혼이 죽게 된다. 아니 교회의 생명력을 잃게 되는 비극을 가져오게 된다. 반면 교인들이 교회의 존재 목적을 올바로 인식하게 되면 교회성장은 순식간이라는 것도 발견했다.

2016년 선교현장 탐방은 '목회란 무엇인가. 교회 개척은 왜 필요한가'를 뼈저리게 경험하는 시간이었다. 교회 개척을 통한 선교는 '모든 민족을 그리스도에게로,' 인도하기 위해 성경을 가르치는 일이다. 교회 개척 초기부터 성경을 가르치는 일은 선교의 당면 목표가 된다. 그런데 아쉬움이 있다면 프랑스어 성경을 구입하는 것이 쉽지도 않을 뿐 아니라 가격이 높아 구입이 어렵다고 한다.

현지인들을 양육하고 세워가기 위해 가장 소중한 것은 성경을 주고, 그 말씀으로 복음을 전하도록 이끌어 주는 것이다. 그리고 하나님을 믿는 자들을 가르치는 것이 선교라 할 수 있다.

(2) 교회 개척은 가치, 행동방식, 삶의 원칙을 세워주는 일이다

아프리카에서 교회 개척의 초점은 전략적 명확성과 교회의 본질과 사명, 민간신앙과 개신교와의 문화충돌을 최소화하면서 영적으로 이끌어가는 것이라 할 수 있다. 그런데 아쉬움이 있다면 아프리카 교회 목회자의 권위주의는 대단하다. 이런 권위주의를 피하지 않으면 문제가 발생할 가능성이 높게 된다. 목회는 처음과 나중에까지 겸손하고 또 겸손해야 한다. 낮은 자리에서 섬기고, 성도들을 돌보는 일이다. 그런데 목회자로서 교회 개척을 하고 일반적인 교회에 동일한 모습을 갖는 것도 숭고한 사명을 상실한 것으로 보아야 한다.

하나님의 참된 교회로서 가치를 상승시키고 행동방식과 삶의 원칙을 세워주기를 원한다면 사명의식과 방향감각을 잃어버리지 않도록 조심해야 한다. 목적이 없는 목회를 하거나 교회 개척에 심혈을 기울인다면 그저 그런 또 하나의 교회로 전락하도록 만드는 것이 된다. 이는 교회의 비극일 뿐이다.

목회자는 교인들에게 교회 개척의 소중함을 가르쳐 주기 위해서는 몇 가지 중요한 사항이 있다. 첫째, 커뮤니케이션 라인이 필요하고, 개척자 정신의 힘이 있어야 한다. 둘째, 현장의 소리를 듣는 자세, 영적인 감각이 쇠퇴하지 않도록 하기 위해 지속적인 영력 개발에 초점을 맞추어야 한다. 셋째, 목회 역량 개발을 위한 핵심원칙을 지키면서 성도들의 필요에 대한 초점이 무엇인가를 유지하는 일이다. 넷째, 온 성도들이 교회 사역에 동참하도록 하면서 만족도, 온 성도들의 충성도의 척도를 도입하여 실행하는 일이다. 이 같은 사항들은 초기 개척교회가 지녀야 할 필수 사항들이다. 좀 더 말하면 교회의 규모를 키우면서도 모두의 즐거움을 갖는 방법이다.

(3) 교회성장은 집단적 노력이 있을 때 성장한다

코트디부아르는 카카오가 많이 생산되는 곳이다. 이런 농장에서는 개인적인 노동력보다는 집단적 노동력이 강화될 때 일의 성취가 높게 나타난다. 마찬가지로 교회 역시 목회자 한 개인의 노력보다는 교회의 중직자와 온 성도들이 집단적으로 노력을 할 때 효과는 가능성이 높아지게 된다.

전도는 집중적으로 실행할 때 효과가 있다. 전도의 열매가 있던 없던 쉬지 않고 사람을 만나 복음을 제시하면 성령의 역사로 인해 새로운 신자를 얻게 된다. 그리고 교회가 지향하는 바를 명확하게 정의해야 하고 교회 구성원 모두가 사명을 갖는 일이다. 사명을 발견한 성도들은 미전도종족과 동네 사람들을 어떻게 대하는지 또 교회 문화는 어떠해야 하는가 등을 명료하게 알려줄 필요가 있다.

교회란 무엇인가. 초신자 영접방법과 교육에 대한 우리의 시각 등을 교회의 입장에서 정리해야 한다. 그러한 자료를 갖고 사역자와 중직자들이 낭독하고 긍정적 반응을 하도록 이끌어 줄 필요가 있다. 따라서 교회 구성원의 정체성을 확고히 한 다음 교인 전체가 집단적으로 전도하는 일에 나서게 된다면 효과가 더 좋을 수 있다.

교회 개척을 위한 전도사역은 현장을 중시해야 한다. 일선 현장에서 복음전도를 위해 헌신하는 자들을 세세한 부분들에 애정을 갖고 전술적 문제 정도는 현장에서 즉시 해결할 수 있는 능력자로 양성하면서 현장에서 들려오는 소리를 경청하고 우선시할 필요가 있다. 교회 개척과 전도현장에서 들려오는 소리는 교회와 성도들에 대한 날카로운 지적이 될 수 있다. 현장의 소리는 선교와 영혼구원에 대한 헌신의식을 가졌다고 보면 된다.

교회 개척에서 집단적으로 접근하는 방식이든 혹은 개인적인 방식이든 지역복음화에 대한 장기적 상호 헌신관계를 느낄 수 있다. 교회 개척은 장차 받을 하나님의 축복이다. 나는 교회 개척과 관련된 아비예 목사의 이야기를 들으면서 하나님의 기쁨이 무엇인가를 알았다. "그러므로 우리는 예수로 말미암아 항상 찬송의 제사를 하나님께 드리자 이는 그 이름을 증언하는 입술의 열매니라. 오직 선을 행함과 서로 나누어 주기를 잊지 말라 하나님은 이 같은 제사를 기뻐하시느니라."(히 13:15-16)는 말씀과 같았다.

마지막으로 느낀 것은 에벤에셀 교회와 목회자, 성도들은 지역민들의 깊은 상처를 치료하기 위해 기도하는 교회였다. 히브리서에 "우리를 위하여 기도하라 우리가 모든 일에 선하게 행하려 하므로 우리에게 선한 양심이 있는 줄을 확신하노니"(13:18)는 말씀이다. 우리를 위하여 기도하라는 말씀처럼 예수를 알지 못하는 자들을 위한 기도가 필요함을 발견했다.

제7부

코트디부아르 빌라지 탐사 4일 되는 날

"내가 복음을 부끄러워하지 아니하노니
이 복음은 모든 믿는 자에게 구원을 주시는 하나님의 능력이 됨이라
먼저는 유대인에게요 그리고 헬라인에게로다"

롬 1:16

1

*

두에꾸에 시 complexe hôtelier—
호텔에서 가뉴아(Gngnoa)로

지역교회를 탐방하는 시간이 벌써 4일째(2016년 7월 7일)가 되었다. 지난 밤 두에꾸에 시 complexe hôtelier—호텔 창가로 들려오는 빗소리가 강하게 들려 깊이 잠을 잘 수가 없었다. 그리고 방은 1층이어서 문틈으로 벌레가 들어오기도 했다.

출입문을 열면 잔디밭이 보이기 때문에 모기는 대도(大盜)처럼 당당하게 쳐 들어왔다. 더 놀라운 것은 침대에서 일어나 슬리퍼를 신으려 하는데 지네(蜈蚣)가 뒤집혀 있었다. 그것도 침대 밑에서 불과 20cm거리에 있어 더 놀랐다. 만약 지네가 나를 물었다면 나는 어떻게 되었을까하는 생각에 소름이 끼쳤다.

나는 지네를 보는 순간 놀라기도 했지만 죽여야 된다는 생각에 슬리퍼를 높이 들어 내리쳤다. 그런데 지네는 꼼짝도 하지 않고 몸만 움츠렸다. 다시 한 번 슬리퍼를 높이 들고 다시 내리쳤다. 그때서야 둥그런 원을 그리며 죽는 시늉을 했다. 참 독한 곤충이란 생각이 들었다. 아침에 눈을 뜨고 나서 지네와 한바탕 전쟁을 치룬 다음 화장실로 가 세면을 하고 출발을 준비하기 전에 아비예 목사와 인터뷰를 시작했다.

아비예 목사와의 인터뷰는 주로 혼성문화를 비롯하여 민족지학적 부분과 종족 간의 문제, 종족 간의 갈등으로 인한 내전 등에 대하여 집중적으로 인터뷰를 했다. 이 부분을 여기서는 모두 언급하기 어렵지만 기회가 주어진다면 논문작업을 하려 한다.

아비예 목사와의 인터뷰를 마치고 우리는 곧바로 호텔을 나와 게싸보 호수를 향해 출발했다. 아프리카의 아침 햇빛은 여전히 따가웠다. 아스팔트의 열기와 습도는 숨이 막히도록 더웠다. 차(車)에 오르자마자 우리는 오징어와 쥐포를 먹으면서 다음 장소를 향해 갔다. 잠시 후 뒷좌석에 앉아 있는 백성철 목사는 이렇게 말했다. 지금껏 다녔던 교회와 도시를 설명하면서 "교회 개척과 현지인들의 문화, 내전 상황에서 교회와 신앙, 신앙과 선교"와 관련된 이야기를 들었다. 그의 이야기를 듣는 동안 고독과 인내, 위기와 평안이란 것이 무엇인가를 뼈저리게 경험한 것을 느낄 수 있었다. 그의 이야기를 들을 때마다 몇 가지 생각들을 정리하게 된다.

첫째, 선교현장에서 발생하는 내전과 학살을 목격하는 상황에서 선교사는 인내도 전략이라는 것을 발견했다. 전략적 의제로 인내하는 습관을 갖는 것이 매우 중요하다.

둘째, 내전 혹은 교회의 문제가 발생할 때 내게 영적으로 큰 문제가 생겼음을 인정하는 것이다. 내가 신앙 생활하는 동안 주변에서 문제가 발생할 경우 하나님을 향해 기도하기를 더욱 힘쓰게 된다. 영적으로 큰 문제가 발생했으니 이를 극복하는 유일한 방법은 '하나님이 기뻐하는 제사'가 무엇인가를 고민하게 되어야 유익하다.

셋째, 선교, 위기상황에서 어떤 방향으로 사역을 할 것인가 정보를 거의 얻지 못하게 된다. 선교가 전문화 방안을 확신하지 못할 경우 철수하게 된다. 이럴 때는 목회와 선교적 관점에서 하나님 나라를 상상하고 그곳에 초점을 맞출 때 훨씬 더 단단하게 고난을 견딜 수 있다. 선교의 프로세스가 더 복잡해지고 목회자로서의 위치를 잃어가는 와중에도 교회의 리더로서 신속하고 예리한 통찰력을 유지할 수 있는 방안을 찾게 된다.

넷째, 선교사는 위기 상황에서 시민의식 곧 거주지의 주민으로 의식해야 한다. 나는 외국인이다라는 생각을 가지고 있으면 현장을 신속하게 벗어나야 한다는 생각이 지배적일 수 있다. 그러나 현장에 있는 시민의식은 장기적인 초점을 맞추고, 사역의 속도와 실행을 강력하게 지향하게 된다. 거기다가 목회자요 현장 지도자로서 책임감을 토대로 하여 의사결정을 하고 행동을 취하게 된다.

선교사로서 시민의식을 어떻게 가져야 할까? 어떤 느낌을 가져야 현지인과 동일한 의식을 가질 수 있을까? 선교사로서 인식을 어떻게 깊이 심어 놓을 수 있을까? 이에 대한 대답을 찾기가 어려웠는데 빌라지 교회 탐방을 통해 얻었다. 참으로 즐겁고 기쁜 탐사여행이었다.

다섯째, 차세대 목회자 양성과 교회 개척 모델을 설계하고, 이를 시험하는 최상의 방법을 도출하는 것을 배웠다. 백성철 목사는 교회와 마을을 돌아보면서 이런 말을 자주했다.

"교회 개척만이 복음화의 지름길입니다. 목회자 양성에 있어 많이 배운 자보다는 낮은 학력자가 목회를 잘합니다. 이들을 위한 프로그램을 끊임없이 개발하고 실행해야 합니다. 저는 학력보다는 하나님의 일, 영혼을 사랑하는 자, 소명감이 높은 자를 세우고, 의사결정의 속도를 높이면서 학력 장벽을 허물기 위한 노력을 계속할 것입니다. 그리고 목회자들의 모임에서는 성경퀴즈를 통해 성경의 권위와 지식을 상향시켜 영적지도자로 손색이 없도록 할 것입니다."

백성철 목사와 만남은 하나님의 은혜이고 섭리다. 그의 선교철학은 신선하고 개척자 정신이 뛰어났다. 그는 항상 현장 중심의 선교사역이면서 현장중시를 각인하는 자였다. 빌라지 교회 목회자들로 하여금 주인의식을 요구할 뿐 아니라 하나님 백성, 하나님의 종이란 의식을 갖도록 격려하기도 했다. 그의 목회와 선교는 더 성숙한 사역이 무엇이며, 선교를 동력화하는 핵심특성이 또 어떤 도움을 주고 있는지를 발견하는 기회가 되었다.

두에꾸에 시 호텔에서 오전 8시 30분에 출발하여 교회 개척과 두에꾸에 도시에서 발생한 이야기를 하는 동안 차량은 게싸보(Guessabo) 호숫가에 도착을 했다. 나는 두에꾸에 호텔에서 게싸보 호수로 오는 동안 다섯 가지의 장점도 발견했지만, 선교는 내부에서 열심 있는 사역자를 창출하는 것이 중요함을 발견했다. 내부 사역자 창출을 위해서는 선교 그룹을 새롭게 구축하고, 선교핵심의 핵심에 집중하고, 내부에서 교회 개척사역을 위한 열린 강의에 집중하고, 교회 개척 핵심 역량을 구축하는데 막대한 투자를 단행하는 것이다. 이러한 부분이 보완된다면 선교역량은 보다 더 확정적이란 생각을 하면서 차에서 내렸다. 그리고 어부들이 잡은 고기를 구경하기로 하고, 게싸보 호수의 주변을 카메라에 담기 시작했다.

2

*

게싸보 호수에서 만난
사람들

나는 가뉴아로 가는 길목에 위치한 게싸보 호수에서 잠시 휴식을 취했다. 두에꾸에를 비롯한 인근지역의 농업용수와 식수를 충분하게 제공하는 호수다. 이 호수에는 수많은 작은 어선들이 고기를 잡는다. 메기, 붕어, 빠가사리 등의 민물고기를 잡아 생계를 이어가는 사람들이 있다. 남자들은 호수 중앙에서 고기를 잡아 오면 아낙네들은 여행객을 상대로 물고기를 파는 일을 한다.

나는 차에서 내려 게싸보 호수 주변을 카메라에 담았다. 그런데 사진 촬영을 하다가 놀라운 일을 당했다. 강둑에서 물고기를 파는 아낙네는 나를 향해 쳐다보면서 말한다.

"내 얼굴을 찍었으니 돈을 내라"는 것이 아닌가.

내가 웃으면서 "뭘 그러십니까?" 하면서 말을 해도 돈을 달란다. 당황스러운 상황이 벌어진 것이다. 사진도 마음대로 찍을 수 없다. 초상권을 침해 했다는 것이 그들의 주장이다. 얼마나 놀라운 일인가? 잠시 후 우리들의 얼굴을 아는 한 자매가 찾아왔다. 이 자매가 어젯밤에 교회에서 내 얼굴을 보았다고 하자 사건은 종료되었다. 게싸보 호수에서 사진을 찍는 문제로 옥신각신하는 사이 나를 아는 자매의 도움으로 사진 찍는 것에 대한 문제가 해결됐다. 내가 사진을 찍으려했던 여인은 에벤에셀 교회에서 만난 자매의 모친(母親)이었기 때문이다.

아프리카에서 사진촬영은 금물이다. 그러나 사진을 찍고 싶으면 상대방에게 허락을 받아야 한다. 이것이 가장 안전한 사진촬영 방법이다. 나는 사진을 찍을 때 사회·역사적 현장기록이라는 측면에 주력한다. 때로는 정치 및 이데올로기와 관련하여 사진을 찍기도 하지만 계급과 인종, 젠더와 관련하여 촬영하기도 한다. 때로는 이미지-텍스트에 중점을 둘 때도 있다. 어쩌면 나의 사진촬영은 복합적인면도 있지만, 사진촬영에서 가장 주안점을 두는 것은 현장에 대한 현상을 있는 그대로 표출하려는 데 있다.

나의 현장 사진은 새로운 선교현장의 문화와 새로운 공간을 보여주기 위함이다. 교회와 사람, 사람과 삶, 인물을 중심으로 촬영하는 것 등이다. 사진이 신화로 변하도록 하지 않지만 어느 정도 시간이 흐른 뒤에는 특정한 사회의 기록이 될 것이다. 사진을 통해 어떤 철학이 깊이 담겨있는 것은 아니라도 사진이 주는 의미와 상징, 메시지가 담겨 있을 것이다. 이런 기대감이 자연, 인간, 삶, 인물을 찍는지도 모른다.

게싸보 호수를 끼고 사는 사람들이 많다. 매일 같이 배를 타고 다니면서 물고기를 잡는 어부, 물고기를 파는 사람, 이것을 사서 먹는 사람들이 있어 행복한 곳이다. 게싸보 호수를 중심으로 한 세계는 다채롭지 않지만 무엇인가 미학적인 것이 있다. 사진 속에서 외국인을 보는 시각과 생선을 팔았을 때의 감정 또는 여태까지 숨겨져 있던 삶의 일면을 발견하고 있다는 느낌을 받았다. 한 여인의 웃음에서 묻어나오는 감정을 표현하는 메시지는 강렬한 면이 있다. 왜 그럴까.

게싸보 호수에서 생선을 파는 여인들 중 한 명에게서 오길순 사모님이 메기와 잡어를 15,000세파를 주고 사주었을 때, 나는 그들이 인생의 굽이치는 삶의 한가운데에 있다는 것을 알 수 있었다. 사진 속에 비친 그들의 웃음은 어떤 신비로운 문을 지나는 것처럼 의미가 있었다. 얼굴에 비친 웃음은 매혹과 미적 통제에 대한 갈망을 간직하고 있었다. 물고기를 파는 여인 한 사람 때문에 젊은 남자 청년들의 사진촬영 요구에 응하느라 정신이 없었다.

게싸보 호수에서 만난 어부와 젊은 청년들, 물고기 한 마리를 더 팔기 위해 이리저리 뛰어다니는 아주머니들, 외국인이라고 신기하게만 바라보는 그들의 눈빛이 그립다. 그들은 순수했다. 물고기처럼 오염되지 않은 청결함이 얼굴과 눈빛에서 묻어 나왔다. 그들 곁을 떠나면서 마음은 즐거웠고, 내 카메라에는 웃음 넘친 모습이 담겨있다.

게싸보 호수의 다리를 건너 가뉴아시로 들어갔다. 과거의 아픔도 뒤로하고 시장과 경제성장에서 정상의 자리를 차지하기 위해 고민하는 모습이 엿보였다. 국내에서 발생했던 분쟁과 권력자들의 탐욕을 무시한 채 개인적인 삶을 위한 경쟁을 하고 있는 것 같았다. 가뉴아 시에서 또다시 내전혹은 분쟁이 일어난다면 인적·물적 대가를 치러야 한다. 2010년 이후에있었던 분쟁이 다시는 일어나지 않기를 국민들 모두가 소망하고 있다.

대규모 내전은 국가와 국민들 모두에게 엄청난 손상을 준다. 하지만 국내 정세의 불안은 과거에 발생했던 내전보다 훨씬 더 클 수 있다. 왜냐하면 그동안 억눌렸던 소수의 사람들이 반란군, 테러리스트, 시위대, 폭력배 등으로 불리는 전투요원이 될 가능성이 높다. 만약 종족들 간의 분쟁이 지속되면 국가의 경제성장과 인재 양성, 외국기업의 투자가 낮아 성장궤도를 바꾸어 놓을 가능성이 높다.

코트디부아르 국민들 대다수는 단발적으로 벌어지는 내전이든, 분쟁이다시는 일어나지 않고 정치적·경제적·사회적 안정을 이루어 자신들의 삶이 행복해 지기를 열망하고 있다. 지금과 같이 평안한 국가 조직이라면 국민 모두가 박수를 쳐 찬성할 가능성이 높지만 또다시 내전이 일어난다면 수니파 근본주의 운동과 궤를 같이 하는 보코하람과 같은 전사들이 동원되어 이슬람 율법을 시행하는 이슬람 국가를 만들려고 할 것이다.

지금, 코트디부아르는 안정과 번영을 향해 달려가고 있다. 이런 현상이 계속되어 교회 개척과 부흥운동이 일어나기를 기도한다. "사람으로서는 할 수 없는 일을 하나님이 하시면 된다"^(마 19:26)는 말씀이 이루어지길 소망한다.

가뉴아 시에 도착하기 전 이런 생각이 들었다. "…때가 찼고 하나님의 나라가 가까이 왔으니 회개하고 복음을 믿으라 하시더라."^(막 1:15)는 말씀이 성취되도록 하기 위해서는 사역자들이 한적한 곳에서 쉬지 말고 기도해야 한다^(막 1:35). 예수께서 "의인을 부르러 온 것이 아니라 죄인을 부르러 왔노라"^(막 2:17)의 말씀도 성취되길 소망하면서 가뉴아 시의 땅을 밟기 위해 차에서 내렸다.

3

＊

이시아 교회(Issia Church)

가뉴아 시로 가면서 이시아 지역의 교회를 방문했다. 이 교회의 담임은 삼손(Samson) 전도사가 맡아서 목양하고 있다. 삼손 전도사는 1976년생으로 그의 부친은 신학교를 졸업하지 않았지만 교회를 개척한 믿음 좋은 분이다. 그의 부친은 하나님의 사랑을 받은 형제들이 모이는 장소를 위해 늘 고민했고, 교회를 세워 "죽은 자 가운데서 다시 살리신 그의 아들이 하늘로부터 강림하실 것을 너희가 어떻게 기다리는지를 말하니 이는 장래의 노하심에서 우리를 건지시는 예수시니라"(살전 1:10)는 말씀이 성취되기를 소망하는 자였다.

그의 교회 개척과 성도들을 돌보는 일에 힘입어 다양한 사역들이 펼쳐졌다. 그의 부친을 통해 설립된 이시아 교회는 지역에 살고 있는 인종, 종교, 문화, 좋아하는 매체, 직업 등이 무엇인가를 파악한 후 교회설립에 필요한 부분들을 세워갔다. 이는 교회가 설립되기 위한 지역공동체 조사의 핵심과정이라 할 수 있다. 그는 마을 안에 어떤 것들이 있는가도 잘 살폈을 것이다. 공장, 농장, 사무실, 가게 혹은 청년실업 등의 상태 등이며, 마을 사람들이 어디에 살고 있는가도 유심히 살폈다. 개인 주택에 살고 있는가. 아니면 산속에 움막을 짓고 사는가. 또한 그것을 소유하고 있는가. 그렇지 않은가 등등을 구체적으로 조사한 교회의 위치를 정한 것으로 안다.

삼손 전도사가 목회하는 이시아 교회를 중심으로 인근 지역에서는 빌라지 교회가 3-4개 처가 더 있다고 한다. 이시아 교회는 2008년도에 장로교단(EEPCI)에 가입하여 오늘에 이르고 있다. 이시아 교회는 지역 공동체를 섬기기 위해 설립되었고, 그리스도의 복음을 전하는 일군을 빌라지 교회에 파송하는 일도 하고 있다.

나는 이시아 지역을 통과하면서 교회는 자신을 표현해야 할 뿐 목회자의 전유물이 되어서는 안 된다는 생각을 했다. 교회는 세상을 향한 희망의 메시지를 전하고, 천국 복음을 증언하는 일에 최선을 다해야 한다. 그러니까 교회는 교회의 메시지를 분명히 말해야 한다. 복음전도는 가장 단순하게 또는 가장 기본적으로 복음을 나누는 일이다. 복음의 진수는 예수 그리스도이다. 그리스도인들이 예수님을 말하지 않고 다른 것을 이야기하는 것은 잘못된 것이다. 빌립이 에티오피아에서 복음을 전할 때도 "예수를 가르쳐 복음을 전한 것"(행 8:35)과 사도 바울이 자신을 "하나님의 복음을 위하여 택정함을 입었으니…그의 아들에 관하여…"라고 묘사한 것들이다(롬 1:1,3). 교회가 예수 그리스도를 증거 하면서 그 분의 죽으심과 부활에 대하여 명확하게 말해야 한다. 사도들이 전한 복음을 요약한 것을 보면, "내가 받은 것을 먼저 너희에게 전하였노니 이는 성경대로 그리스도께서 우리의 죄를 위하여 죽으시고 장사 지낸 바 되었다가 성경대로 사흘 만에 다시 살아나사…보이시고…"(고전 15:3-5)와 같이 전하는 것이 교회의 본질이다.

하지만 오늘날 사회가 다원화되면서 교회의 메시지가 없는 경우가 참 많다. 다원화 사회에서 많은 사람들로부터 공감을 불러일으키고 그들이 잘 알아들을 수 있도록 복음을 분명히 말할 수 있는 곳은 얼마나 될까 고민해 본다.

교회 개척과 성장에만 고착되어 복음이 아닌 다른 메시지가 전달될까 걱정이다. 왜 그럴까. 대부분의 교회를 방문할 때마다 "할렐루야! 아멘."을 외치면 성도들은 "아멘"이라고 응답하는 경우가 많기 때문이다. 아프리카 교회는 자주 사용하는 단어와 문구에 노예가 되어 상투적인 복음에 갇혀 있는 것 같다. 그들의 메시지를 멋지고 깨끗하게 포장지로 싼 것이 '할렐루야'와 '아멘'이다. 그리고는 테이프와 라벨을 붙여 슈퍼마켓에 내보내듯이 한다. 온 성도들이 아멘이 없으면 예배가 아닌 것 같은 느낌을 주는 것은 좀 지양해야 할 부분이 아닌가라는 생각이 든다.

우리가 지금 생각하는 교회는 복음이 무엇인가를 정확히 아는 교회가 중요하다. 성도들안에서 복음을 발견하고 그 복음으로 인하여 기뻐하는 교회들이 더 많아지길 소원할 뿐이다. 이런 생각을 하고 있는데 가뉴아

(Gngnoa)까지는 90km를 더 가야 한다는 백성철 목사님의 말씀이 들렸다. 가뉴아에서는 30-40분 동안 빌라지 교회를 더 방문할 것이라고 덧붙여 말해 주었다.

이시아에서 가뉴아로 가는 길은 사연이 깊은 곳이다. 지난 내전 때에 반군이 아비장으로 진입하는데 많은 도움이 되었던 길이고, 이 길을 통해 반군들은 거침없이 도시로 진군할 수 있었다고 한다. 가뉴아로 가는 길에는 주유소가 몇 개 있었다. 프랑스 회사 상표인 TOTAL과 미국 회사인 SHELL이 있다. 이 둘은 코트디부아르 주유소의 양대 산맥이다.

코트디부아르에 있는 두 개의 석유회사로 인한 정부와 국민의 유익이 얼마나 될까 궁금했지만 누구에게도 질문을 던질 수 없다. 다만 석유회사로 정착해 국민들에게 작은 희망이 되고 있을 뿐이라고 생각하는 것이 옳은지도 모른다.

4
*
가뉴아 시는 어떤 곳일까?

이시아에서 가뉴아로 가는 길 역시 식민지 시절에 건설한 작은 도로에 트럭과 버스, 승용차, 사람들이 함께 사용한다. 도로를 걷는 사람들을 보면 매우 위험해 보인다. 가끔 도로에서 인명사고도 날 뿐 아니라 대형 교통사고가 빈발하기도 한다. 만약 아비장에서 다나네까지 고속도로가 개통된다면 이 도로는 한산해 지고 지역주민들의 생활도로가 될 것이다.

그런데 우리가 가는 가뉴아는 의미가 있는 도시라 한다. 코트디부아르의 전 대통령 그바그보의 고향이라 한다. 그래서인지 현 정부는 이 지역 사람들을 국가 주요기관에서 채용하지 않는다고 말한다. 그가 정권을 잡고 있을 때는 도로와 지역기반 시설이 단단했지만 정권에서 실각되고 난 후에는 지역 발전이 형편없어졌다는 것이 지역주민들의 의견이다. 지역 발전과 정권의 힘이 얼마나 강한 것인가를 새삼 경험하게 되는 장면이다.

아프리카는 한 번 정권을 잡으면 자신과 정적이거나 반대편에 있는 곳에는 철저한 배제와 차별 정책을 쓰는 것 같다. 이로 인해 피해를 보는 것은 지역 주민들이다. 주민들은 정부의 배척과 차별정책으로 정·관계 진입도 어려울 뿐 아니라 지역경제가 형편없이 돌아가게 된다며 불만을 털어 놓는다.

> 평화가 무엇이지요.
> 지금의 문화에서 평화를 어떻게 정의하지요.
> 코트디부아르의 갈등원인이 무엇이라고 생각하지요.
> 갈등을 풀기 위해 어떤 방법을 사용할 수 있나요.

그런데 이 방식들은 이미 유럽이나 다른 지역에서 사용하던 것을 코트디부아르의 형식에 맞게 바꾸는 방법이 필요함을 느꼈다. 전국 각지의 지도자들과 단체들이 연합하여 지역갈등 해소를 위한 노력을 기울인다면 국가발전은 좀 더 빠르게 진행될 것 같았다.

가뉴아 시내로 진입하면서 들려오는 비극적인 소식은 마음을 더 무겁게 했다. 진정한 평화가 무엇인가를 다시 생각하면서 교회가 평화 건설자가 되었으면 좋겠다. 이런 생각을 하면서 내 관점에서 평화 건설이란 두 대립세력의 중간에 개입해 싸움을 종결하는 것이 아니라 그보다 전쟁 피해자들을 치료하고 지역개발을 통해 힘을 실어주어 과거와 같은 삶의 질을 향해 가도록 도와주는 것이다. 내전의 피해자, 정권을 잃어버린 지역 주민들에게 인간성을 되찾아 주고 사회의 생산적인 일원이 되도록 도와주는 것이 평화를 건설해 주는 것이다. 얼마 전까지만 해도 서로 총을 겨누면서 정부군과 반군이란 집단적 투쟁을 벗어나 치유된 사회, 회복된 삶을 살도록 하는 것이 교회가 세상 속으로 한 걸음 나아가는 것이란 생각이다.

가뉴아 시, 지금도 암울한 도시 환경이다. 전 대통령은 국제재판소에 갇혀 있고, 전 경호실장 신파(Sinfa)의 고향이지만, 지금은 암울한 그림자만 있을 뿐이다. 고향 마을 생가에는 아무도 진입할 수 없도록 큰 나무로 바리케이트를 쳐 놓았고, 경비원들이 지키고 있었다.

정치는 현직에 있을 때는 행복일지 모르지만 권력의 자리에서 내려오면 자신과 고향이 암울해진다는 것을 말해 주고 있었다. 누군가 싸움을 걸지 않아도 싸우는 곳이 아프리카는 아니지만 항상 종족 간의 갈등으로 싸우는 것이 신기할 정도다.

가뉴아 시와 관련된 이야기를 들었을 때 나는 한마디로 충격적이었다. 차마 내 고통을 내세우지 못할 만큼 힘들었다. 나는 전쟁의 고통을 겪은 사람은 아니지만 SUV를 타고 가뉴아 시를 통과할 때 섬뜩한 마음을 어디에다가도 둘 수 없었다.

사실 나는 전쟁의 참사를 다 이해하지 못한 상황이다. 가뉴아에 사는 민간인들은 내전의 후유증으로 인해 견디기 어려운 시간을 보내는 것 같았다. 도로는 패여 있었고, 건설 경기는 좋아 보이지 않았다. 내전으로 힘든 시간을 보낸 주민들이 경제적 도약을 위해 안간힘을 쓰지만 과거처럼 발전할 가능성은 약해 보였다.

이들에게 가장 필요한 것이 무엇일까. 그들의 고통을 바로 눈앞에서 보면서 나의 자비가 전달되었으면 한다. 하지만 나의 자비는 무엇인가. 아무것도 주는 것이 없는데…, 내가 그때 생각난 것이 하나 있다. 이사야 54장 10절의 말씀이다.

"산들이 떠나며 언덕들이 옮겨질지라도 나의 자비는 네게서 떠나지 아니하며 나의 화평의 언약은 흔들리지 아니하리라 너를 긍휼히 여기시는 여호와께서 말씀하셨느니라"

가뉴아 시를 탐사하면서 이런 말씀이 떠오른 것이다. 하나님의 영원한 자비가 이 땅에 머무를 수 있다면 좋겠다고…. 이것은 나의 바람이다. 나는 가뉴아 시의 모든 사람을 만나지 않았지만 마음으로 그들을 위로했다. 그리고 빌라지 교회로 갔다. 또 하나 우리는 살면서 '용서'의 힘을 키우는 훈련이 필요함을 느꼈다. 용서하지 않는 삶은 주눅 든 삶이다. 분쟁 지역에서 용서는 하늘의 선물일 것이다. 용서를 위한 종류가 있다는 것도 중요하다. 바로 신과의 화해, 자기와의 용서, 자신이 처한 환경과의 용서, 그리고 가해자와의 용서가 그렇다.

지금, 가뉴아에 사는 주민들에게는 용서라는 단어가 쉽게 허용될지도 의문이다. 그들에게는 내전이라는 큰 트라우마가 있어 치유가 필요하다. 하지만 그들 안에 있는 분노, 절망, 상처로 가득한 불행한 계곡을 어떻게 벗어나게 할 수 있는가. 나에게 고통을 준 사람, 그에 대한 분노를 제거할 수 있는 역할은 교회만 할 수 있다는 생각이 들었다. 교회가 가뉴아 도시를 영적인 곳으로 재건설하면서 치유와 평화를 심어주길 기대할 뿐이다.

5

*

비비꾸 교회(GBIGBIKOU Church)

2016년 7월 7일, 햇빛은 따가왔다. 땅에서 올라오는 열과 함께 직사광선이 강해서 얼굴이 순식간에 따가움을 느꼈다. 더운 날씨를 뒤로 하고 비비꾸 교회의 사무엘(Samuel) 목사를 만나기 위해 다운타운에서 40분이나 차를 타고 갔다. 다운타운에서 약간 먼 거리임에도 교회 주변은 조용했다. 전날 밤에 이슬람교 라마단 축제가 끝난 후에서 그런지 마을은 한산했다. 라마단 행사가 끝난 후라 그런지 행사장을 치우느라 정신이 없다. 라마단 행사장 옆을 지나 골목길로 들어가자 빗길에 쓸려간 황토길이 패여 있어 차가 제대로 들어갈 수가 없다. 그렇지만 황토길을 따라 차량은 교회가 보이는 대문까지 가서 멈췄다. 대낮의 태양빛이 내리쬐어 정신이 없을 정도가 되었는데도 나무 그늘에서 아프리카 찬송 소리가 들려왔다. 30-40명 가까운 남녀 교인들이 전통 북(탐탐 북)과 음악 기구를 갖고 찬송을 부르고 있었다. 누군가 선창을 하면 따라서 부르는 형식으로 찬송은 한 시간 동안이나 이어졌다.

교회 앞에 설치된 풀잎 아치(Feuilles d'herbe arch)는 우리를 환영하는 표시였다. 교회 당 안에는 각종 환영 장식품과 강단의 의자에는 멋진 천과 의자가 있었다. 교인들은 우리를 향해 기쁨의 박수를 보내 주었다. 사무엘 목사의 활기찬 목소리는 목회자적 리더십이 묻어 나왔다. 그의 이야기는 단순한 것이 아니라 하나님의 말씀이 있는 환영사였다. 더 놀라운 것은 가뉴아 시를 중심한 교회 개척이 순조롭게 진행되고 있었다. 사무엘 목사를 중심으로 한 교회 개척운동은 무려 8개 교회가 새롭게 개척되어 예배하고 있었다. 교회의 규모는 작지만 생명을 살리는 일에 적극적으로 온 교회와 성도들이 힘을 합하고 있다.

이 지역에서 교회 개척운동이 활발하게 진행되는 몇 가지 이유가 있다. 그것은 아비장 한인교회와 관련된 새문안교회 의료팀과 미국 동부지역에서 오는 미션 팀의 헌신이 있었기 때문이다. 이들은 매년 추석명절과 여름 방학을 이용하여 이곳을 방문하여 의료사역과 전도 집회를 했다. 아비장 한인교회와 협력사역으로 도시 주변에서 교회 개척운동이 일어나고 있는 것은 백성철 목사의 선교목회와 맥을 같이 하고 있다.

아비장 한인교회는 교회 개척과 신학교 사역, 초등학교와 병원사역을 겸하여 하고 있지만 철저하게 생명 살리는 일과 큰 일(대사명)을 이루기 위한 방안을 지속적으로 모색하고 있다. 병으로 고생하는 자들이 고침을 받은 이후 예수를 만지고자 몰려왔다는(막 3:10-12) 성경말씀이 성취되어 가고 있다.

사무엘 목사의 헌신적인 목회사역과 전도, 교회 개척사역으로 인해 교인들이 증가하면서 성전건축이라는 커다란 사역을 하고 있었다. 임시예배처 바로 옆에 60평의 건물을 짓고 있었는데, 교회는 터를 닦았고, 벽을 쌓다가 중단한 상태였다. 교회의 헌금과 벽돌이 모아지면 다시 건축이 시작되는 일을 몇 년째 진행하고 있다. 아프리카 교회는 한 번에 교회를 완성하지 않는다. 교회 건축을 위한 재정이 모이고, 성도들의 헌신이 따를 때 조금씩 교회를 건축해 간다. 이것이 아프리카 교회의 특징이다.

백성철 목사는 가뉴아 지역의 영적 지도자인 사무엘 목사를 높이 칭찬한다. 그는 가뉴아 지역의 영적인 지도자일 뿐 아니라 교회 개척과 헌신, 교회를 성장시킨 공로로 2015년에 특별 목사임직을 받게 되었다고 소개하고 있다. 사무엘 목사의 학력은 높지 않지만 신학교의 특별과정(1년제)을 마치고 현장목회의 권위를 인정받아 총회임원회의를 거쳐 특별목사임직을 했다고 한다. 이는 한 생명을 살리는 일, 하나님 나라 확장과 아프리카 선교라는 거대한 비전을 갖기를 소망하는 뜻에서 내린 결정이었다. 그는 목사임직 후 더 많은 교회 개척과 사역에 매진하고 있다고 한다.

6
*
백성철 목사의 비비꾸 교회를 향한 격려

비비꾸 교회에 도착한 시간은 오후 12시 30분이었다. 시골 교회이지만 30-40명의 교우들의 찬송과 환영을 받은 후 곧바로 교회 안으로 들어갔다. 사무엘 목사의 우리 일행에 대한 간략한 소개 후 백성철 목사가 한국과 미국에서 온 방문객을 소개했다.

"여러분, 반갑습니다. 저와 이곳에 함께 방문한 분을 소개해 드리겠습니다. 한국 백석대학교에서 이곳을 방문한 닥터 장훈태 목사를 소개합니다. 코트디부아르에 1년 전에 도착하여 단기선교사로 헌신하는 승희와 세라, 한나를 소개합니다. 그리고 프랑스에서 공부하다가 부모님을 만나기 위해 코트디부아르에 온 나영 자매와 운전기사를 소개합니다."

백성철 목사의 일행에 대한 소개가 끝나자 온 교회의 성도들이 박수와 탐탐 북 그리고 소리를 지르면서 대환영을 해 주었다. 그들은 우리 일행에 대한 소개가 끝날 때마다 호기심, 사랑, 기쁨의 눈빛으로 환영해 주었고, 기쁨의 박수를 힘껏 보내 주었다.

백성철 목사는 계속해서 말한다.

"여러분, 비비꾸 교회가 성전 건축을 하고 있어 매우 기쁩니다. 그리고 제 자신이 힘이 납니다. 여러분의 헌신과 열정에 깊은 감동을 받았습니다."

비비꾸 교회와 온 성도들의 신앙과 헌신에 대한 칭찬을 마치고 난 후 마태복음 28장 18-19절의 말씀을 읽었다. 예수 그리스도께서 부활 후 승천하시기 전에 제자들과 온 교회를 향해 주신 말씀이란 점을 강론하기 시작했다.

"여러분, 오늘 우리가 읽은 성경 말씀은 예수 그리스도의 대 사명을 온 성도와 온 교회에 주신 말씀입니다. 예수께서 부활하시고 하늘로 승천하시기 전에 주신 말씀이며, 온 교회와 성도들이 수많은 사람들을 가르치고, 전파하고, 치료하여 제자 삼으라는 명령이기도 합니다. 저는 가뉴아 시를 사랑하고 있습니다. 8월에 또 방문하게 될 것입니다. 이 지역의 교회에 출석하는 성도들을 위한 연합세례식을 위해서입니다. 가뉴아 지역에는 8개의 교회가 있습니다. 이 8개의 교회가 연합하여 세례식을 한다는 것이 놀랍기도 합니다. 그래서 저는 8월에 다시 가뉴아 시에 오게 될 것입니다. 그때 여러분을 만나게 될 것입니다."

백성철 목사의 간략한 메시지는 온 성도들에게 도전과 용기를 주는 내용이 대부분이었다. 또한 미래에 대한 기대감을 갖도록 하는 메시지였다. 그는 계속해서 비비꾸 교회의 성도들을 향해 하나님의 말씀으로 격려했다.

　"여러분, 우리가 이 땅에 사는 목적이 무엇인가요? 우리가 사는 목적은 예수 그리스도를 알지 못하는 사람들을 전도하여 천국가게 하는 것입니다. 세상에는 돈과 권력, 명예가 있는 자와 그렇지 못한 자가 있습니다. 그러나 모두가 다 사는 것은 비슷합니다. 그러나 단 한 가지 차이가 나는 것이 있습니다. 우리의 일생이 끝나고 사망했을 때 예수 그리스도를 믿는 사람은 천국에 올라가고, 그렇지 않은 다른 사람들은 천국에 갈 수 없습니다. 그래서 우리는 전도해야 하고, 예수를 모르는 사람들에게 천국복음을 전해야 합니다. 이것이 우리가 사는 목적입니다. 이 일을 위하여 여러분은 계속해서 헌신해 주시기 바랍니다."

　백성철 목사의 메시지는 간결했지만, 교인들로 하여금 신앙의 중요성과 사명, 그리고 종말론적인 내세를 소망할 수 있도록 하는 메시지를 선포했다. 그는 항상 성도들로 하여금 미래가 있는 영적인 삶과 천국에서 다시 만날 수 있다는 희망의 메시지를 집중적으로 선포했다. 그러면서 교회 탐방 일정을 온 교회 성도들에게 소개하고 마무리했다.

　백성철 목사의 메시지 선포가 있은 후 사무엘 목사는 기쁨으로 강단에 올라와 온 교회의 성도들에게 기쁜 소식을 전한다고 말한다. "우리 교회의 청소년 2명을 선발해서 아비장 한인교회가 주관하는 청소년 캠프에 보내게 되었다. 아비장 한인교회에서 숙식을 제공하고, 왕복 교통비를 제공하게 된다. 청소년 캠프를 위해서도 기도해 주시기 바란다"고 광고하자 기뻠의 환호성과 박수가 터져 나왔다. 그런 다음 교회의 중직자 소개가 계속 이어졌다. 그리슈아 장로를 비롯한 집사와 목사가 없을 때 설교하는 집사, 인턴 전도사와 로메 목사(Rome Pastor), 빌라지 교회의 목회자를 소개해 주었다. 그리고 마무리 기도는 항상 한국에서 온 닥터 장훈태 목사가 했다.

7
*
비비꾸 교회 사택에서
점심 식사

비비꾸 교회에서 환영식과 말씀 증언의 시간이 끝난 후 곧바로 목사관으로 이동해서 점심 식사를 시작했다. 점심은 전통적인 아프리카 방식이다. 생선과 닭고기로 된 스프와 흰밥, 음료수가 전부이지만 배고픈 우리에게는 최고의 만찬이다.

아프리카 식사문화는 좀 특이하다. 아프리카에서 어느 집을 방문하든 외부 손님이 먼저 식사를 해야 한다. 주인도 앉아 있지 않는다. 아주 특별한 경우에만 주인 남자가 동석을 한다. 그 외에는 손님들이 편안하게 앉아서 식사하도록 배려해 준다. 그 다음으로 교회의 중직자들이 음식을 먹고, 교인들이 식사를 하게 되어 있다. 이러한 문화는 아시아인의 입장에서 보면 상당히 권위주의로 인식할 수 있지만 이들은 당연한 것으로 받아들인다. 아프리카의 식사문화를 인정하고 난 후 우리는 하나님을 향한 감사의 마음을 갖고 식탁에 둘러앉았다.

우리는 하나님을 향한 감사의 기도를 올렸다. 긴 여정 가운데 귀한 식탁을 준비한 교회와 목사님, 사모님과 여전도 회원들의 수고에 감사하다는 기도를 드렸다. 무엇보다 일용할 양식을 주신 하나님께 감사의 기도를 드렸다.

내 눈 앞에 펼쳐진 식탁위에 음식은 정말 맛이 있어 보였다. 전통적 아프리카 음식에는 반찬이 없다고 보아야 한다. 스프에 온갖 양념을 넣어 만들었기 때문에 밥과 함께 먹으면 그만이다.

내가 여행을 즐기다 보니까 많은 사람들이 묻는다. 아프리카에서 식사는 어떻게 하느냐. 어느 음식이 가장 좋았고, 추천할 만한 음식은 없는지 궁금해 한다. 요즘은 아프리카만큼 좋은 곳은 없다고 말한다. 여행은 현지인들과 함께 밥 먹고 그들과 함께 지내보는 것이라고 답을 주지만 늘 마음에는 환경과 음식 문제로 고민할 때가 많다.

그럼에도 오늘 점심 식사는 최고의 맛이었다. 뜨거운 태양이 비추는 자연을 바라보면서 선풍기 바람에 밥을 먹는 기분은 매우 상쾌할 정도다. 음식을 대접받는다는 것은 관계가 좋다는 이야기다. 교회의 목사와 성도들의 환영을 받으면서 좋은 식사 대접을 받은 것은 가장 행복한 시간일 뿐 아니라 좋은 관계로 행복한 신앙생활을 누리자는 것으로 받아들였다.

나는 교회 탐방 여행에서 신앙과 생각을 같이하는 백성철 목사 내외와 함께 한 것이 마냥 즐겁고 행복하다. 짧은 만남과 함께 하는 탐방 여행의 시간은 과거와 현재를 넘나들면서 종말론적 구원이라는 행복에 젖게 만들어 주었다. 여행 시간은 불규칙하게 흐르고 있었지만 하나의 목표를 향한 걸음은 같아서 더욱 좋았다.

비비꾸 교회에서의 식사시간은 정지한 듯이 머물기도 하고 과거의 현재의 시간을 벗어나 미래를 향한 힘찬 발걸음을 내딛는 순간이 되기도 했다.

가끔은 두려움과 호기심으로 바뀌고 호기롭게 도전에 나설 때도 있지만 식사시간만큼은 모든 것이 정지된 것 같았다. 나는 비비꾸 교회에서 점심 식탁이 가장 행복한 여행의 출발점이 되었고 여행을 마무리할 수 있는 힘을 얻는 식탁이었다.

8
✳
교회와 교단과의
미묘한 차이

비비꾸 교회가 자립하게 된 것은 '교회를 통한 복음전도'가 자연스럽게 이루어지고 있기 때문이다. 우리는 성경에서 다양한 형태의 복음전도 장면을 목격한다. 예수님이 야곱의 우물가에서 사마리아 여인에게 생수를 제시한(요 4:4-15) 것과, 빌립이 에디오피아 내시의 병거에서 그의 옆에 앉아 있는 사람에게 예수를 전한 사건(행 8:26-35) 이후 개인적 복음전도가 자리매김을 했다. 성경에 기록된 것과 같이 우리는 기회가 주어지는 대로 겸손한 마음으로 예수를 알지 못하는 지역민과 다른 종족들에게 복음을 전해야 할 사명이 있다.

이러한 역할을 하는 것이 교회의 목사와 성도들이 해야 할 과제들이다. 하지만 교회가 세워지고 조직화되면서 작은 갈등이 발행하기도 한다. 특히 아프리카 교회는 100% 자립을 할 경우 교회 재산을 교단에 등록하지 않는 일이 발생한다는 것이다. 교회가 자립할 경우 독자적인 정치와 목회를 하면서 총회의 간섭을 받지 않거나 현지인 목사가 교단 앞으로 교회를 등록하지 않아 사유화되고 있다. 교회는 자신의 땅에 그리고 건축은 교인들의 힘으로 한 것으로 교단 소속을 회피하는 경우가 발생하게 된다는 것이다. 그래서 아프리카 교회는 목회자와 성도들에게 교단과 교단 헌법의 중요성을 가르쳐야 할 필요가 있다. 이들을 향한 교회론적 인식을 세우기 위한 제안을 하고 싶다.

첫째, 교회는 하나님께 신령한 예배를 드릴 왕 같은 제사장과 하나님께 예배할 때 하나님의 아름다운 덕을 증거하는 곳이다.

둘째, 교회는 모든 그리스도인들의 모이는 곳이고, 이곳에서 예배하고 그리스도를 증거하는 공동체로 부르셨다.

이 두 가지 사실을 안다면 목회자는 개인적인 행동을 하지 않을 것이다. 만약 아프리카 교회가 하나님을 진정으로 찬미하고 예배한다면 교단과도 협력하게 되고, 그분을 예배하도록 그분을 다른 사람에게 알리게 될 것이다.

비비꾸 교회의 사무엘 목사도 훌륭하지만, 성경의 데살로니가 교회는 지역복음 전도의 좋은 실례를 보여준다. 바울은 데살로니가 교회를 향한 편지 서문에서 놀라운 이야기를 한다.

"이는 우리 복음이 너희에게 말로만 이른 것이 아니라 또한 능력과 성령과 큰 확신으로 된 것임이라 우리가 너희 가운데서 너희를 위하여 어떤 사람이 된 것은 너희가 아는 바와 같으니라. 또 너희는 많은 환란 가운데서 성령의 기쁨으로 말씀을 받아 우리와 주를 본받은 자가 되었으니…너희 믿음의 소문이 각 처에서 퍼졌으므로 우리는 아무 말도 할 것이 없노라"(살 전 1:5-6,8)

데살로니가 교회가 복음을 받은 모든 교회들을 향해 전한 것과 같이 그것들을 다른 곳에도 전달해야 한다. 이것이 하나님께서 원하시는 주된 복음전도 방법이다. 모든 교회들이 신실하다면 세계복음화가 앞당겨졌을 것이다.

셋째, 교회는 지역의 특징과 맞물려 자리 잡고 있기 때문에 확신한 전략이 필요하다. 교회의 일차적인 선교의 책임은 그 주위에 살고 있는 사람들을 대상으로 하고 있다. 교회에 출석하는 성도들은 지역 복음화를 위한 도구로 사용되어야 하고, 이를 통해 교회가 교단과 합력해 나가도록 최선을 다해만 한다.

이런 차원에서 보면 지역교회인 비비꾸 교회는 매우 중요한 위치에 있다. 지역교회로서 하나님께서 명령하신 역할을 수행하기 위해서는 몇 가지 준비가 필요해 보였다. 곧 교회는 교회의 위치를 이해해야 한다. 교회는 자신을 조직화해야 하며(교회의 구조), 교회를 표현해야 한다(교회의 메시지). 마을 사람들에게 교회는 자신이 되어야 한다(교회의 생활) 등이다. 이 네 가지를 충실하게 수행한다면 큰 힘이 될 것이다.

내가 아프리카 코트디부아르 지역교회를 탐사하면서 느낀 것은 교회가 교회다워야 한다는 점과 목회자들의 권위주의 태도에서 벗어나야 한다는 것 두 가지다. 그리고 교회로서의 위치와 교회가 지역사회에 주는 이미지 등을 고려해야 한다. 그렇지 않으면 지역에서 외면당할 수 있다.

9

*

비비꾸 교회(GBIGBIKOU CHURCH)
크리슈아쉐라 장로와 인터뷰

사택에서 점심을 마친 후 나무 그늘에서 잠시 쉬게 되는 동안 한 사람과 인터뷰를 하고 싶은 생각이 들었다. 그분은 비비꾸 교회의 장로인 크리슈아 쉐라이다. 그의 얼굴에는 인자함과 겸손함이 묻어 있었다. 그는 비비꾸 교회 초창기부터 사역에 종사했고, 경건한 삶을 중심으로 복음전도에 헌신적인 사람이다.

그에게 몇 가지 질문을 던지면서 비비꾸 교회의 성장과정을 살펴보았다. 인터뷰는 시간이 없어 별로 하지 못했지만 짧은 기간에 현지인 장로님을 만나는 것도 나에게는 복이었다. 현지교회의 장로님과 인터뷰한 내용을 간략하게 살펴보자.

질문 1. 비비꾸 교회의 시작과정을 말씀해 주실 수 있는지요?
답변 : 저희교회는 처음부터 건물이 있거나 지어진 것이 아니라 가정에서 예배함으로 시작되었습니다.
질문 2. 가정교회에서는 몇 명이 모여 예배를 드렸는지요?
답변 : 가정교회를 시작할 때 이미 30명의 성도가 있었습니다. 현재 교회에서는 100명의 성도가 모여 하나님을 찬양하고 있습니다.
질문 3. 그렇다면 가정교회에 머무는 기간은 얼마나 되었는지요?

답변 : 가정교회에서 그렇게 오랜 기간 모이지 않았습니다. 가정에서는 2-3개월 정도 모여 하나님을 찬양하고 예배했습니다. 이미 30여 명의 신자들이 모였기 때문에 장소가 좁아 현재의 장소로 이전하게 되었습니다.

질문 4. 그럼, 가정교회와 현재의 교회에서 전도사역은 어떻게 하셨나요?

답변 : 교회에서 일주일 가운데 어느 한 날을 정해서 지속적인 전도를 하기 시작했습니다. 전도대원들과 만나는 사람, 그리고 마을에서 마을, 시장과 상가, 가정을 방문해 예수 그리스도를 증거했습니다. 저희는 전도할 때 핵심에 집중했습니다. 그것은 바로 예수 그리스도는 하나님이시고, 성육신하셨으며, 우리의 죄를 용서해 주셨으며, 십자가에서 죽기까지 사랑했습니다. 그는 사망 권세를 이기고 부활하셨습니다. 등등을 정확하게 소개하고 전도했습니다.

질문 5. 이 마을의 종족구성은 어떻게 되는지요?

답변 : 저희 마을의 이름은 '비비꾸'(Bibikou)라고 합니다. 종족은 네께디족이 주로 모여 살고 있습니다. 그러니까 우리 교회는 네께디종족 마을이라고 해도 무난합니다.

질문 6. 비비꾸 마을의 네께디족의 전통문화의 특징은 무엇이라고 생각하는지요?

답변 : 이 부분에서 정확한 전달이 되지 않아 확실하지 않았지만 장로님은 이렇게 말했다. 우리가 매일같이 밭일을 하면서 사는 것이 전통이고 축제입니다. 다만 금요일에는 밭일을 가지 않습니다. 사실은 먹고 사는 문제가 어려워 축제다운 축제를 할 수가 없습니다.

질문 7. 그렇다면 비비꾸 마을에서 아이가 출생했을 때 특별한 행사가 있는지요?

답변 : 네께디족은 아이가 출생하면 사람들에게 아이를 보여줍니다. 전

통적으로 우리 마을에 한 생명이 출생했다면 아이를 안고 다니면서 동네 사람들에게 알려 주는 일을 합니다.

질문 8. 산모는 아이를 낳고 난 후 어떻게 보양(몸조리)을 하는지 아시는지요?

답변 : 우리 마을에서 특별한 것은 없지만 1개월 정도 몸 관리를 하는 것이 전통으로 남아 있습니다. 1개월 정도면 산후 조리가 끝났다고 보기 때문입니다.

질문 9. 어린아이가 출생한 지 100일이 되면 잔치를 열어 주는지요?

답변 : 우리 마을에서는 그런 축제는 없어요. 다만 아이가 건강하게 자라 5세가 되면 축제를 하기도 하고, 경제적으로 힘이 들면 축제를 하지 않기도 합니다.

질문 10. 젊은 남녀의 결혼 적령기는 몇 세인가요?

답변 : 결혼은 보통 20세가 적령기입니다. 결혼을 위해 남자는 결혼지참금으로 25,000세파를 여자 집에 주어야 합니다. 그리고 천(빠잉), 술(1병)을 가져오면 신부가 존중받았다고 생각하고 결혼하게 됩니다. 결혼식 날에는 다른 신부가 올 수도 없지만 절대적으로 결혼지참금을 가져온 신랑만이 여인을 접할 수 있습니다. 결혼 지참금을 가져오는 순간에 부부가 되지만, 그러나 신부가 신랑 곁을 떠나고 싶으면 언제든지 지참금을 돌려주고 떠날 수 있습니다.

질문 11. 네께디족의 장례문화에서 특징적인 것이 있는지요?

답변 : 네께디족의 장례문화는 매우 특징적인 것은 없지만 빠잉(천) 다섯 장, 5만 세파 혹은 10만 세파의 돈을 가지고 있어야 장례가 가능하게 됩니다. 만약 결혼한 부인 곧 친정부모가 사망했을 경우 신랑은 신부에게 5만 세파를 줍니다. 이는 장례식을 잘 치러야 한다는 의미에서이지요. 그리고 며느리가 시부모의 장례식을 만나면 춤을 추기도 한다. 이는 천국을 향해

갔다는 믿음에 근거한 것입니다. 그렇지 못할 경우 전문적 춤꾼을 불러 장례를 치루기도 합니다.

이상은 비비꾸 마을에서 교회가 세워진 과정과 전통 문화의 특징을 질의응답한 것이다. 장로님은 마지막으로 한마디를 덧붙였다. 우리가 일주일 중 금요일에 밭에 가지 않은 것도 축제이지만 오늘 한국에서 이곳까지 방문해 주셔서 영적으로 힘이 난다며 웃음을 잊지 않았다.

그리고 종족과 관련하여 베티족은 전 대통령이었지만 디께디 족과 같다고 한다. 이들에게 종족은 크게 문제되지 않는다고 말해 주었다.

10
*
쏠로꾸 교회(SOLOKOU CHURCH)

비비꾸 교회에서 간단한 인터뷰를 하고 난 후 쏠로꾸 교회를 방문했다. 쏠로꾸 교회로 가는 길목은 매우 복잡하고 더럽다는 생각이 들었다. 왜냐하면 하수구 시설이 되어 있지 않아 동네 중앙으로 오물이 흐르고 있을 뿐아니라 목회자의 부엌은 주택 밖에 있었다.

쏠로꾸 교회는 사무엘 목사가 개척한 후 다시 시몬끼에 전도사에게 사역하도록 맡긴 곳이다. 교회 성도 수는 100명이 넘는다. 그 가운데 세례교인은 15명 정도이고, 나머지 85명은 새신자라고 한다. 이곳에 교회를 개척한 것은 시몬끼에 전도사의 고향이었기 때문이다.

이곳에 우리가 방문한 것을 알고 동네 사람들과 교인들이 모이기 시작했다. 그러나 우리는 이곳에서 교회가 어떤 형편인가를 알기 위한 것이지 예배하기 위한 것이 아니었다. 잠시 교회를 방문하고 기도한 다음 떠나는 것이 목적이었다.

내가 쏠로꾸 교회에서 보고 느낀 것은 이렇다. 목회자와 교인들은 한결같이 예수님이 하신 말씀과 동일하게 움직였다. "…나는 의인을 부르러 온 것이 아니요 죄인을 부르러 왔노라 하시니라"(막 2:17)의 말씀이 실현되는 곳이었다. 예수님이 전도하시면서 열두 제자를 세운 것과 같이 제자삼는 사역도 병행함으로 교회 성장을 극대화하고 있었다.

이 교회가 지향하는 바는 가장 먼저 해야 할 일은 교회의 핵심과 목적 그리고 교회 성장을 위한 올바른 방식에 대해 공통된 견해를 창출하는 것이었다. 쏠로꾸 교회는 전 마을 주민을 대상으로 하는 전도사역과 교회 개척 시스템에 집중하고 있다는 느낌을 받았다.

또 하나 쏠로꾸 교회는 이 세상에서 교회에 주어진 일이 무엇인가를 알고 있었다. 그들은 밭일과 가정일이 있음에도 불구하고 끊임없는 전도 사역으로 100여 명의 교인들이 하나님을 찬미하고 있었다. 이렇게 되기까지는 '힘들어도 하나님의 일을 계속해야 한다. 하나님께서 도와 주실 거야.'라는 자긍심이 강했기 때문이다.

코트디부아르에 내전이 끝나고 새로운 정권이 들어 선 상태지만 언제까지 이런 평화스러움이 이어질지는 아무도 모르기 때문에 세상에서 나에게 주어진 일에 최선을 다하는 것이 신앙의 참된 모습임을 아는 것 같았다. 하나님의 사람으로서 당신은 어떤 사람인가를 깊이 생각하는 기회라고 느끼고 있는데 백성철 목사의 메시지가 있었다.

"여러분, 힘냅시다. 예수 잘 믿고 천국에서 만납시다. 여러분의 목회자와 함께 힘을 합해 쏠로꾸 교회가 하나 되어 하나님의 나라를 건설해 갑시다. 그리고 천국에서 만납시다."

백성철 목사의 권면과 격려의 메시지는 짧았다. 그러나 그의 음성과 언어에는 강력한 신앙을 요구하는 메시지였다. "예수 그리스도를 잘 믿고 천국에서 만납시다."라는 메시지는 현실과 종말론적 신앙을 요구하고 있다. 그리고 목회자와 합력하여 아름다운 공동체를 만들어 가자는 것은 교회가 건강해야 된다는 메시지였다.

쏠로꾸 교회는 교회의 터도 있다. 그러나 지붕을 덮을 만한 재정이 없어 벽돌만 올린 상태다. 재정이 확보된다면 지붕을 덮을 수 있을 것 같다는 느낌이 들었다. 교회 벽을 높이 쌓아 올렸는데 지붕을 덮을 수 있도록 도움을 준다면 좋겠다. 쏠로꾸 교회 지붕을 덮는 문제는 내가 할 일이 아닌 것 같아 잠잠히 있었다. 이미 마음 속에는 5개 빌라지 교회의 대지 구입에 관심이 가 있었기 때문이다.

귀한 교회 사역을 하는 목회자를 위해 하나님께서 도움의 손길을 통해 지붕을 덮는 일이 속히 이루어지기만을 두 손을 모아 보았다. 내가 보았던 교회이지만 채워지지 않는 가슴앓이를 해야 했다. 나의 눈으로 보았고, 확인했음에도 감동이 오지 않아 일할 수 없었던 모습이 그만 어렵게 만들고 있다는 생각이 들었다. 다만 성전건축을 완공할 수 있는 자가 속히 임하기를 기도하고 자리를 떴다.

11

*

블루존 교회(BLOUZON CHURCH)

가뉴아 지역의 일부에 있는 블루존 교회는 흙집으로 되어 있다. 25평 남짓한 작은 교회다. 대나무를 엮어 벽을 만들고 흙을 발라 만든 교회이다. 천정은 대나무를 엮어 놓았고, 검은 비닐을 덮어 비를 막고 있다. 건축비는 20만 세파라 한다. 한화로 하면 40만 원에 교회를 건축한 셈이다. 블루존 교회의 담임은 아리스트 전도사가 맡아 사역하고 있었다.

블루존 교회가 있는 곳에는 로랑 그바그보 전 대통령의 어머니가 묻혀 있는 곳이다. 대통령의 모친이 묻혀 있는 곳이지만 초라하기 그지없다. 그러나 이곳에서 하나님의 이름을 찬송하고 그 분의 영광을 위해 헌신하는 성도들이 지은 성전은 한량없이 아름다웠다.

블루존 교회가 있는 곳은 두에꾸에와 근거리에 위치하고 있으며, 전 대통령의 지지도가 가장 높았던 지역으로 알려져 있다. 코트디부아르가 2011년 내전에 휩싸인 것은 그바그보와 와타라는 각각 코트디부아르의 남북 세력을 대표한다. 가톨릭에서 개신교로 개종한 그바그보는 남부 가톨릭 세력을, 이슬람교도인 와타라는 북부 이슬람 세력을 대표한다. 2010년 10월에 치러진 대선 1차 투표에서 현직대통령이었던 그바그보는 경제수도이면서 최대 도시인 아비장을 중심으로 남부 지역에서 50% 안팎을 득표하면서 1위에 올랐다(38.3%). 반면 와타라는 서북부에서 70% 이상을 얻는 압도적인 지지를 바탕으로 2위(32.1%)를 차지했다. 그러나 와타라는 서북부와 반군 주요 거점인 부아케를 제외하면 다른 지역에서 후보 중 최다 득표를 한 지역이 없었다.

와타라는 어머니 코트디부아르와 북쪽으로 국경을 접한 부르키나 파소 인이라는 이유로 남쪽 지역 사람으로부터 '외국인'이라는 취급을 받아왔다. 실제로 코트디부아르 북쪽에는 부르키나파소 등 코트디부아르와 국경을 접한 나라에서 건너온 외국인이 많이 살고 있다, 이들은 남쪽 사람들로부터 외국인이라는 이유로 정치 · 경제적 차별을 당하고 있다.

이미 국무총리까지 거친 와타라도 지난 2000년 외국인이라는 이유로 대선 후보로 나서지 못했다. 많은 북쪽 사람들은 국적과 투표권도 받지 못했다. 그런 그가 국민의 힘을 얻어 대통령이 되고 난 후 이 지역에 대한 차별 정책을 펴고 있다는 소식이다.

현 정부가 남북 간의 화해와 국가발전을 위해서는 군사 · 경제적 자신감을 내려놓고 국민 경제와 민생을 챙기는 일에 우선순위를 두어야 할 것으로 보인다. 세계 최대 생산량을 자랑하는 코코아와 커피 생산량을 증가시킬 필요가 있다. 또한 코코아와 커피의 수출항구인 산 페드로 항구와 아비장 항을 개발하여 국제항구로 만들어 일자리 창출을 시도할 필요가 있다. 과거 그바그보가 정치적 행보를 했던 것과 반대로 국민과 세계 경제를 우선순위로 하는 정치 · 경제적 활성화를 한다면 출구전략에 성공할 수 있다.

한편, 블루존은 과거 정권의 번영시대와 다른 어려운 사회경제적 환경을 맞고 있다. 대통령 선거에서 승자인 와타라가 그바그보 측 지지자들을 껴안을 때 코트디부아르는 평화가 올 것이다. 2차 대선에서도 승리한 와타라 대통령이 남북 갈등으로 극심한 후유증을 앓고 있는 코트디부아르를 잘 봉합하고 간다면 서부 아프리카에서 최고의 강국이 될 것이란 확신이 들었다.

블루존 지역에는 그바그보 전 대통령의 향수가 남아 있는 것 같다. 이들에 대한 치유와 격려는 상투적인 복음이 아닌 생명을 살리는 복음으로 가능하다. 복음은 상황화되어야 한다는 것도 중요하지만 각각의 사람이나 상황에 적절하게 관련되어야 하고 올바르게 강조되어야 한다. 그렇지 않으면 복음은 상투적인 것이 되어 인간에게는 부적합한 것이 된다.

블루존 교회의 사역자가 비록 전도사일지라도 복음이 고대 사회에 주어진 하나님의 말씀과 현대 세계 간의 주어진 것과 아직 미해결인 채로 있는 것 간의 내용, 상황, 성경과 문화와의 차이, 계시와 상황화 간의 변증법을 가지고 씨름해야 한다. 사역자는 성경에 대해 더 신실하고 사람들에 대해 더 민감할 필요가 있다. 두 가지 가운데 어느 하나 소홀히 할 수 없다. 보다 진지하게 다루어야 하고, 성경에 더 깊은 통찰력을 갖고 지역을 돌아볼 필요가 있다. 그럴 때 코트디부아르의 아픈 상처와 남북 간의 갈등을 봉합할 수 있다.

내가 블루존 교회를 방문하면서 충격을 받은 것은 교회 개척 3개월 만에 45명의 성도가 모여 예배한다는 소식 때문이다. 25평 남짓한 교회당에 45명이 모여 예배한다는 것이 놀랍다. 교회 개척 후 성장하는 과정을 보면 아프리카에서는 땅 따먹기라 할 정도이다. 어떤 종교든지 마을에 들어가 종교적 상징을 심는가에 따라 달라진다. 예를 들어. 기독교가 마을에 십자가를 세우면 기독교 마을이 되고, 이슬람교가 모스코를 세우면 무슬림 마을이 되고, 가톨릭이 교회를 세우면 가톨릭 신자가 있는 마을이 된다. 이런 곳에 교회 개척은 성급한 것이고 이를 위해 한국교회와 선교 관심자들의 기도가 필요하다.

블루존 교회는 하나님의 새로운 사회, 복음의 살아 있는 구현, 하나님 나라의 표지, 인간의 공동체가 하나님의 자비로운 통치 아래에 있을 때 어떻게 보일 것인가를 고민하는 교회로 성장하고 있다. 존 스토트가 『현대를 사는 그리스도인』이라는 책에서 교회는 자신이 되어야 한다(교회의 생활)는 주장에 동감한다. 요한일서 4장 12절의 "어느 때나 하나님을 본 사람이 없으되 만일 우리가 서로 사랑하면 하나님이 우리 안에 거하시고 그의 사랑이 우리 안에 온전히 이루어지느니라"는 말씀과 같이 되어야 한다. 하나님은 보이지 않는 분이시다. 아무도 그분을 본 사람이 없다. 그분의 영광을 보았다면 그분의 영광, 그 분에게서 발하는 빛을 흘끗 본 것뿐이라는 존 스토트의 지적과 같다.

나는 블루존 교회 구성원이 '교회는 자신이 되어야 한다'는 사명의식을 갖고, 성경에 충실하면서도 현대 세계에 적절한 방식으로 복음을 순간순간 전할 수 있기를 기대한다. 그리고 교회는 완전한 사랑의 공동체로 변화되어 보이지 않는 하나님이 다시 세상에 보이도록 드러내기를 기대하면서 교회 문을 나왔다.

12

＊

로구아타 교회(Logouata Church)

아비장 한인교회 2016년도 요람 39페이지 14번을 보면 로구아타 교회가 기록되어 있다. 이교회의 전도사는 윌리암이다. 목회자로서 나이는 많은 편이다(1942년생).

로구아타 교회를 향한 백성철 목사의 사랑은 남다르다는 것을 발견하게 된다. 교회가 성경에 기초한 신앙운동과 지역사회개발을 염두에 두고 사역하기 때문이다. 그는 교인들을 향해 다음과 같이 권면을 했다.

"세상에는 돈 많이 벌고, 출세하는 것 등의 다양한 복이 있습니다. 그러나 예수 믿고 구원받는 복이 최고입니다. 요한복음 1장 12절에 보면, '영접하는 자 곧 그 이름을 믿는 자들에게는 하나님의 자녀가 되는 권세를 주셨느니라'고 되어 있습니다. 이 말씀처럼 우리는 하나님의 자녀입니다. 우리는 하나님의 자녀이기에 하나님의 것이 우리의 것입니다. 그래서 우리는 복 있는 사람입니다.

여러분은 하나님의 자녀이기 때문에 예수 그리스도의 이름으로 기도해야 합니다. 로구아타 교회는 기도하는 교회가 되어야 합니다. 하나님의 말씀인 성경도 읽어야 합니다. 그래야만 하나님이 누구인지를 알게 되고 진리를 깨닫게 됩니다. 여러분은 하나님의 말씀을 읽고 하나님의 뜻을 알고 깨닫는 자가 되기를 바랍니다. 로구아타 교회도 하나님의 말씀을 읽고 복된 교회가 되시기를 바랍니다."

백성철 목사는 하나님을 믿는 사람이 가장 복된 자라고 격려한다. 그의 메시지는 성경적이면서 내세를 바라보는 관점에서 성도들을 격려하는 것이 특징이다. 하나님은 본질적으로 자기 백성을 사랑하시며 복을 주시는 분이다. 하나님은 본질적으로 인간에게 복 주시는 분이며, 우리를 위해 사시고 죽으시도록 자신의 아들을 주심으로서 사랑을 나타내 주셨다. 이것이 우리가 받는 복이라는 이야기다. 그분 안에 있는 것, 그분의 사랑을 받는 것이 복이다. 우리 모두는 이러한 복을 받기 위해 열심히 하나님을 경외하고 믿으며 그분의 사랑 가운데 머물러야 한다고 말한다.

로구아타 교회를 향한 축복의 메시지를 마치고 난 후 교회 문을 나서자 동네 아이들이 환영해 준다. 외국에서 온 손님을 향한 미소가 행복해 보였다. 하나님의 나라가 이루어지기를 소망하면서 한 걸음을 내딛는 순간 이런 기도를 드렸다.

"하나님, 로구아타 교회가 산 개울에 있는 바위처럼, 한 겨울에 피어난 장미꽃처럼, 거름더미 속에서 자라난 백합꽃처럼 세상 안에 머물러서 굳게 서도록 인도해 주옵소서."

로구아타 교회로 인하여 코트디부아르 전 국민이 하나님의 백성이 되고, 연합하여 주를 경외하도록 축복을 빌었다. 그리고 종족간의 갈등이 없어지고 모두가 하나 되어, 저희도 하나가 되고, 온전함을 이루어 하나가 되는 곳이 되기를 마음 깊이 축복하면서 다음 장소로 출발했다.

13
*
바요타 교회(Bayota Church)

아비장 한인교회가 가장 관심있게 보는 교회가 바요타 교회라 한다. 바요타 교회는 아름답고 열심히 하나님을 믿는 백성들이 있기 때문이다. 바요타 교회의 아리스트 전도사는 월요일부터 금요일까지 심방사역을 통한 목회를 하고 있다. 또한 장로교단(EEPCI)에 가입한 교회 가운데 모범적인 곳으로도 알려져 있다.

바요타 교회의 모습은 보잘 것 없었다. 교회는 오래 전에 건축을 하여 교회의 모형을 갖추었지만 성전을 완공하지 못했다. 교회 건물로서 형태를 갖추었지만 창문 모양만 있고 창문이 없는 교회다. 지붕은 양철로 되어 있어 더운 날에는 견딜 수 없을 것만 같다. 비가 오는 날에는 세상에서 가장 시끄러운 재즈 음악이 될 것이다. 비오는 날에는 탐탐을 더 세게 두드리며 찬송을 불러야 할지도 모르는 교회이다. 그러나 하나님의 복을 받기 위해 모인 곳이 행복할 것 같았다. 이 교회는 진리와 거룩함과 복음전도와 연합을 통해 성령 충만 교회가 될 것이다. 사도행전 2장 42절과 47절에 보면, "저희가 사도의 가르침을 받아(진리, 서로 교제하며, 연합)," "떡을 떼며 기도하기를(거룩함을 표현하는 예배) 힘쓰며," 한편으로 "구원받는 사람을 날마다 더하게 하시리라(선교)"가 이루어질 것을 확신한다.

백성철 목사는 다니엘 12장 3절을 인용하여 말씀을 선포했다.

"지혜 있는 자는 궁창의 빛과 같이 빛날 것이요 많은 사람을 옳은 데로 돌아오게 한 자는 별과 같이 영원토록 빛나리라"

여러분, 만나서 정말 반갑다는 인사를 먼저 한 다음 성경의 핵심 내용을 백성철 목사가 간략하게 선포했다.

"여러분, 많은 분을 하나님께 돌아오도록 하는 자는 하늘의 별과 같이 빛날 것입니다. 여러분도 하늘의 별과 같이 빛나는 사람이 되시기를 빕니다."

백성철 목사는 하늘, 천국, 미래에 만날 사람들이라는 희망을 주는 메시지를 전하는 것이 특징이다. 하나님께서 다니엘을 향하여 이 말을 마지막 때까지 간수하고 이 글을 봉합하라고 하셨는데, 바로 세상이 변화하고 세속화되고 빨리 왕래한다 해도 하나님을 믿는 믿음에서 떠나지 않아야 한다는 것을 주지시켜 주었다.

그는 교회의 목사로서 교회생활과 선교와 사회적 변화를 위한 갱신이 무엇인가를 늘 고민하고 있는 목회자이다. 그는 항상 설교자이면서 선교사라는 것을 잊지 않고 있는 것 같다. 왜냐하면 성도들을 향한 권면이 현실과 종말을 오고가며 복음을 선포하기 때문이다. 성직의 중요성을 인식하고 이를 성도들에게 끊임없이 선포하고 증언함으로서 후회 없는 삶을 살려는 의지가 매우 강함을 보았다. 또 교회들이 그리스도의 몸 안에서 모든 지체가 사역자라는 바울의 비전을 회복하는 일을 기뻐하기도 했다.

그는 선한 목자가 무엇인지도 알고 있다. 선한 목자는 그의 양을 안다. "자기 양의 이름을 불러…나는 선한 목자라 내가 내 양을 알고 양도 나를 아는 것이 아버지께서 나를 아시고 내가 아버지를 아는 것 같으니."(요 10:3, 14-15)라는 말씀은 목자는 양들과의 신뢰와 친밀함이 발견된다. 목자는 각 양들을 알고 그 이름을 부르기까지 한다. 그만큼 관심이 있다는 이야기가 된다.

그는 바요타 교회의 사역자 세라핀(Seraphin) 전도사를 위로했다. 세라핀 전도사가 말라리아로 고생하는 것을 보고 오길순 사모님은 구급약을 비롯하여 다양한 방식으로 위로를 했다. 바요타 교회는 세라핀 전도사에 의해 장로교단에 가입을 했고, 2006년에 처음으로 만났다고 한다. 그러니까 지금으로부터 10년 전에 처음 만나 지금까지 교단과 코트디부아르의 복음화를 위하여 협력하고 있는 것이다.

그러나 한동안 아비장 한인교회와 바요타 교회 전도사와의 관계가 소원한 적도 있었다. 바요타 교회가 건축될 당시 아비장 한인교회에서 시멘트 구입비용을 충분하게 지원했음에도 불구하고 시멘트가 부족하다는 보고를 받고 난 이후부터라 할 수 있다. 양측 간의 의사소통 결여가 오해가 되었다. 교회건축 재정을 지원하는 측과 지원받는 측의 현실적 이해가 얽혀 오해가 되어 오랫동안 거리를 두었다고 한다. 최근에 바요타 교회와 전도사 간의 오해가 풀리고 나서 관계를 갖기 시작했다고 한다.

그런데 바요타 교회의 세라핀 전도사는 말라리아 때문에 기운이 하나도 없어 보였다. 그는 어려운 교회와 사회적 환경에서 복음전도적 교회를 만들어 가기 위해 노력하고 있었다. 교회는 하나님의 선교적 결실이라는 것과 지속적인 하나님의 선교에 참여하기 위해 교회가 존재한다는 것을 아는 것 같았다. 변화하는 세상에서 교회 개척과 교회의 새로운 표현이 무엇인가를 알면서 묵묵히 목회를 하고 있었다. 교회의 새로운 표현이란 지역을 복음화하고 선교적인 형태의 교회의 틀을 갖추려는 시도를 말한다.

바요타 교회를 나오면서 느낀 점은 이렇다. '목사가 아니어도 사역을 잘하는 자가 있구나'. 그들은 사명을 갖고 시골교회에서 복음전도와 말씀 사역에 헌신하고 있음을 보았다. 사역자들은 어려운 경제적 환경가운데서도 문화장벽의 극복과 변화된 상황에 맞는 교회 개척이라는 원칙적 기반을 갖고 있었다. 그들은 교회의 새로운 표지로서의 궁극적인 목적은 충실한 그리스도의 제자가 되는 것이다. 문화에 대하여 무비판적으로 순응하는 신앙인이 되는 것이 아니라는 생각이 들었다.

복음은 한 시대의 문화 가운데 울려 퍼져야 한다. 복음은 언제나 적절한 회심을 인도하는 것이 되어야 한다. 진정한 복음전도는 성육신의 모범을 따른다. 아비장 한인교회 공동체는 현지인들의 처지를 헤아리며 그들이 사는 곳에서, 그들과 함께 하는 사역으로 예수 그리스도를 알리고 있다. 지리적 공간 즉 사는 곳에서 하나님의 나라가 임재하기를 기대하고 있다.

그들이 처한 처지란, 지리적, 지역적 연결을 넘어 교회가 사람들의 문화, 가치, 생활방식, 네트워크와 연결됨을 의미한다. 이러한 선교전략은 현 코트디부아르 상황에 적절하게 적용되고 있다.

14
*
코트디부아르에서의
마지막 밤(Votre résidence hotel)

코트디부아르 빌라지 교회 탐사 여행은 오늘 밤으로 마무리하게 된다. 오늘 밤이 4일째 되는 날이다. 내일 아침이면 모든 것을 정리하고 오후에는 코트디부아르를 떠나야 한다. 우리가 주로 머물던 아비장 숙소에는 다음 날 오후에 도착할 것 같다.

코트디부아르 가뉴아 시는 조금 큰 도시라 생각했다. 도시 중앙 혹은 근교에 있는 호텔에서 숙박할 것으로 기대를 했다. 하지만 모든 것은 우리의 생각대로 되지 않았다. 가뉴아 시에서 목회하는 아볼레 전도사가 본 호텔은 그의 수준에서 매우 높은 곳이었기 때문이다. 호텔은 가뉴아 시 외곽지역에 있었고, 1층에 있는 방 몇 개만을 갖고 호텔을 운영하고 있었다. 호텔 내에서 레스토랑이나 커피숍도 없다. 호텔의 시설은 한국의 모텔보다 못한 수준이었다.

아프리카는 사람들이 머무는 곳을 무조건 호텔이라고 명칭을 붙인다.

우리가 생각하는 호텔과는 전혀 다른 차원의 곳이다. 우리가 선교지에서 호텔에 머문다고 하면 모두가 놀라지만 그렇지 않다.

호텔은 1층이다. 호텔 방 출입문을 열면 밖에 있던 모기들이 한꺼번에 방으로 들어온다. 방이 1층에 있는 관계로 습도가 높을 뿐 아니라 비가 내리게 되면 빗소리가 그대로 들려오는 곳이다. 방문은 제대로 되어 있지 않아 문을 힘껏 잡아 당겨야 닫힐 정도로 정밀하게 만들어 놓지 못했다.

여행이라는 것이 늘 그랬다. 잠자리가 불편해도 편안한 침대와 샤워실만 있으면 그만이다. 하루 종일 먼지와 땀으로 범벅이 된 몸을 씻고 나면 피곤이 풀리기 때문이다. 잠은 보약이라고 했던가. 잠자는 시간이 가장 행복한 것 같다.

15

*

Espace Dos Santos 레스토랑

2016년 7월 7일 하루 일정을 마치기 전 숙소로 돌아왔다. 우리가 머물러야 할 숙소를 정해 놓고 마지막 가뉴아 교회를 방문하기 위해서였다. 빌라지 교회를 방문하고 교우들을 만나는 것이 그냥 행복하기만 했다. 바울이 에베소, 빌립보, 골로새 교회를 방문하면서 격려했던 것과 같았다.

지역을 방문하는 것은 어려운 일이지만 선교가 무엇인가를 이해하는 첫걸음이라 중요했다. 선교는 이해하면 할수록 감동이 커져 감을 경험했다.

선교는 마치 인생과도 같았다. 짧은 인생을 사는 우리에게 나와 다른 사람들이 사는 현장을 방문한 것은 참으로 복된 걸음이다. 우리는 가뉴아에서 마지막 교회를 남겨 놓고 저녁 먹을 걱정도 했다.

아프리카는 시골로 가면 갈수록 한국인이 먹을 만한 음식이 별로 없다. 현지인들과 함께 먹을 수 있는 것은 하얀 쌀밥과 스프(닭고기와 야채를 섞은 것)일 뿐 그 외에는 먹기가 어렵다. 스프와 하얀 밥은 특별한 손님이 올 때만 먹을 수 있는 특별식이다. 이런 음식을 먹을 때는 마을 잔치가 되고 온 교우들에게 기쁜 날이다.

Votre résidence hôtel에서 나와 마을 길을 걸어 큰 도로가로 나왔다. 도로가에 설치된 하수구는 온갖 쓰레기와 폐수가 흘러가고 있었다. 눈을 뜨고 볼 수 없는 검정물의 하수구 뒤에는 유명한 막기(Maggi) 레스토랑과 타이어 빵구 집, 미용실, 각종 음식을 파는 상인들로 가득차 있다. 이곳에서 사람들은 음악을 들으면서 하루의 피곤함도 잊어버리는 것 같았다.

마을 길을 벗어나 큰 도로를 따라 오른쪽에 있는 야시장으로 갔다. 이곳 역시 저녁 장사를 준비하는 사람들과 야외 식탁에 둘러 앉아 있는 손님들도 드문드문 있었다. 우리 일행이 방문하자 동물원의 원숭이를 바라보는 모습이다. 누구나 할 것 없이 쳐다보는 상황에서 숯불구이를 하던 젊은 사장이 닭고기가 맛이 있다는 듯이 호객행위를 하고 있었다. 넓은 화덕 위에 장작을 태우면서 숯불 주위로 통닭을 통째로 익히고 있었다. 통닭의 척추가 빨갛게 보이면서 장작불에 닭고기는 익어 가고 있었다. 숯불구이 통닭집을 조금 지나자 생선 굽는 냄새가 난다. 생선과 통닭 숯불구이를 하는 집도 있었지만, 삼겹살을 네모난 상태로 철판 위에 굽는 냄새가 나의 코를 자극했다. 그 옆으로 어느 아주머니는 생선을 반으로 잘라 내장을 꺼내면서 손질을 하고 있었다. 생선 비늘을 벗겨내기도 하면서 깨끗하게 손질하는 대야를 보았을 때 충격을 받았다. 생선을 다듬는 대야는 시커먼 물 그 자체였다. 그렇게 구워낸 생선을 먹으면 장염에 걸릴 것만 같았다.

　우리는 야외 식당을 벗어나 오던 길로 되돌아갔다. 백성철 목사님과 사모님은 내일(7월 8일) 출국하게 되는데 배탈이 나서는 안 된다며 더 깨끗한 식당을 찾아야 한다며 오던 길로 되돌아왔다. 사실, 선교탐방을 하는 우리는 가뉴아 시에서 어느 레스토랑이 좋은지 모른다. 이곳에 거주하는 교회의 교역자가 미리 살펴보아야 하는데 경험이 없는 것처럼 보였다. 사역자는 순진하고 착하지만 의전에 약한 것이 드러났다. 우리는 일정을 건강하게 보내야 하는 마음이 있지만 현지인들은 우리가 하는 일에 대해서는 별 관심이 없다. 이것이 문화적 차이라고 말할 수 있다.

16
*
가뉴아 교회(Gagnoa Chuch)

가뉴아 교회는 다운타운에서 조금 떨어진 곳에 위치에 있고, 우리가 머물렀던 Votre résidence hôtel에서 한 블록 위치에 있다. 담임은 아볼레(Abole, 1986년생) 전도사로 아냐마에 있는 입태시 신학교(Institut Presbyterien de Theologe Evangelique de Code D'ivoire 코트디브와르 복음장로회 신학교) 졸업생이다. 그는 성품이 참하고 조용한 자로 목회를 할 수 있을까 걱정을 했다 한다. 그러나 그는 가뉴아 시의 주술신앙이 강한 곳에 25평의 땅을 임대하여 목회하고 있었다. 교회 건물은 대나무 벽으로 되어 있고 지

붉은 슬레이트(함석)으로 된 지붕이다. 강단은 작지만 십자가가 세워져 있었고, 탐탐(코트디부아르인의 전통 북)과 의자 세 개가 놓여 있었다.

우리가 일행이 교회에 도착한 시간은 오후 6시 30분이었다. 교회 주변에서 공을 차는 어린이들 옆을 지나 마을 광장 옆에 있는 대나무로 지어진 교회가 가뉴아 교회이다. 교회 바닥은 맨 땅 그대로다. 의자는 등받이가 없는 긴 것으로 여러 개가 놓여 있었고, 강단 앞에는 작은 공간이 만들어져 있다. 아프리카 교회마다 강단 앞이 넓게 만들어져 있고 의자는 항상 뒤에 가 있다. 왜 그럴까? 강단 앞이 넓게 만들어진 것은 아프리카 교회의 문화다.

아프리카 교회의 공통점은 예배하기 전에 반드시 통성기도를 한다. 찬송인도자는 할렐루야! 아멘을 연창하기도 한다. 성도들의 반응이 나올 때까지 할렐루야를 연속적으로 외친다. 그러면 성도들은 아멘 아멘이라고 응답한다. 그런데 한 가지 놀라운 사실은 예배 인도자의 지나친 할렐루야를 외칠 경우 성도들의 반응은 약해져 가는 것을 보았다. 할렐루야는 하나님을 찬양하는 것이지만 지나치게 많이 해서도 안 되겠다는 것을 보았다.

가뉴아 교회 안으로 들어가자 흙냄새가 났다. 그리고 아프리카에서만 느낄 수 있는 교회문화를 접할 수 있었다. 그 어디에서도 볼 수 없는 교회의 문화는 전통이다.

나와 백성철 목사는 아볼레 전도사의 안내를 받아 강단에 있는 의자에 앉아 있었다. 강단에 앉아 있는데 어디선가 교인들이 몰려오기 시작했다. 어린아이들과 청년들 그리고 어른들이 모여 들기 시작했다.

가뉴아 교회 교인들의 얼굴에는 감사와 찬양과 기쁨이 있어 보였다. 잠시 후 개척교회 멤버였던 젊은 청년이 헐레벌떡 교회 안으로 들어왔다. 그는 잠시 묵상기도를 드린 후 탐탐을 치기 시작했다. 그가 교회의 찬양인도자였다. 그의 찬양은 감사가 있는 목소리였고 그의 찬양에 맞추어 교인들은 따라서 부르기 시작했다.

아프리카 교회의 특징은 한 사람의 노래 리더가 있으면 그 노래를 따라 부른다. 찬송가이든 민속음악이든 누군가 먼저 목소리를 높여 찬양하면 따라 부르는 형식은 아프리카 전체의 문화로 이해하면 된다.

가뉴아 교회에서 찬송과 춤(dens)은 한 시간 가량 이어졌다. 교회 안에 전기 불이 들어오기 시작했다. 아볼레 전도사는 교회가 설립된 동기와 현재의 자리에 세워진 과정을 소개해 주었다. 가뉴아 교회는 원래 다른 지역에서 개척예배를 드렸지만 현재의 곳은 임대한 곳이라 한다. 교회 공동체 모두가 힘을 합해 대나무 교회를 세우고 예배하기 시작했다.

잠시 후, 아볼레 전도사는 웃는 모습으로 성도들을 향해 이렇게 외쳤다. 아비장 한인교회에서 오신 피터 백 목사를 소개하고, 백성철 목사의 아내도 소개했다. 그리고 한국에서 온 장훈태 교수도 소개했다. 미국에서 온 단기선교팀 세라, 한나, 마리아를 소개한 후 나영이도 소개했다.

가뉴아 교회가 세워진 것은 눈물과 기도였다. 가뉴아 시를 복음화하기 위한 전략적 측면에서 세워진 교회이고, 코트디부아르 장로교 신학의 전통성을 알리는 역할을 하고 있었다. 아마도 최초의 장로교단으로 그 역할을 잘 감당하고 있었다. 아볼레 전도사가 가뉴아 교회의 설립과 성장, 지역상황을 설명해 주었다.

가뉴아 교회는 2012년 개척하여 많은 성도들이 모여 하나님께 예배하였는데 현재의 장소로 옮기고 난 후 교인들이 줄었다고 소개했다. 현재 교회가 있는 곳은 주술사들이 활동하는 곳이지만 교회가 세워지면서 영적으로 안전한 곳이라 했다. 어려움이 조금 있었지만 지금은 계속하여 부흥하고 있다.

현재의 장소로 교회를 이전한 후 어린이가 30명이 모였다. 이들을 위한 장소가 비좁아 토요일에 주일학교를 운영한다고 말했다. 어린이 모임이 잘되어 가면서 여성도 4명이 함께 동역하고 있으며 이들의 헌신된 봉사가 오늘의 교회를 이룩하고 있다.

아볼레 전도사의 교회와 멤버 소개가 있은 후 E.E.P.C.I 교단 총회장인 백성철 목사를 비롯한 일행을 소개해 주었다. 그의 환영인사와 함께 소개를 마치고 난 후 교단 총회장 백성철 목사의 인사와 함께 성경말씀을 통한 권면과 격려가 시작되었다. 백성철 목사의 사랑과 감동이 있는 말씀선포와 격려가 이어졌다.

"저는 오래 전에 가뉴아 교회의 설립과정에 대한 소식을 들었습니다. 이제 가뉴아 교회를 방문하여 눈으로 보면서 성장하는 교회라는 점에 깊은 감동을 받았습니다. 저희는 월요일(7월 4일) 아비장을 출발하여 다나네 지역 빌라지 교회를 돌아보고, 망 지역과 두에꾸에 지역을 거쳐 가뉴아까지 왔습니다. 아볼레 전도사는 처음으로 아비장 한인교회에서 만났습니다. 여러분의 목회자인 아볼레 전도사는 착한 사람입니다. 그는 선한 목자라고 생각해 왔습니다. 아볼레 전도사가 이렇게 교회를 개척하고 교인들과 함께 신앙생활하는 것을 보니 매우 기쁩니다."

백성철 목사는 교단장으로서 힘찬 목소리와 자신감 넘치는 권면으로 교인들을 위로해 주었다. 그리고 목회자인 아볼레 전도사를 격려함으로 힘이 되어 주었다. 한 마디의 격려와 위로, 힘찬 박수는 춤을 추게 하는 것 같다. 교단장 방문과 격려의 메시지가 아볼레 전도사에게 웃음을 선사해 주었다. 백성철 목사는 계속해서 교인들을 향해 말씀으로 권면하기 시작했다.

"여러분, 마가복음 1장 32-34절을 읽도록 하겠습니다. '저물어 해질 때에 모든 병자와 귀신들린 자를 예수께 데려오니 온 동네가 그 문 앞에 모였더라. 예수께서 각 종 병이 든 많은 사람을 고치시며 많은 귀신을 내어 쫓으시되 귀신이 자기를 알므로 그 말하는 것을 허락하지 아니 하시니라.'"

가뉴아 교회 성도들은 성경을 읽을 때는 자리에서 모두 일어서서 읽는다. 하나님 말씀에 대한 존중과 경외를 표시하는 의미이다. 빌라지 교회를 방문할 때마다 경험한 것이지만 성경을 읽을 때는 반드시 일어서서 함께 낭독한다. 가뉴아 교회 성도들과 함께 성경봉독이 끝나자 백성철 목사는 교인들을 향해 권면과 위로, 힘을 주는 메시지를 선포하기 시작했다. 그의 강론을 보면 다음과 같다.

"여러분, 예수 그리스도는 하나님의 아들이십니다. 그는 항상 하나님 앞에 기도함으로 하루 일과를 시작했습니다. 예수님이 기도하시고 난 후 설교를 하시게 되면 귀신들린 자, 병든 자가 고침을 받았습니다. 예수는 집에 가시지 않으시고 베드로의 장모를 치료하기도 했습니다. 그는 사람들이 몰려오면 각색 병에 걸린 사람을 고쳐 주었습니다. 예수는 하나님의 일을 하느라 안식일에도 바쁘게 지냈습니다. 예수님은 다음 날 하나님의 일을 시작하기 위해 한적한 곳에 가서 기도하는 분이셨습니다. 가뉴아 교회 역시 예수님처럼 기도하는 교회가 되기를 바랍니다.

우리는 기도하지 않으면 험악한 세상에서 살 수 없습니다. 여러분은 매일 같이 하나님의 성전인 교회에서 기도하기 바랍니다. 제가 목회하고 있는 아비장 한인교회는 매일 같이 교회에서 새벽기도회가 있습니다. 월요일에서 토요일까지 1년 내내 하나님 앞에 엎드려 기도하고 있습니다. 여러분도 하나님의 백성과 교회와 인근 지역사회를 위해 기도하시기 바랍니다. 하나님은 기도하는 자녀들을 위해 응답하십니다.

여러분, 교회에서 하루에 30분씩 기도하는 분 손을 들어 보세요. 아, 몇 분 계시는군요. 모두 4명이 손을 들었습니다. 우리는 하나님께 기도를 드려야 할 이유가 있음에도 기도하지 않아 기도의 응답을 받지 못할 때가 있습니다. 야고보서에 보면, 기도와 관련된 내용이 많습니다. 기도하면 지역사회를 살리는 교회가 되고 생명을 살리는 자가 됩니다. 우리는 기도해야 합니다.

여러분, 가뉴아 교회는 아볼레 전도사를 목회자로 세웠습니다. 목회자를 위해서도 기도해 주시기 바랍니다. 목회자는 온 성도들의 영적 성장을 위한 기도가 있어야 합니다. 아무쪼록 가뉴아 교회가 기도 많이 하는 교회가 되길 바랍니다. 오늘 우리가 읽은 마가복음 1장 32-34절의 말씀대로 이루어지는 교회가 되기를 바랍니다. 혹시 교회에 나오지 못하게 되면 가정에서 기도하시길 바랍니다. 제가 다음 기회에 방문하게 되면 기도 많이 하는 교회, 전도하는 교회가 되어 더욱 성장한 모습으로 만나기를 빕니다."

교단장인 백성철 목사는 지역교회의 개발과 변화, 성도들의 영적 성장을 위한 권면을 했다. 그의 성경적 권면은 교인들에게 힘이 되었고, 교인들은 아멘으로 받아들였다. 한 사람의 영적인 지도력이 지역과 사람을 변화시킬 수 있다는 것이 백성철 목사의 생각이다. 그는 지역교회와 성도들의 영적 성장을 위해 교회 심방을 하고 있다. 그와 함께 동행 하는 시간은 은혜의 시간이고 성경적 세계관의 기초를 튼튼히 하는 기회였다.

백성철 목사는 복음을 선포하고 나면 한국에서 방문한 닥터 장(Chang)이 축복기도를 해 줄 것이라고 소개해 주었다. 가뉴아 교회를 위한 기도는

'하나님의 선교와 사회적 책임을 위한 것'이었다. 내가 축복 기도를 마치게 되면 교회에서 행사는 끝이 나게 된다.

우리 일행은 성도들과 일일이 악수를 하며 인사를 나눈 후 교회 밖으로 나왔다. 그런데 한 가지 놀라운 일이 일어났다. 목회자의 아내가 아파서 어려움을 겪는다는 소식이다. 이 소식을 들은 백성철 목사의 아내는 걱정을 하면서도 아볼레 전도사를 위로해 준다. 백성철 목사 부부는 사역자를 위한 격려와 함께 병원에 가서 치료받을 수 있도록 배려를 하고 있었다. 그의 사랑과 격려, 배려는 큰 힘이 될 것으로 보인다.

2016년 7월 7일의 사역은 가뉴아 교회를 방문한 것이 마지막이다. 이제 우리는 저녁 식사 장소인 레스토랑으로 가기 위해 차에 올랐다. 교회에서 출발한 차는 울퉁불퉁한 도로 위를 지나느라 진땀을 흘렸다. 비포장도로는 곳곳에 빗물로 인해 웅덩이가 많았다. 차창 밖으로 어두워지자 상점들도 불을 켜기 시작했다. 길거리에 있었던 행상들은 어디론가 모두 사라졌고, 현지인 식당에만 전기불이 환하게 비추고 있었다.

17
*
Espace Dos Santos 레스토랑

지역 교회를 탐방한 팀원 모두가 건강했다. 어느 누구도 짜증을 내는 사람이 없었다. 미국에서 1년 동안 단기 선교사로 방문한 세 자매, 프랑스에서 교환학생으로 공부했던 황나영 자매 역시 건강했다.

우리는 오후 늦은 저녁을 먹기 위해 식당으로 향했지만, 식사할 곳이 마땅하지 않아 이곳저곳을 돌아다니다가 Espace Dos Santos 레스토랑으로 갔다. 산토스 레스토랑은 의료선교팀이 방문했을 때 식사한 곳이라면서 기억이 난다고 일행들은 반가운 얼굴을 했다. 이 레스토랑은 도로변에 있었고 입구가 허름해 보였다. 하지만 입구는 허름해도 문을 열고 들어서자 놀라움이 앞섰다. 출입문 입구에서 계단을 따라 붉은 색 카펫을 깔아 놓았다. 아, 이 시골 레스토랑에 붉은 색 카펫이 깔려 있다니… 모두가 놀라는 표정이다.

우리는 VIP실로 들어갔다. 가뉴아 시에서 볼 수 없는 깨끗한 곳이다. 저녁 메뉴는 닭요리, 흰쌀 밥, 바나나 요리가 전부다. 닭은 4마리를 시킨 것 같다. 물과 콜라를 주문하고 앉아서 기다리는 동안 백성철 목사는 이렇게 말했다.

"아, 생각난다. 여기는 우리가 의료 선교 팀과 함께 왔던 곳이다. 참 오랜만이다. 이곳에 오니 감회가 새롭다."

사람은 누구나 한번 다녀 온 곳을 또 방문하게 되면 감사하고 평안하게 된다. 어쩌면 인간은 지나간 과거를 생각하는 것이 더 좋은지 모르겠다. 그런데 과거만을 생각하면 비극이다. 그러나 비전을 생각하면 기분 좋은 일이 생긴다.

과거와 지금의 차이는 무엇일까? 누군가 대답을 해 주면 고마운 마음이 든다. 하지만 과거는 지나간 것일 뿐이란 생각을 하는데 테이블 정면에 코트디부아르 토착민의 마스크가 보인다. 그림과 마스크를 카메라 렌즈에 담고 내 자리로 되돌아 왔다. 그때까지 저녁 식사를 주문하고 있었다. 나는 어떤 음식을 먹어야 할지 고민하지 않았다. 지금은 교회 순방팀과 함께 동행할 뿐 아니라 어떤 경제적 부담감도 갖지 않았기 때문이다.

레스토랑에서 이런 저런 대화를 나누는 중에 나는 아주 재미있는 이야기를 들을 수 있었다. 가뉴아 교회의 전도사는 학업생활 중에 매우 겸손했고 조용한 형제였다. 입태시 신학교 교장은 이 친구가 목회는 할 수 있을까 늘 걱정을 했는데 사역을 잘하는 것을 보니 기분이 좋다고 말한다. 하나님께서 주신 사명을 알고 그것을 실천하는 사람이 복된 자이기 때문이다. 이런 그의 사명과 성실성을 보고 가뉴아 지역에 파송했다고 한다. 여기서 우리는 한 가지 중요한 사실을 발견하게 된다. 사람 아니 사역자를 선택하여 파송하는 일은 그 사람 안에 있는 하나님의 성품과 성격에 따라 써야 된다는 점이다. 아무리 분주하고 바빠도 그 사람의 정신과 사상을 알아야 된다. 그래서 선교는 돈보다 사람이라고 말하는 것을 깨달았다.

한참 후에 음식이 나왔다. 맨 먼저 바나나 요리가 나온 것을 잘 알지 못했다. 그러나 현지인들은 음식을 주문했어도 항상 확인해야 한다. 닭고기를 주문했으면 다리를 세어 보아야 한다. 닭다리는 빼고 몸통만 나오기 때문이다. 이런 그들을 보면 정직하지 않은 문화가 내재되어 있었다. 장사는 거짓말인가라는 생각이 들 정도다.

나에게 처음으로 먹어보는 바나나 튀김요리와 닭고기 요리는 별미였다. 아프리카다운 산뜻한 맛과 향, 쫄깃한 닭고기는 입맛을 돋우는데 최고의 음식이었다. 아프리카 음식에는 반찬이 많지 않지만 최고의 맛이다. 자연의 맛 그대로 만든 음식은 식사 후에도 탈이 없을 정도로 좋다. 서부 아프리카를 여행하는 자라면 현지인이 만든 음식을 맛볼 때 좋은 여행이 될 것이다.

18

*

가뉴아 시의 Votre résidence hôtel

가뉴아 시내에서 벗어난 7개 교회를 방문한 후 시내 외곽 지역에 위치한 호텔에서 머물게 되었다. 시내에서 좀 떨어진 곳이라 그런지 입구부터가 별로였다. 호텔로 가는 도로는 비포장 도로였고, 주택은 낡아 수준 높은 곳은 아닌 것 같이 보였다. 호텔 바로 옆에는 헌 운동화를 수입해 판매하는 가게가 있었고, 길 건너편으로는 행상을 하는 가게들이 모여 있었다. 도로가로 나오면 튀김종류와 닭고기를 판매하는 막기(Maggi)라는 레스토랑도 보였다.

Votre résidence hôtel는 시골 마을의 여인숙 같았다. 아마도 다나네의 호텔보다 수준이 더 떨어진 곳이다. 이 호텔을 예약한 사람은 가뉴아 교회의 전도사였다. 그의 수준에서는 매우 좋은 곳으로 생각한 모양이다. 호텔 출입구에는 하나의 통로에다가 레스토랑에는 3개의 테이블만 놓여 있었다. 숙소의 방은 나무로 되어 있어 제대로 닫히지 않는다. 문을 닫을 때 힘을 주어야 닫을 수 있다. 방 안에 있는 화장실은 아예 닫히지 않는다. 옷장의 문은 떨어져 있다. 화장실 바닥은 배수가 되지 않아 바닥에 물이 고인다. 샤워를 하면서 발로 물을 하수구로 몰아야만 흘러내려간다. 어느 시골 모델 같은 호텔이라고 보면 좋을 것 같다.

우리가 아는 호텔 수준이라고 생각하면 실망할 수밖에 없다. 외국에서 어느 시골마을의 여인숙 같은 호텔에서 묵은 것도 처음이다. 그래도 감사한 일이 있다. 중소도시의 특성상 이 호텔도 오성급이라고 생각하는 것이 오히려 마음 편할 것 같다. 왜냐하면 선교현장을 방문하면서 좋은 호텔에서 머무는 것이 목적이 아니라 현지인들의 모습과 영적 상태를 점검하고 격려하는 것이 목적이었기 때문이다.

제8부

피로가 몰려오는
금요일

"복음에는 하나님의 의가 나타나서
믿음으로 믿음에 이르게 하나니
기록된 바 오직 의인은 믿음으로 말미암아
살리라 함과 같으니라"

롬 1:17

1

*
아침은 금식입니다

오늘 아침 하나님은 은혜를 주셨다. 아침 식사는 성경말씀이고, 간식은 구운 옥수수와 오징어, 쥐포다. 이것도 은혜가 넘치는 양식이다. 이 귀한 양식을 차 안에서 먹으면서 가뉴아의 호텔을 벗어나 그로비비아코크와 디보를 거쳐 은디유 도시를 거쳐 마지막으로 요뿌공 교회로 가는 일정을 세웠다. 2016년 7월 8일 금요일은 교회 개척과 빌라지 교회 탐방, 사역자의 재교육, 아프리카에서 교회 개척(Church planting)을 눈으로 확인하는 마지막 날이다.

나는 코트디부아르 빌라지 교회와 도시 교회 탐방을 통해 교회 개척의 개념을 새롭게 인식하는 기회가 되었다. 교회 개척은 하나의 회중을 새로이 출범시키려는 복음의 목적에서 발생한다는 것과 민속신앙과 자기 세계관에 갇혀 있는 자들을 다른 장소로 이전시킨 뒤 또 다른 회중을 만들어 활성화하려는 것과 관련이 있음을 발견하게 되었다. 교회 개척을 통해 한 집단으로 회중을 불러 모아 집단적 정체성과 스타일을 만들어 내는 작업이다.

여기서 집단적 정체성이란 그리스도를 향한 찬미와 예배, 제자도를 포함하는 모든 행위를 포함할 뿐 아니라 온전한 그리스도의 공동체가 되는 것을 말한다. 교회 개척의 표지는 하나님 나라가 초점이다. 그리고 모든 교회 공동체 일원은 전도자이어야 하고, 모든 구성원은 말씀 안에서 성숙을 지향해야 하며, 예수가 우리의 신앙 중심에 서 있어야만 교회로서의 가치를 구현하게 된다는 것 등을 배우게 되었다. 이제 마지막 남은 일정을 잘 소화하고 프랑스를 거쳐 한국으로 되돌아가는 일만 남았다.

그러나 아비장 한인교회와 장로교 교단에서 교회 개척과 관련된 여러 형태를 보는 가운데 가져야 할 전략이 있다면,

첫째, 삼위일체 하나님에게 초점을 두는 예배와 섬김, 거룩한 사명을 나눌 때 선교적 교회가 될 수 있다.

둘째, 사역자가 속한 지역과 마을에서 하나님의 부름을 받은 문화와 관계하여 자신을 형성함으로서 복음이 요구하는 것이 아니면 벗어버려야 한다. 성육신적인 교회는 성령이 교회 공동체에서 활동하시는 모습에 대하여 순간순간 반응해야 한다.

셋째, 교회 개척을 통하여 사역자 자신과 구성원들 그리고 복음과 성령의 능력으로 공동체를 변화시키기 위해 존재해야 한다. 사역자 자신의 독자적인 힘(학력, 권위)으로 하는 것이 아니라 성령의 능력으로 공동체를 변화 발전시켜야 한다.

넷째, 교회는 예수 그리스도의 참된 제자를 양육하고 파송해야 한다. 교회는 말씀을 통한 공동체의 변화와 개인의 변화에 힘을 써 예수의 제자로 성장하도록 노력해야 한다.

다섯째, 교회 개척의 핵심은 관계 중심적이다. 여기서 소중한 것은 신앙 공동체로 형성된 관계라야 할 것이다. 신앙인들은 예수 그리스도의 삶과 모델을 경험하기까지 상호 신뢰의 관계를 맺도록 격려하고 홀로 서기를 하지 않는다.

선교적 목표를 가진 교회가 다섯 요소를 명심하여 지킨다면 하나님의 나라는 확장될 것이다. 그렇다고 이 다섯 가지는 교회 개척의 정답은 아니지만 교회의 복음전도 목적과 성격을 확인해 볼 수 있는 유용한 길일 뿐이

란 생각으로 다음 목적지를 향해 출발하는 순간 입에서 하품이 나왔다.

마지막 날이라는 생각에 온 몸에 있던 피로가 몰려오면서 졸음이 오기 시작했다. 어느 새 눈을 감고 졸기 시작했다. 그리고 차량은 아비장으로 향해 달렸다. 피로가 쌓이면 속도와 민첩성이 떨어진다는 것을 기억하면서 잠시 동안 눈을 붙였다.

2
*
이제 아비장으로 간다

서부 아프리카 코트디부아르에서 4박 5일의 탐사여행은 매우 행복하고 즐거웠다. 어쩌면 예술같은 여행을 했다고 말하는 것이 더 좋을 것이다. 아비장을 떠나 온지 5일째가 되는 날이다. 차량 앞좌석에 앉아 있는데 졸음이 쏟아져 나온다. 나의 눈꺼풀이 서서히 감기고 고개는 옆으로 흘러내려갔다. 이제는 긴장이 풀릴 때가 되어서 그런지 모르겠다. 뒷좌석에도 조용했다. 모두가 잠이 들었는지 모르겠다. 그만큼 육체와 영혼이 피곤했다.

나는 차 안에서 백성철 목사가 다나네와 디보, 은디유 시를 방문한 과정을 여러 번 반복해서 들었다. 그는 도시 교회와 시골교회를 개척한 것과 후진 양성에 힘쓴 결과 선교의 열매를 맺기 시작했다는 소식이다.

"교수님, 저는 이 길을 수십 번 왔다갔다 했어요. 그때는 체력이 좋아서 무서운 줄 모르고 교회 개척과 성전 건축에 힘을 쏟았습니다. 정말 힘든 일이라고 생각하지 못했습니다. 그저 하나님의 교회가 세워진다는 것 하나만 보고 달려왔습니다. 이제 저는 죽어도 여한이 없습니다."

이는 백성철 목사가 지난 20년 동안 하나님을 바라보며 살아왔던 것을 되새기면서 감격해 하는 모습을 담은 것이다. 그는 우리의 삶의 여정을 선교적 삶으로 하나님께 드리고 헌신할 때 하나님은 약속대로 우리와 함께 하신다는 확신이 분명했다. 그는 누가복음 5장의 1–14절을 좋아한다.

"우리의 삶을 선교적 삶으로 하나님께 드리고 헌신할 때 하나님은 약속대로 우리와 항상 함께 하셔서 우리의 삶을 축복해 주실 줄로 믿습니다. 누가 복음 5장을 보면 만선보다 더 귀한 축복이 주님을 만나 사명을 깨닫는 것이라고 말씀하고 있습니다."

그는 만선(滿船)의 배를 타고 집으로 오려면 사명을 발견해야 된다고 말한다. 하나님을 만나기 전에는 우리의 인생은 참 인생이 아니라면서 하나님을 만날 때가 가장 행복한 시간이라고 말한다. 이러한 내용을 듣는데 어느덧 디보(Divo)에서 가까운 그로비아꼬꼬(Grobiakoko) 지역에 있는 교회에 도착했다.

3

*

그로비아꼬꼬 빌라지 교회(Grobiakoko Church)

가뉴아 도시에서 오전 7시 5분에 출발을 했는데 한 시간 만에 그로비아꼬 꼬 교회에 도착을 했다. 교회 진입로 양쪽에는 커다란 풀이 자라 있었고, 벤자민 나무에 숨겨져 있는 듯이 보이는 하얀 건물이 교회당이다.

그로비아꼬꼬 교회는 어느 교회 못지않게 성장하는 교회로 알려져 있다. 거기다가 교회에 대한 소문도 잘 나 있는 형편이어서 아비장 한인교회가 신경을 많이 쓰는 교회 중에 하나라고 보면 된다.

아비장 한인교회는 선교 동원가 역할과 믿음이 연약한자들을 일으켜 세우는 헌신자적인 곳이다. 수많은 사람들이 아비장 한인교회를 방문하면서 항상 기쁨의 날개를 가지도록 목회하시는 분이다.

나는 디보에 있는 교회로 직접 가는 줄만 알았다가 뒤늦게 그로비아꼬 꼬 교회라는 사실을 알았다. 이 교회의 담임전도사 벤쌍(Aroh vincent)은 아내와 아들 두 명을 데리고 산다. 디보 도시에서 약간 외진 곳이지만 교회 주변 환경은 최고의 전원을 갖춘 교회였다. 벤쌍 전도사는 아비장에서 가까운 야오부 마을 출신이다. 입테시 신학교에서 1년 동안 공부한 경력도 가지고 있다.

그로비아꼬꼬 교회의 대지는 800평이나 된다. 이 교회는 연세대학교 응원단장 출신인 송병기 목사의 헌신적인 기도와 헌금으로 세워졌다고 한다. 그는 뉴욕에서 목회를 하던 목사로서 총회장, 목회자협의회 회장, 교회협의회 회장을 골고루 지낸 덕망 있는 분이다. 그분의 헌신적인 봉사와 예물이 오늘의 그로비아꼬꼬의 지역에 교회를 세우는 쾌거를 올렸다. 어느 누구도 일할 수 없고 말할 수 없는 선교에 대한 메시지를 받고 이곳에 교회를 건축해 주었다.

이민 교회의 목회자 송병기 목사가 이곳에 아름다운 성전건축을 이룩한 것은 매우 의미가 있는 일이다. 그는 자신의 회갑기념으로 15,000$을 헌금하였다고 한다. 그 후 여러 모양으로 아비장 한인교회 사역을 돕고 있다. 그는 목회자로서 선교적 사명을 갖고 서부 아프리카를 사랑한 것으로 보인다. 그의 열정과 희생, 헌신된 예물을 드림으로 아프리카 현지 교회가 건축된 것이다.

이민교회의 한 목회자의 헌금은 아름다운 성전 터와 예배 장소를 건축한 것이다. 그가 세웠던 교회는 출입구에서 서북방향으로 보이는 곳에 예배장소가 세워져 있고, 본당 뒤편으로 사택이 건축되어 있었다. 교회 뜰 한쪽에는 바나나와 얌, 각종 과실수를 심었다. 교회당과 사택 중간에는 우물을 파 놓았는데 10m밖에 되지 않아 생활오수의 침입으로 식수로 사용하기가 어렵다고 한다. 아비장 한인교회 백성철 목사는 시골 우물에 대하여 이렇게 말한다.

"교수님, 우리가 잘 모르는 것은 아닙니다. 아프리카에서 식수를 먹기 위해서는 100m 깊이의 샘을 파야 안심하고 먹을 수 있습니다. 10m의 우물을 팠다면 식수로 사용하기가 어렵습니다. 아프리카는 샘물의 깊이를 100m 정도로 깊게 팔 때 안심하고 물을 마실 수 있습니다."

그의 통찰력 넘치는 언어와 리더십은 현장선교사와 목회자들의 귀감이 되는 부분이다. 그의 냉철한 판단력은 빌라지 교회를 건축하는 원동력이 될 뿐 아니라 목회자 양성과 교육에도 큰 힘이 된다고 느꼈다.

아비장 한인교회 백성철 목사의 그로비아꼬꼬 교회와 관련된 설명을 들으면서 더 놀라운 사실을 발견했다. 신학교 1학년 수업만을 마친 벤씽 전도사가 교회를 성장시켰기 때문이다. 그는 그로비아꼬꼬 교회에서 사역을 하면서 장년 50명, 어린이 주일학교 50명이 되는 교회의 목자였다. 그의 목양은 비록 연약해 보일지라도 하나님을 향한 열정과 찬양, 기도로 목회하는 것 같았다. 목회는 학력으로 되는 것 같지 않았다. 하나님을 향한 무릎과 헌신, 하나님의 거룩한 손을 잡고 가려는 의지(느 2:8, 18)가 있어야 한다.

나는 그로비아꼬꼬 교회를 나서면서 정직, 정확, 최선을 다한 목회 그보다 중요한 것은 없음을 보았다. 하나님 앞에 생사(生死)를 내놓아야 한다. 목회자가 보편적인 인문주의와 인문정신이 가득차면 교회가 성장하지 않는다. 성경을 문자적으로 해석하면서 하나님의 명령을 전달할 수 없기 때문이다.

목회는 하나님이 주신 인간을 다스리는 미학(美學)이다. 목회는 하나님의 소명을 성취하려는 미학과 존엄을 보여 주기 위한 기획이고 실천이다. 그래서 고난과 위기를 만나도 그 아름다움을 그리워하고 감동하는 자들을 위해 눈물을 흘리면서 일하게 된다. 농촌 목회는 한국이나 아프리카 모두 어려운 사역이지만 하나님과 공존하면 살아갈 수 있다. 물론 신학의 세계는 보수와 진보가 공존하지만 목회자는 어느 누구와도 대화할 수 있는 자세가 되어야 한다. 교회 안에서 하나님의 백성을 만날 때도 정직해야 하지만 그보다 더 중요한 것은 목회자 자신이 하나님의 메시지를 선포한 것이 정확한가를 알고 일해야 한다. 사실 목회자는 하나님 앞에서 최선을 다하면서 정직과 정확한 복음 선포를 다한다면 성과물(成果物)에 별 관심이 없을 것이다.

가뉴아에서 디보 도시로 오는 길에 한 가지 발견한 사실이 있다면, '하나님의 방법이 옳거나 필요하다고 생각하는 게 있으면 과감하게 일을 벌여야 한다.' 이러한 정신과 태도는 하나님의 계획을 경험하는 좋은 기회가 될 것이다.

지금, 하나님이 바라는 것은 전 세계의 선교사와 목회자들이 하나님 앞에 정직하고 기획력을 갖고 서는 것이다. 하나님은 지금도 초대교회와 같은 열정과 헌신을 갖고 일하기를 기대하신다. 우리는 하나님의 기대에 부응하는 선지자적인 사역자, 현대사에서 정신적 지주, 영적인 리더십으로 사역해야 한다는 생각으로 다음 장소로 이동을 했다.

4

*

디보-엠블러 교회(Divo-Ambler Church)

그로비아꼬꼬 교회를 떠난 지 얼마 되지 않아 디보 도시에 도착을 했다. 조그만 도시이지만 사람들은 생기가 있었다. 동네 시장을 거쳐 디보 시내로 들어가는 길 우축에는 커다란 로마 가톨릭 교회가 세워져 있었다. 로마 가톨릭 교회는 가장 좋은 위치에 넓은 공간을 차지하는 것이 특징이다. 프랑스가 식민통치를 하면서 교회 부지를 크게 확보한 것 같다. 교회가 있었던 곳도 정글이었을 것이고, 각종 열대 과일을 생산하던 텃밭이었을 것이다. 로마 가톨릭 교회가 세워진 곳을 중심으로 도시는 건설되었고, 사람들이 몰려들기 시작했다.

코트디부아르에서는 교회를 중심으로 가톨릭 교회가 세워진 곳이 많은 편이다. 이를 따라서 선교전략적으로 접근하는 것이 이슬람교이다. 이슬람교는 어느 도시, 마을이든 1km거리를 두고 사원을 건축해 놓았다. 사람들이 많던 적던 모스크 사원은 넓게 짓거나 아니면 소수의 마을 사람들이 모일 수 있는 공간을 만들어 놓았다. 그러나 오늘의 이슬람교는 도시의 한복판의 땅을 매입해 가장 좋은 건물로 사원을 짓는다. 이 일을 적극적으로 돕는 나라는 모로코 국왕이라고 한다. 그는 1년 반 만에 코트디부아르를 세 번이나 방문할 정도로 관심을 기울이고 있다는 이야기를 들었다. 매우 충격적인 이야기이면서 이슬람교의 선교전략을 엿볼 수 있는 이야기였다.

도로를 중심으로 양 옆에 있는 동네 시장과 마켓을 구경하는 사이 디보 (Divo)에 도착을 했다. 디보는 아비장 교회가 건축할 때 가장 많은 신경을 썼지만 석연치 않는 부분이 있었다고 한다. 디보 교회를 건축했던 아비장 한인교회 백성철 목사는 이렇게 말한다.

"교수님, 우리가 디보 교회를 건축할 때 계획은 현지인들의 방식으로 교회를 건축하는 꿈을 가졌습니다. 강단을 중심으로 양 옆의 벽에는 "구멍 뚫린 벽"을 만들면 교회 안에 시원할 것이라고 생각했지요. 이것은 실패였어요. 구멍 뚫린 벽을 만들어 놓아 보기는 좋았지만 먼지가 많이 들어와 불편한 것이지요. 또 하나 있어요. 제가 코트디부아르 현지교회를 개척하고 세워가면서 교회 건축에 탄력을 받도록 한 곳이 디보 교회입니다. 이 교회가 저로 하여금 교회 개척과 건축에 힘을 쏟도록 하는 원동력이 되었습니다."

아비장 한인교회의 백성철 목사의 푸념 섞인 경험담이지만 여러 방법으로 깨달음을 주는 장면이다. 그의 탄식과 같은 목소리는 현지인이 좋아하든 싫어하든 치밀한 건축 공간과 철학이 필요하다는 것을 가르쳐 주었다.

그러면서 그는 윤철환 목사에 대하여 자세하게 설명해 주었다.

"송병기 목사는 목회사역에 은퇴한 후에도 저희 코트디부아르 복음화를 위하여 헌신하고 있어요. 그는 교회에서 은퇴를 하면서 필립선교회를 만들어 입테시 신학교(코트디부아르 복음장로회 신학교)를 현재까지 후원하고 있습니다. 송 목사님의 헌신과 후원에 감사하여 저희 교회가 초청을 하였음에도 그는 한 번도 방문해 주지 않았습니다. 매월 1,000$씩 지원해주고 기도해 주시는 은혜로 코트디부아르 복음화 사역을 하고 있습니다."

이민교회의 목회자, 그는 코트디부아르 교회를 향한 헌신과 사랑을 잊지 않고 기도와 격려를 아끼지 않는다는 설명에 나는 아무런 대답을 할 수 없었다. 내 개인적으로 살아온 시간들이 부끄러웠기 때문이다. 누구에게 신세를 지면서 살아온 것은 아니지만 하나님을 향해 헌신적이지 못했다는 면에서 회개해야만 했다.

디보 교회는 코트디부아르 한인 디아스포라 선교역사 가운데 가장 핵심적인 도시선교전략 관문으로 여긴다. 백성철 선교사가 디보를 선교의 거점으로 생각한 것은 여러 가지 요인들이 있다. 디보 교회는 이제 막 디아스포라 선교를 위한 거대한 전략적 실험을 시작했고, 아마 한인교회 역사에서 가장 큰 실험일 것이다. 그러나 그의 고백과 같이 건축에 있어서 철학적 기초가 약했다는 것으로 실패했다고 하지만, 필자가 볼 때는 예술적이었다. 선교가 예술이라고 하면 이상할 수 있지만 교회 건축이나 거점 도시 확보를 통한 인재발굴과 양육은 예술일 수 밖에 없다. 그런 측면에서 한인 디아스포라의 선교 거점도시로 여겼던 디보는 성공적이라고 평가하고 싶다. 그것은 첫째, 한인 디아스포라의 신뢰를 쌓는 유일한 기회였다. 둘째, 불법적인 마약, 법과 사회 질서의 파괴가 있는 도시를 변화 발전시킬 수 있는 곳이란 점이다. 셋째, 교회가 설립되어 복음이 전파됨으로 마을 공동체의 질서유지와 윤리의식 회복을 추구하게 되었다는 점이다. 넷째, 가톨릭 교회가 정착되어 있는 곳에 장로교 신학과 신학을 세워가는 문화를 건설하는 쾌거를 올린 것이다. 다섯째, 문화 변혁의 시대에 걸맞는 개신교의 전통성과 성경적 세계관을 세우는 곳이 되었다.

이러한 관점에서 디보 엠볼러 교회는 도시인들의 문화 속으로 스며들어 하나님의 나라 건설을 위한 혁명적 패러다임을 구축해 가고 있었다. 무엇보다 디보에 거주하는 거류민들을 위한 디딤돌이 되었다는 점에서 획기적이다. 디보-엠볼러 교회는 사회가 끊임없이 포효하는 변화의 조류에 휩쓸릴 것이라는 것을 예측하고 교회가 세워진 것이다. 코트디부아르의 정치적 변화와 내전으로 인한 국민적 갈등 상황과 경제적 궁핍이 가져온 정신적 고통을 이겨나갈 수 있는 터전이 되었다는 점에서 긍정적이다.

코트디부아르는 10년 동안 내전을 겪었던 곳이라 모든 국민들이 평화를 사랑한다. 그들은 평화를 좋아한다. 코트디부아르 사람들은 그동안 내전으로 겪었던 두려움과 공포에서 벗어나 희망의 노래 부르기를 염원해 왔다. 그들은 한결같이 평화로운 땅에서 농사를 짓고, 자녀들을 교육하는 땅이 되기를 소망해 왔다. 그러나 지금도 이곳은 일부 지배계층의 횡포와 종교적 편향으로 고통을 겪는 사람들이 많다. 소외계층으로 사는 사람들은 정치적 변화가 일어나기를 기대하지만 쉬운 일은 아니라고 보고 있다. 오늘도 코트디부아르 전 국민들 대다수는 조금만 더 평화로운 국가로 발전하길 기대하고 있다. 그들은 가슴·머리·자부심이 거짓·공갈·협박을 물리치기를 원하고 있다. 도시와 지방에 교회가 들어설 때마다 위대한 코트디부아르 건설을 위해 기도하는 교인들이 많은 것 같다. 이것은 현 정부에 대한 항변도 아니다. 다만 국가의 발전을 통해 삶의 질이 좋아지기를 기대하는 심리일 뿐이다.

디보 시내에 세워진 교회는 한인 디아스포라의 영적 발전소와 같은 곳이다. 민간신앙으로 어두워진 마을과 사람들의 마음을 밝게 비추기 위한 노력을 하기 때문이다. 영적 전쟁은 종종 소름끼치도록 정확한 시간감각을 지닌 것처럼 보일 때가 있다. 전쟁의 첫 번째 희생자는 진리를 모르는 자들에게 진실이 무엇인가를 가르쳐 주는 것이다. '전쟁의 첫 번째 희생자는 진실이다'(In war, truth is the first casualty). 이 말은 선교현장의 중심에 자리 잡은 도덕적 딜레마를 상징한다. 선교현장은 도덕적 불감증과 윤리의식이 부재한 곳이 많아 질서를 잡기가 어렵다. 현대 전쟁에서 주로 사용하는 드론으로 공격할 수는 없다. 다만 진리로 진실을 선언해야 하기 때문에 21세기 전쟁의 불편한 진실이 담겨 있을 수 있다.

그러나 디보−엠볼러 교회를 중심한 선교현장의 핵심역량은 정확성이다. 진실을 사랑하는 사람들에게 평화를 즐기도록 해주고, 동네 사람들과 함께 할 때 얘깃거리를 제공하는 것을 목표로 한 드라마틱한 스릴러다.

아비장 한인교회가 디아스포라 선교 차원에서 시작한 디보−엠볼러 교회는 선교가 무엇인가 새로운 깨달음을 얻을 기회를 준다. 왜냐하면 백성철 목사가 이곳을 통하여 교회 개척의 원동력이 되었다고 고백을 했기 때문이다.

"디보 교회를 통하여 아프리카 선교의 비전을 찾고, 일상을 뒤집어 희망의 빛을 찾는 곳으로 기대했던 곳이다. 디보 교회를 통하여 코트디부아르의 밝은 미래를 향한 소망의 빛을 던져 주고 싶었기 때문이다."

코트디부아르는 전국에 걸쳐 암흑과 같이 희망의 빛이 없었다. 하지만 어느 이방인은 빛이 없는 길을 따라 빛을 비추기 위해 걸어가는 일상을 상징하는 교회를 바라보고 있었다. 교회가 개척된 곳을 밟으면서 "밝은 빛을 향한 인간의 보편적 희망"은 이번 17개 교회 탐방에서도 연작처럼 흐르고 있다.

5
*
문제는 영적 지도자 한 사람이 중요합니다

나는 코트디부아르 서북부 지역을 '복음의 실크로드'라고 명명하고 싶다. 서북부 지역 다나네로 가는 길 옆에 세워진 E.E.P.C.I교단 교회 때문이다. 이 교단은 코트디부아르에서 유일하게 한인 선교사에 의해 자생적으로 탄생한 장로교단이다. 산과 강을 건너 시골 벽지에 이르기까지 교회가 건설되고 탐사자의 시선으로 붓을 잡도록 했기 때문이다. 복음의 실크로드 교회들은 어제보다 나은 오늘을 창조하려는 '믿음선교의 씨앗'을 심고 있었다. 이들이 누구나 할 수 있는 일인 것 같지만 쉽지만은 않은 길을 걸으며 20년을 뿌려온 밭에서 싹이 나기 시작했다. 어제보다 나은 오늘을 살고 싶어하는 사람들이 늘어나기 시작했다. 그저 무심히 지나칠 수도 있는 우리 주변의 상황에 예리한 통찰력과 직관으로 영성의 옷을 입혀 가고 있다.

정보와 지식이 과잉인 시대에 드물게 '지혜의 금광'을 채굴하는 백성철 목사의 교회 개척과 인재 양육, 영적 리더십에 무한 신뢰를 보내고 싶을 뿐이다. 남북·좌우·동서 상하 진영이 상처투성이라도 무엇을 버려야 하고 붙잡아야 하는지 순회탐방을 통해 가르쳐 주었다.

그럼에도 불구하고 도시와 빌라지 교회에는 조금씩 문제점을 안고 있다. 그것은 목회자들의 성경지식 미비와 가정이었다. 목회자가 돈을 벌어오지 않는다고 아내가 집을 나가버리는 무책임한 일들이 발생하고 있다. 또 하나는 원교근공(遠敎近功)이 약한 것도 있었다. 가까운 곳부터 정복한 뒤 차츰 범위를 넓혀 가라는 것을 모르는 목회자 부인들의 현실주의 때문이다. 원교근공의 시공(時空)을 아는 자라면 남편 곁을 떠나지 않았을 것이다. 목회자의 아내들이 현실주의 곧 사단의 물질주의 전략게임의 한가운데로 빠져드는 형국이다. 세속의 근공(近功)을 막아낼 힘과 전략이 과연 목회자에게 있는가라고 묻고 싶었다. 물론 목회자 역시 세속의 근공을 막아낼 힘은 있었겠지만 현실이 이를 뒷받침해 주지 못해 어려움을 겪고 있을 뿐이었다.

코트디부아르를 비롯한 아프리카 교회의 현실은 재정적 어려움으로 아내들이 교회 밖으로 나간다는 점이다. 이를 위한 대책 마련이 시급한 실정이다. 현지 교회의 어려움을 극복하려면 하나님이 주신 정신이 꿈틀대야만 자기 소유를 아낌없이 하나님 나라 확장에 쏟아 부을 수 있다. 그야말로 자기 안의 넘치는 부요(富饒)를 토해내고, 자기 속에 없는 것을 남에게 넘겨 줄 수 있는 마음을 가져야 좁은 길을 갈 수 있다. 아무리 물질이 넉넉해도 그 마음이 인색하고 욕심이 많으면 좁은 길을 갈 수 없다. 우리 마음의 생태 환경이 풍요로워지려면 '시와 꽃과 예술과 세속주의 하나님'같은 물질주의를 흥청망청 낭비할 줄 알아야 소명(召命)자의 길을 갈 수 있지 않을까.

6

*

디보–엠볼러 교회 옆에 있는
라디오 방송국

교회 옆에는 디보 지역 방송국이 있다. 디보 지역만을 위한 것인지는 모르지만 라디오 방송국이라는 간판과 송출탑이 높게 세워져 있다. 교회 옆이라 그런지 매우 높아 보이고, 교회는 라디오 방송국을 운영하는 듯한 느낌을 주고 있었다.

디보–엠볼러 교회 시몽(Simon) 목사는 매주 디보 라디오 방송국을 찾아가 방송설교를 한다고 전해 들었다. 디보 지역에서 방송설교를 할 정도면 목회자의 지도력이 인정받은 셈이다. 아니 교회가 정착되었고 지역사회에 영향을 미치고 있다는 것을 보여 준다. 이런 교회는 코트디부아르 17개 교회를 방문하면서 백성철 목사로부터 처음 들은 이야기이다. 그러나 한 가지 우리가 조심해야 되고 유의해야 할 점이 있다. 무엇일까. 미래를 향한 생각을 그려보면 답이 나올 수 있다.

첫째, 오랜 시간 한 영혼을 구원하는 일을 위하여 집중했기 때문이다. 둘째, 가정의 어려움에도 불구하고 끊임없이 '온리 원'의 사역을 시도한 결과라 할 수 있다. 셋째, 가톨릭과 이슬람교가 우세한 지역에서 장로교회의 브랜드 가치를 높인 결과였다. 넷째, 아프리카 개신교회가 못하는, E.E.P.C.I. 교단만이 할 수 있는 독특한 사역이다. 교회 강단 뒤에 십자가를 착용하는 십자가 신앙을 강조한 결과였다. 장로교로서 정체성과 신조

(信條)를 강조하면서 성경적 세계관 위에 십자가 신앙을 견고히 한 결과였다. 교회의 신학적 정체성을 잘 간직한 것이 디보 지역에서 디보 엠볼러 교회를 신뢰하게 된 것이다.

디보 엠볼러 교회의 성장과 목회자의 인내는 장로교회의 부흥을 가져온 모범적 사례라고 할 수 있다. 코트디부아르 전국에 개신교회가 부흥하는 것은 기쁜 소식이다. 그러나 민간신앙과 한국에 자생한 이단들로 몸살을 앓고 있는 것도 알아야 한다. 빌라지와 도시교회들이 부흥하는 날도 있겠지만 사하라 사막 이남으로 남하하는 이슬람교로 인해 기독교인 절벽이 올 것이 분명해 보인다. 아프리카 목회자들의 사고가 바뀌지 않으면 거룩한 교회도 사라질지 모른다. 이런 현상을 직시(直視)하고 먼 미래를 조망(眺望)하는 관점을 가져야 한다. 미래의 교회가 건강하게 성장하고 인구 절벽 시대에 존재하기 위해서는 한 사람의 영적 지도자가 중요하다.

7
*
은두시 복된 교회(N'Douci-Bonne Nouvelle Church)

은두시에서 디보로 가는 길목에 있는 은두시 복된 교회는 쾌적한 환경과 넓은 토지를 소유한 곳이다. 은두시 복된 교회 담임목사는 노루베(Nordert)이다. 그는 1968년 생으로 일찍이 하나님을 알고 소명을 받은 신실한 목회자이다. 그가 목회하는 교회를 방문했을 때 나의 소감은 매우 만족스러웠다. 노르베 목사의 목회적 리더십과 인자함과 편안한 얼굴이 나를 평화스럽게 해주었다.

노르베 목사는 코트디부아르의 열악한 종교적 환경과 정치사회적 위기 상황에서도 백성철 목사와 함께 한 동역자였다. 백성철 목사와 함께 하는 시기는 코트디부아르 역사상 가장 많은 희생자가 발생할 때였다. 지금도 일부 도시의 사람들은 심리적 고통을 안고 산다. 코트디부아르인의 상황에서 하나님의 복음은 생수와 같은 것이고, 혁명적이었다. 왜냐하면 하나님의 말씀은 인간의 마음을 평안하게 해주면서 미래를 향한 비전을 심어주기 때문이다.

은두시 복된 교회의 목사가 멋있다는 것은 아프리카 상황에서 칭찬할만한 일들이 많기 때문이다. 첫째, 아프리카 특성상 민속종교가 절대 우위에 있는 상황에서 천국복음을 꾸준히 연구하고 선포했기 때문이다. 둘째, 코트디부아르 정부가 민간인의 이야기를 잘 듣지 않았을 때 교회는 주민들의 갈증을 풀어주었다. 셋째, 일부 끔찍한 사이비 기독교 신앙도 있지만 참된 복음의 진리를 선포하는 목회자였기 때문이다. 넷째, 교단장인 백성철 목사로부터 두터운 신임을 받고 있었다. 다섯째, 민속종교가 기성세대의 바람을 제대로 만족시키지 못할 때 교회는 이들을 수용했고 복음으로 치료했다. 여섯째, 교회에 찾아오는 사람들 대부분이 자기의 주관적 판단에 의한 것이다. 은두시 복된 교회의 노르베 목사가 세대의 흐름을 좇지 않고 영적인 신앙생활에 치중하는 성향 때문이다.

아비장 한인교회 백성철 목사는 은두시 복된 교회 옆 넓은 부지위에 가나안 농군학교 설립, 보나콤 양계장 건립계획을 두고 있다. 이는 E.E.P.C.I 교단 목회자의 자립과 자존을 위한 것이다. E.E.P.C.I 교단과 독립적인 목회 활동 지원 시스템 구축을 위한 프로그램 진행은 미래지향적이다. 나는 하나님을 믿고 하나님 나라가 확장되도록 최선을 다하는

E.E.P.C.I교단 산하의 목회자들에게 각별한 축복이 있기를 기대한다.

그렇다. 선교를 하려면 영적 감각과 미래 지향적인 목적이 분명해야 한다. 그리고 믿음을 가지려면 하나님을 향한 감정이입이 잘되어야 한다. 하나님과 함께 공존할 때 지, 정, 의가 동화될 때 선교 목적을 이룰 수 있다. 선교 목적을 긍정적으로 이해하는 데 큰 역할을 하는 것은 하나님의 선한 손(느 2:8, 18)이 붙잡아 주실 때 가능하게 된다.

지금, 우리는 하나님의 나라와 의를 위하여 금식하며 기도할 때이다. 느헤미야가 아닥사스다 왕으로 인해 어려움을 겪었을 때 금식하며 기도하며 하나님의 옷자락을 만지려는 열망이 있어야 한다.

나는 가뉴아 도시에서 그로비아꼬꼬, 디보, 은두시를 거쳐 아비장으로 가는 길목에서 하나님의 선하신 목적을 눈으로 보고 확인했다. 도시와 빌라지 교회와 목회자들은 한결같이 나를 설레게 하거나 때로 미소를 짓게 하고, 눈물을 흘리게 하는 것이 일상의 순간이 되었다. 그들이 부르는 찬송에 감동을 하였고, 그들이 춤을 출 때 나도 그들과 함께 춤을 추웠다. 그 순간들이 쌓여 코트디부아르의 부흥과 발전을 위해 기도하게 되었다. 내가 방문한 지역의 모든 영혼이 더 사랑스러워졌다. "코트디부아르를 사랑한다. 한 영혼을 사랑한다. 당신을 사랑한다."라는 고백을 했다.

8

✻

지도자는 부지런해야 한다

은두시 교회는 도로변에 3만 3천 평의 넓은 대지를 가지고 있다. 교회 대지를 넓게 차지한 것은 과거 코트디부아르에서 사진관을 경영하던 분이 지금의 시청 자리에 토지를 구입한 것을 헌납한 계기가 되었다.

지금의 은두시 교회 자리는 본래가 은두 시청의 소유였다. 은두 시와 토지를 맞바꾸면서 지금의 장소에 교회가 세워진 것이다. 은두 시 교회는 백성철 목사의 초기 선교사역을 하는 동안 건립된 것이다.

교회 본당 옆과 사택으로 가는 길에는 큰 바위가 있다. 바위를 보는 순간 예수 그리스도께서 기도를 드렸던 겟세마네 동산이 떠올랐다. 겟세마네 동산에서 하늘의 하나님을 향해 울부짖었던 예수의 기도가 생각났다. 그렇구나! 교회는 기도하는 곳이다. 교회는 하늘의 메시지를 선포하는 곳이다. 교회는 한 가지 일 곧 말씀과 기도하는 일에 전념할 때 어느 새 넘버원이 된다.

그런데 이번에 17개의 교회를 탐방하면서 느낀 것이 있다. E.E.P.C.I 교단은 자생적 교단이지만 리더십을 현지인 중심으로 이양을 했다. 글로벌 시대에서 코트디부아르에서 교회 성장률 1위를 차지할 수 있었던 것은 첫째, 각 지역의 총 책임자(노회장 급)를 모두 현지 사람들을 앉혔다는 점이다. 둘째, 현지 교회 성도들의 특징, 성향, 현지 지형, 어떤 메시지를 잘 아는지에 대해선 현지인들이 더 잘 알기 때문에 그들을 신뢰한 데 있다. 한국 사람이 현지에 가서 이것저것 시켜 보거나 복음전한다고 해서 무엇을 할 수 있겠나. 현지인 리더를 세우는 것이 넘버원이 될 뿐이다.

아비장 한인교회 백성철 목사는 코트디부아르에서 20년 동안 '온리 원'을 추구하다 보니 지금은 '넘버 원'이 되었다. 그의 사역은 놀라울 정도로 확장되어 가고 있다. 이는 아프리카라는 특수한 지역에서 현지인들로부터 '당신은 우리의 친구'라고 인정을 받게 된 데 있다. 한국인이 피부색이 다른 민족들로부터 '친구'라는 말을 들은 것은 '온리 원'을 위해 끊임없이 달려온 결과이다.

그런데 한국인으로서 아프리카인을 바라보는 시각은 남달랐다. 15년에서 20년을 함께 해 온 자라 할지라도 서로가 맞지 않는 부분이 있기 마련이다. 은두 교회의 목사가 성품이 좋고 목회를 잘해도 한 가지 약점이 있는 모양이다. 무엇일까 귀를 기울여 들어 보았다. 백성철 목사로부터 돌아온 대답은 이렇다. "이 교회의 목사는 다 좋은데 조금은 게을러요." 목사가 부지런하지 않아 답답하다는 이야기를 하고 있었다. 지역교회에서 교단장과 발을 맞추어 사역하기를 원한다면 '교단장과 경험을 공유'할 정도로 부지런해야 한다. 교회를 관리하거나 교회 중직들과 복음 전도를 몸소 실천하고 은혜를 직접 체감할 수 있는 홍보 전략을 짜는 것이다. 목회자로서 다른 교단(하나님의 성회)과 차별화할 수 있는 요소는 주민들과 자주 만나는 교회의 목회자가 되어야 한다. 교회를 통해서 충성 성도를 만들 수 있고 현지인들로부터 바로 얻은 피드백들이 교회성장과 지역사회 개발로 이어진다. 이러한 맥락에서 보았을 때 목사가 좀 게으르다고 평가한 것 같다.

9

*

아비장이 점점
다가온다

4박 5일간의 탐사 여행의 종점이 다가오고 있다. 교회가 있는 곳, 숙소가 있는 곳이 점점 다가오고 있다. 그동안 쌓여 있던 피로가 한꺼번에 몰려오면서 깜빡 졸기 시작했다. 지금, 전 세계에 불어 닥치는 불황과 브렉시트 여파로 환율이 춤을 추고 있다. 미래학자들은 2030년을 '대담한 미래'라고 말한다. 2030년 대담한 도전, 개인이 어떻게 대응해야 할 것인가.

최윤식 미래학자는 이렇게 말한다. "우리의 미래를 결정할 3개의 큰 파도가 몰려온다." 그것은 첫째, 금융위기를 거쳐 한국판 잃어버린 10년이 간다. 둘째, 직업판도를 바꿀 미래산업의 전쟁이 시작된다. 셋째, 100세 시대, 평생 5-10개의 직업을 갖게 된다는 것이다. 그의 주장을 어떻게 평가하는 것이 좋을까. 아프리카는 아직도 저성장의 늪에서 허덕이고 있는데, 개인은 미래를 위해 무엇을 준비해야 할까? 평생 일자리 걱정 없는 삶을 어떻게 계획할 수 있을까? 미래학자의 통찰력으로 위기의 시대를 맞는 개인들의 절박한 이 질문에 대한 답을 찾는다. 하지만 아프리카에서는 전혀 다른 현상이다. 아프리카인들에게는 먹고 사는 문제가 시급한 상황이기 때문에 미래준비학교 같은 단어들은 생소할 뿐이다.

아프리카에서 사업을 하거나 선교사역을 한 사람들은 한결같이 새로운 시장이 아닌 포화된 시장을 보았고, 아프리카인의 정서(情緖)를 경험했다.

아프리카는 한마디로 아시아인의 눈으로 보는 통념(通念)과 전혀 다른 곳이다. 아프리카에서 선교사역의 극대화는 레드오션 혹은 블루오션(성장 잠재력이 큰 시장)으로 나누어서 보지 않는다. 모든 문화적 환경과 사회 현상을 기존 관행과 새로운 기회가 뒤섞여 있는 퍼플오션(보라색 시장)으로 바라본다. 완전히 새로운 현장을 찾아내 거대한 변혁을 창출하기도 하지만 기존 목회자들의 욕구가 충족되지 않았던 부분을 찾아내 이를 활용할 줄 알아야 한다. 20년 동안 아프리카에 헌신한 선교사역의 열매는 난데없이 떠오른 무작위적이고 즉흥적인 번뜩임에서 비롯되지 않는다. 축적된 경험에서 나온다.

아프리카 선교는 "아프리카인의 가치와 세계관," "관행과 기회가 뒤섞인 퍼플오션"이다.

나는 4박 5일간 지방을 다니면서 목회자와 성도들을 만나는 경험을 했다. 선교는 혁신적인 아이디어를 창출하는 것만으로는 부족하다. 영적 지도자로서 경험적 신앙과 아이디어를 실현시킬 파트너를 찾는 데 있다. 특출한 아이디어와 기획력과 세부사항을 잘 처리하는 출중한 파트너와 함께 일해야 한다. 전 세계적인 억만장자 중 절반 이상이 이런 조합을 이루고 있었다는 것을 보면 '좋은 파트너를 만났을 때 선교사역의 창의적인 비전이 현실에서 성공을 거둘 가능성이 더 커진다'고 보면 된다.

아비장 한인교회 백성철 목사는 10년의 내전 기간 중에도 교회를 떠나지 않고 함께했던 좋은 파트너가 있었다. 좋은 파트너와 만남을 위기 탈출의 계기로 삼은 것이다. 1996년 아비장 한인교회 담임목사로 부임하면서부터 자신이 부족한 점을 보완해 줄 파트너를 찾은 것이 아니라 준비되어 있었다는 점이다. 백성철 목사와 두 명의 장로와 안수 집사 가정은 아비장 한인교회를 지키면서 전국적으로 교회 개척을 이룩한 것은 적솔력(迪率力)이 있는 자들이었다.

백성철 목사는 내전과 경제적 위기, 교회 사역의 위기 상황에서도 '한 발 앞서 이끌며 믿음을 실행'하는 자였다. 그는 현실에 맞게 소통하는 능력을 소유하고 있으며, 한 발 앞서 교인들의 영적 상태를 이끄는 성심적솔(誠心迪率)을 가진 자였다. 그는 교회의 회의를 길게 하지 않는다. 바로 실행하는 군역곽씨(君亦郭氏)의 리더십 소유자다. 그는 정성스런 마음으로 앞장서서 믿음을 보여주는 자로 정평이 나 있다. 새벽기도와 영적 삶에 있어서 철저하게 리더의 덕목을 지켜가고 있다. 그는 위임할 인재와 부릴 인재를 구분하는 임현사능(任賢使能)이 있는 자임을 발견했다.

　아비장 요뿌공 교회로 가는 길목에서 이런저런 생각을 하면서 백성철 목사의 영적 리더십과 열정을 생각해 보았다. 지금 아프리카 선교에서 가장 필요한 것은 적솔력이다. 하나님 앞에 신실한 사역자, 청결한 마음과 헌신, 정직한 사역보고와 열정을 가진 적솔력의 리더였음을 부인할 수 없다. 누군가 그를 향해 질투하고 비난한다면 위기를 경험하지 못한 결과일 뿐이라는 생각을 하는 동안 우리 모두는 아비장 시내에 들어와 있었다.

10

*

아프리카인의 성격은 급한가?

아비장 도시 한 복판으로 들어선 차량은 꼼짝을 못했다. 요뿌공으로 가는 사거리에 차량이 몰려 움직일 수 없었다. 왕복 4차선 도로에는 오고 가는 차량으로 들어차 있었고 누구 하나 양보하지 않는 급한 성격을 드러내 보였다.

아프리카는 날씨가 덥다는 것 하나만으로 나태하거나 행동이 좀 느리다고 생각하는 사람이 많은 것 같다. 그러나 전혀 그렇지 않다. 이들은 운전대만 잡으면 성격이 급해진다. 내가 다나네에서 탄 픽업 차량 운전자는 과거에 트럭을 운전했다고 한다. 그는 울퉁불퉁 패인 도로도 막무가내로 달린다. 이런 환경에서 하나님의 세계를 꿈꾸며 산다는 것이 기적이다. 이룰 수 없는 꿈이 이룰 수 밖에 없는 꿈으로 바뀌는 것 자체가 기적일 뿐이다.

내가 탄 차량은 다행스럽게 기적을 일으켰다. 우리 차량 옆에 있던 트럭이 갑자기 차선을 변경하면서 앞으로 끼어 든 것이다. 아주 오래된 트럭이고, 무조건 들이대면서 전진하는 바람에 건너편 차량이 접근할 엄두를 내지 못하고 있는 사이 우리도 트럭 뒤에 바짝 붙어 좌회전을 했다. 그렇지 않았으면 오랜 시간을 보내야 했을 것이다. 이것이 기적인가. 그렇지는 않지만 모두가 잘했다고 운전기사를 칭찬했다. 운전기사는 '남들이 안 된다고 할 때 앞만 보고 달린 결과'였다.

요뿌공으로 가는 도로에 차량이 몰린 것은 이슬람교도들의 기도 시간인 금요일 정오였기 때문이었다. 사거리 옆에 세워진 모스크에서 메카를 향한 기도를 드리기 위해 몰려든 무슬림들로 인해 도로가 막힌 것이다. 무슬림들의 기도가 끝나자 막혔던 도로는 풀리기 시작했다. 무슬림들의 기도 모임으로 도로가 복잡한 것은 수평적인 정부 조직이 아니라는 생각이 들었다. 모든 국민에게는 종교의 자유가 보장되어 있을 것이다. 특정 종교의 기도시간이라고 해서 경찰이 교통정리를 해주고, 차량 정체현상이 발생하는 것은 불평등적 사회라 할 수 있다. 선교사는 이런 사회 구조에도 불구하고 '늘 우직하라'(Stay foolish)는 정신을 가질 때 영적으로 아프리카인을 리드할 수 있다.

11
*
아비장 요뿌공 교회(Yopougon Church)

아비장 한인교회는 아비장 시내 몇 곳에 도시 교회를 개척했다. 그 가운데 요뿌공 교회는 아비장 한인교회가 전략적으로 개척하여 세운 교회이다. 요뿌공 교회는 아비장 신도시에 위치해 있으면서 도시인을 모으는 곳이 되었다.

요뿌공 교회는 아비장 신도시라 한다. 요뿌공 지역 주변의 상가는 활기가 넘친다. 상가의 주인은 대부분이 레바논 사람들이라 한다. 레바논 사람들은 아비장 곳곳에서 상권을 장악하고 있다. 주택도 한 곳에 몰려 사는 특이한 형태를 취하기도 한다. 요뿌공 주변 역시 레바논 상가를 지나야만 교회가 나온다.

오후 12시 45분이 조금 지나서야 교회 앞에 주차할 수 있었다. 요뿌공 교회 출입문 담장 밑에는 안티셀빵이라는 화초가 자주색 꽃을 피우고 있었다. 안티셀빵은 '뱀이 집안으로 들어오는 것을 막아주는 꽃'이라고 한다. 안티셀빵 꽃은 집과 교회, 넓은 주택의 담장 밑에 심으면 뱀이 집 안으로 침입하지 못한다. 자연 친화적이면서 창조의 섭리를 이용하는 것 같다.

교회 정문 앞에는 장로교 교단의 간판이 눈에 띈다. 코트디부아르 복음주의 장로교단 마크는 간단하면서도 의미가 있다. 직사각형의 중앙에 흰색 십자가가 있고, 양 옆의 직사각형에는 코트디부아르 국기를 반영하는 색을 넣었다. 왼쪽에는 붉은 색, 중앙의 십자가는 흰색, 오른 쪽에는 녹색이다.

장로교 엠블럼은 코트디부아르 국기를 상징하면서 성경을 상징한다. 흰색 십자가는 화해와 평화, 회복을 상징하고, 양 옆의 붉은 색과 녹색은 용서와 창의성을 의미하는 것 같다. 교단 엠블럼이 크게 그려진 교회 문을 통과하여 교회로 들어갔을 때 놀라움을 가졌다. 교회에는 여성도들이 나와 청소를 하고 있었고, 앙드레(Andre) 담임전도사가 반겨주었다. 그는 입테시 신학교를 2015년에 졸업한 유능한 인재라 한다. 그의 안내를 받아 교회 뒤뜰로 내려가자 비탈진 잔디밭이 깨끗하게 정리되어 있었고, 교인들이 모여 대화할 수 있는 공간이 마련되어 있었다. 교회 1층에는 사택으로 전임사역자가 생활하는 공간이다.

요뿌공 교회는 대지가 800평이다. 현재의 위치는 바나나 밭이었고, 비탈진 언덕으로 가치가 없어 보였던 곳이라 한다. 아비장 한인교회 김진의 장로가 코트디부아르 토지 공사를 찾아가 땅 매입 의사를 밝히고 구입한

것이라 한다. 요뿌공교회가 세워지면 주변은 변화하기 시작했다. 교회 옆
에는 아파트가 있다.

코트디부아르 빌라지와 도시교회 마지막 순방 장소가 된 요뿌공 교회는
아름다웠다는 말과 선교 사명을 위해 헌신하는 한인 디아스포라의 열매로
보였다. 우리 일행은 요뿌공 교회를 떠나기 전 하늘의 하나님을 향해 기도
하고 점심 식사 장소로 출발했다.

12
*
만나 식당 (오후 13시 도착)

코트디부아르 공화국, 한국인에게는 생소한 이름의 국가지만 대부분은
알지 못할 뿐 아니라 알려고 하지 않는 국가 이름이다. 어떤 사람은 "알 수
없는 곳이네요. 그런 나라도 있나요."라며 참 자존심 상하는 말을 하는 사
람도 있다. 현대인들은 전 세계의 큰 나라만을 생각할 뿐 서부 아프리카
15개국을 모두 기억하지는 않는다.

그럼에도 불구하고 서부 아프리카는 전 세계의 관심 지역이다. 자원과
인력이 풍부한 곳이며 21세기 세계의 중심이 될 가능성이 많은 곳이다. 반
면, 한국교회 역시 서부 아프리카 지역을 비롯한 아프리카 전 지역이 미래
선교의 중심임을 인지할 필요가 있다는 생각을 하는 동안 만나 레스토랑
에 도착을 했다.

코트디부아르 아비장 만나 식당은 한국인이 운영하는 곳이다. 한식을 그리워하는 자들에게 최상의 맛을 제공하는 곳으로, 식탁은 풍성했다. 한국인의 DNA라 할 수 있는 김치와 감자볶음과 생선 매운탕은 피곤을 잊게 해주었다. 만나 식당에서도 백성철 목사님이 축복기도를 해 주어야 하는데 제가 기도하도록 배려를 해 주었다.

만나 식당의 음식은 소재도 디자인도 오로지 오리지널이다. 아시아의 맛, 한류 열풍을 이끄는 맛은 여행자의 피곤을 모르게 하는 '한국 요리의 명품 왕국'과 같다. 한국음식은 유행에 민감하지 않는다. 배추김치는 전통적인 방법을 이용해 만들지 않으면 담백한 맛이 나지 않는다. 신선한 야채와 재료는 맛을 돋워 주는 데 최고의 음식이다. 배추김치를 먹는 순간 다른 반찬을 먹을 수 있는 재미를 준다.

만나 식당 최영태 집사 부부는 아비장 한인교회의 산 증인들이다. 코트디부아르 공화국이 10년의 내전 기간에도 교회를 지키면서 영적생활에 최선을 다한 일군이다. 이들이 어떻게 식당을 시작했는지 그 과정은 잘 모른다. 그러나 이들은 아비장 한인교회와 깊은 인연과 하나님을 사랑하는 마음 하나로 교회를 지켜온 자들이다. 내전이 한참 진행될 때는 먹을 것이 없어 마음고생을 많이 했다고 한다. 만나 식당에서 만난 김은숙 권사는 내전 중에 있었던 이야기 가운데 일부를 나에게 전해 주었다.

"목사님, 코트디부아르 내전이 한참 진행될 때는 정말 먹을 것이 없었어요. 물건을 하나 사려고 해도 돈이 부족했어요. 참으로 어려웠던 시기였어요. 그런데 우리는 백성철 목사의 사랑을 잊을 수 없어요. 목사님께서 사례비를 받으면 우리들을 데리고 맛난 곳으로 데려 가셨어요. 맛난 음식은 피자였어요. 피자는 그 당시 최고로 먹고 싶은 것이었지요. 참 그런 시절을 보냈다는 것이 꿈만 같아요."

코트디부아르에서 가장 어려웠던 시절을 이야기하는 김 권사님의 말씀을 듣는 순간 '마음의 눈물'이 났다. 목회자는 한 영혼의 아픔과 고통, 가려움을 시원하게 하는 자라야 하는구나. 그 어느 누구도 할 수 없는 일을 통해 격려하고 사랑하는 것이 목회자라는 것을 알게 되었다. 목회는 절대 혼자 할 수 없는 것이란 것도 새삼 느꼈다. 그렇다. 목회자라는 직업은 파괴적인 혁신을 진행하는 자이다. 누구에게, 무엇을, 어떻게 베풀며 사랑할 것인가를 놓고 목회계획 자체를 수정하면서 진행하는 자이다.

생선찌개로 점심을 먹는 가운데 세 번이나 떠서 국물과 각종 해산물을 먹으며 생각을 해 보았다. 목회란 무엇인가? 아니면 선교가 무엇인가. 이렇게 맛있는 음식을 먹는 것이 목회이고 선교인가라는 질문을 던졌다. 맛있는 음식을 잘 먹는 것도 목회인 것 같다. 생선찌개를 먹으면서 연속적으로 맛이 있다고 말할 때 성도는 춤을 춘다.

목회는 성경적 전통성을 갖고 실천하는 모습을 보여줄 때 성도들의 영적 상황을 혁신시킬 수 있다. 목회와 선교는 건축에서 말하면, 철학이자 심리학이며, 그 시대의 메시지이다. 건축을 이해하면 감동이 오듯이 목회와 성도들을 알면 감동이 온다. 선교는 인생과도 같다. 성도들의 마음을 알고, 기도의 탑을 쌓으면서 공간을 구분하며 문과 창을 내고 하는 등의 모든 행위 속에는 인간을 위한 숭고한 결단이 담겨 있다.

아비장 한인교회 백성철 담임목사와 성도들은 몇 가지 위대한 신앙과 선교적 정신을 소유한 분들이다. 그들은 누구에게, 무엇을, 어떻게 복음을 전할 것인가를 항상 고민한 영적 공동체였다. 아비장 디아스포라 공동체의 힘은 어디서 나온 것일까. 생각하면 할수록 답을 찾기가 쉬우면서 통쾌한 부분들이 있다.

첫째, 내전 상황의 위기에서 선교의 기회로 인식하고 승리한 믿음의 공동체였다. 코트디부아르 10년의 내전기간 중 하나님의 일이 무엇인지 그

상황을 인식하는 방법과 태도를 알고 지낸 것이다. 내전의 상황을 '위기이자 기회'로 보았다. 정부군과 반군의 싸움이 치열하게 있었던 아비장 교회 주변의 상황을 보고 위협이라고 여기지 않고 선교의 기회로 삼았다. 내전이 계속될 때마다 지금은 위기이자 기회이고, 장기적인 관점에서 대응책을 세워가는 지혜도 있었다.

둘째, 선교 모델 자체를 재정하는 기회로 삼았다. 아비장에서 경제활동이 순조롭게 진행될 때 한인교회는 200명 가까이 모인 것으로 알려졌다. 그러나 내전이 격하게 진행되면서 코트디부아르 아비장을 떠나는 한국인이 증가하면서 교회 역시 어려움에 처했다. 그러나 아비장 한인교회는 코트디부아르 정부군과 반군의 치열한 전투 상황에서 목회와 선교모델 자체를 재정립하는 기회로 삼은 것이다. 아비장에서 한인(韓人)과 그리스도인으로서 누구에게, 무엇을, 어떻게 복음을 팔 것인가라는 목회와 선교 모델을 재수정한 것이다.

셋째, 새로운 선교 현장에 주목을 했다. 선교사와 한국인들이 철수하는 상황에서 아비장 한인교회는 다나네로 가는 길목에 '아비장 복음 실크로드'을 형성했다. 복음의 아비장 한인 실크로드를 만들어 갔다. 아비장 한인 교회는 반군(反軍)들의 거점 도시인 다나네와 망(man) 지역과 두에꾸에 도시로 아비장 복음 실크로드를 만드는 데 주목을 했다. 모든 사람들이 위험하다고 말할 때 아비장 한인교회는 파괴적 혁신 모델로 복음의 실크로드를 찾아냈고 발굴해 나갔다.

넷째, 지역사회 개발과 기독교문화를 만드는데 하나님 앞에 아이디어를 구했다. 아비장 한인교회 담임목사와 성도들은 내전의 위기 상황에서도 복음을 통한 지역사회 변화와 기독교 문화를 창출하는데 혁신적 모델을 하나님으로부터 구했다. 매일 아침 드리는 새벽기도회를 통하여 하나님의 선하심을 구했고, 이러한 일들을 현지 교회 지도자들과 나누면서 영적 삶에 진력했다.

다섯째, 측면접근으로 반격하는 선교전략을 세워갔다. 기존 선교사들이 많이 하는 실수 가운데 하나는 서양 선교사 혹은 선배들이 하는 방식과 전략을 따라간다. 하지만 아비장 한인교회는 서구 선교사들이 하던 방식으로는 코트디부아르를 복음화하는데 승산이 없다는 것을 알고 장로교단 설립과 신학교 설립을 통하여 인재 양성으로 전략적 다변화를 이루어 갔다. 그 결과 많은 지역에 교회를 설립하고 세워갈 수 있었다.

여섯째, 차별화된 선교방식으로 복음의 가치를 제공했다. 아비장 한인교회는 현지인들과 함께 하는 방식을 채택했다. 그것은 '그들의 친구였을 뿐'이라는 것. 친구, 참 좋은 관계라는 의미이다. 아비장 한인교회는 시기적절한 때에 차별화된 선교를 통해 '성경의 기록된 목적과 예수 그리스도의 지상명령'을 지키는 데 노력해 왔다. 지금은 도시나 농촌 어디를 가나 사람들의 손에 스마트 폰을 갖고 있다. 현지인들의 욕구를 읽어가는 것 가운데 어떤 것이 먼저이고 선교적 교회의 자원과 서비스를 어떻게 접목할 것인가를 지속적으로 논의했다.

아비장 한인교회를 보면, 목사와 성도들 사이의 신뢰가 매우 높아 선교적 목회를 하기에 좋은 환경을 만들고 있었다. 코트디부아르 정부나 현지인들로 신뢰가 높기 때문에 선교전략 모델을 세워 가는데 가장 좋은 시점을 맞이하고 있다.

일곱째, 일부 사람들이 비웃어도 선교에 열정을 들이대는 강함이 있다. 아비장 한인교회는 학원선교를 위해 펼쳐 놓은 선교사역도 있다. 신정부에 들어 학원 선교의 관문을 잃어버리는 아픔도 가졌지만, 이들은 선교를 통해 코트디부아르 현지인의 영적 공허함을 빈틈없이 채워주었다.

지금도 아비장 한인교회는 건강한 교회의 모습이 성도들의 영혼을 빈틈없이 채워주면서 하나님을 시원하게 하고, 선교 헌신자들에게는 영적 도전과 현장 실습을 극대화하여 코트디부아르 구석구석을 빈틈없이 영적 세계로 향하도록 하고 있다.

만나 식당, 코트디부아르와 내전, 아비장 한인교회와 영적 지도력, 복음의 실크로드 건설, 복음의 벨트를 만드는 것 등을 생각하도록 했다. 선교현장을 탐사하면서 받은 인상을 통하여 "너희가 내 이름으로 말미암아 모든 사람에게 미움을 받을 것이나 끝까지 견디는 자는 구원을 얻으리라"(마 10:22)와 "자기 목숨을 얻는 자는 잃을 것이요 나를 위하여 자기 목숨을 잃는 자는 얻으리라"(마 10:39)의 말씀이 이루어지고 있었다.

만나 식당의 문을 나서자 뜨거운 태양이 얼굴을 따갑게 내리쳤다. 태양빛을 받으며 차에 오르자 어느 새 찜통더위는 잊어버리고 다음 여정을 생각해야 했다. 인생은 여행이니까.

13
*
이룰 수 없는 꿈을 이루는
선교사역

나는 코트디부아르를 2015년 6월, 2016년 6월과 7월 초 가나공화국을 방문했다가 다시 코트디부아르 땅을 밟았다. 코트디부아르 출입국 관리국 입국 도장에는 3번의 방문자로 기록된 것이다. 코트디부아르를 방문하면서 경험하는 것은 선교는 인간의 이룰 수 없는 꿈이 이룰 수 밖에 없는 꿈으로 현실화 되는 것이란 사실이다.

　영화 '포레스토 검프(Forrest Gump)'의 주인공처럼 남의 시선에 아랑곳하지 않고 앞을 향해 달리는 사(傻) 선교(宣敎), 수평관계를 만드는 평(平) 리더십, 다른 선교사들 보다 한 발 앞서 치고 가는 속도를 중시하는 속(速) 선교, 지역사회 개발과 문화적 혁신이라도 끊임없이 추구하는 창(創)의 목회와 교회 개척 중심주의자로 보였다. 백성철 목사와 4박 5일을 동행하면서 배운 것은 "현지인과 소통을 늘리는 성(星) 선교 사역"이 그것이다. 그와 동행하면서 느꼈던 현상학적 사실들은 선교학을 가르치는 자에게 도전이 되었다.

　한국인이 아프리카에서 선교사역을 원한다면 인재를 잘 만나야 된다. 선교사역을 할 때 사람(人)이 떠나면 일이 멈추게 된다. 이와 마찬가지로 백성철 목사 역시 비슷한 말을 한다.

　"저는 돈이 필요 없는 선교사입니다. 저는 사람이 필요합니다."

　모든 선교사들이 돈이 필요하다고 말할 때 사람이 필요하다고 말하는 것은 앞만 보고 달려왔다는 이야기가 된다. 그는 선교초기 언어도 선교 자본도, 인맥도 자원도 설교를 잘하는 기술도, 선교사 경험도 없다. 단지 용감하게 아프리카를 선교하겠다고 용감하게 뛰어든 것뿐이다. 내전으로 인해 고통을 겪는 것도 두렵지 않다. 두려운 건 일어날 수 없는 일이라며 20년 동안 함께 하는 성도들을 독려하며 달려왔다.

　코트디부아르가 정부군과 반군 간의 치열한 싸움으로 선교의 꿈을 이룰 수 없는 상황이라고 폄하 할 때도 백성철 목사는 강단에서 기도하고, 말씀을 묵상하면서 성도들을 격려했다. 그는 코트디부아르에서 하나님의 거룩한 교회와 사람을 양육하는데 꿈을 포기하지 않았다. 그러니까 코트디부아르 60개 종족의 영혼을 주께로 인도하겠다는 마음으로 앞만 보고 달려온 것이다.

백성철 목사의 선교적 목회사역 핵심은 "말씀과 기도가 떠나면 끝이다. 내가 이곳에 온 것은 생명 살리는 일"이라는 분명한 목적을 갖고 있다. 그의 선교는 수평관계가 지배하는 평(平)리더십 바탕에는 인재가 떠나면 끝이라는 위기의식이 깔려 있다. 선교의 선(宣)에서 사람(人)이 떠나면 일이 멈추게 된다는 것이다.

한편, 백성철 목사는 현지 목회자들과의 대화 중 듣는 것을 잘하고 그들의 가려움을 빠르게 대답해 주는 속도전에 빠르다. 현지 목회자들과 대화 중 속도전(速)에 승부를 거는 리더이다. 2016년 7월 5일 다나네 지역 목회자들과 회의 중에도 '현지 목회자들의 요청과 대화 내용을 끝까지 경청하는 태도'를 보았다. 그는 노회장 은디유(N'Dieu) 목사가 이렇게 요청을 했다.

"저희 지역에는 40여 개의 교회가 존재합니다. 그 가운데 5개 처 교회는 토지(土地) 200평만 있으면 교회를 건축할 수 있습니다. 이를 지원해 주시면 좋겠습니다."

은디유 목사의 계속적인 노회와 각지 교회 현황을 보고하자 백성철 목사는 회의 장소에서 곧바로 대답을 주었다.

"예, 걱정하지 마세요. 교회를 위한 땅 1,000평을 사드리겠습니다."

백성철 목사가 5개 처의 교회 땅을 구입해 주겠다고 하자 현지 목회자들은 환호성을 올리면서 박수를 쳤다. 목회자 협의회 회의에 함께 참석했던 나는 백성철 목사의 속도전에 승부를 거는 모습을 보고 깜짝 놀랐다. 마치 손자병법에 나오는 것 같은 느낌을 받았으며 그 순간 감동적이었다. 손자병법에 "세찬 물결은 무거운 돌까지도 떠내려 보낸다"는 말이 있듯이 속도는 불가능을 가능하게 만들고 사람을 즐겁게 한다. 반대로 속도 경쟁력이 없는 선교사역은 반드시 도태되거나 신뢰를 얻을 수 없다는 것을 또 한 번 발견하게 되었다.

마지막으로 백성철 목사와 함께 하는 시간 동안 느낀 것이 있다면 '당당한 스타 리더'라는 점이다. 아시아권에서 출생하여 하나님의 은혜로 미국 시민권을 얻는 목회자로 활동하는 백성철 목사는 당당한 목회자이면서 선교사라 평가하고 싶다. 왜냐하면 그는 '현지인과 한 달에 한 번 현지 목회자와 만나 소통하는 것을 즐기는 목회자'다. 마치 "돼지와 사람은 뛰면 먼저 죽는다."는 중국의 속설을 깨는 선교사요 목사다. 나는 그를 향해 이렇게 말하고 싶다.

"스타 선교사의 행보는 현지 교회와 정치지도자들에게 한국인 선교사의 인지도 제고에 기여한다."

선교는 현지인과 함께 하는 것이다. 현지인의 인지도가 없다면 사역은 물거품이 된다. 선교는 돈으로 되는 것이 아니다. 선교는 하나님의 능력으로만 가능하게 된다. 선교는 자신의 경력과 경험으로 이루어지지 않는다. 현지인의 협력과 신뢰에 있다. 나는 이러한 사실들을 눈으로 보고 배우는 기회가 됨을 하나님께 올려드리고 싶다.

2016년 7월 1일-8일까지의 여행은 짧은 시간이면서도 긴 시간이었다. 6월 12일부터 6월 29일 이슬람 국가(IS) 2주년을 맞는 기간에 토털테러가 빈번한 기간이었다. 토털테러가 끝난 23일부터 서부 아프리카 탐사를 시작했지만 불안하기만 한 여행이었다. 내가 한국을 떠나는 2016년 6월은 전 세계적으로 가장 많은 테러가 발생했었다. IS, 조직을 넘어 외로운 늑대(자생적 테러리스트)를 추종하는 이념으로 변모하면서 세계 곳곳에서 테러가 자행되었기 때문이다.

2016년 6월과 7월의 테러는 간헐적이지만 지속적이었다. 6월 12일 미국 플로리다 주 올랜도 총격 난사 사건, 6월 28일 터키 이스탄불 국제공항 테러, 7월 1일 방글라데시 다카 레스토랑 인질극사태, 이라크 바그다드 쇼핑지역 차량폭탄 테러, 7월 4일 사우디아라비아 메디나 성지 자살 폭탄테러 등은 이슬람의 가장 성스러운 기간인 라마단 달에 발생한 주요 테러일지이다. 성스럽다는 라마단 기간에 이슬람교 극진주의자들에 의해 펼쳐진 테러는 약 500명의 민간인이 테러로 목숨을 잃었다. 시리아와 이라크에 거점을 둔 이슬람 국가(IS)가 모두 직 · 간접으로 연루된 테러였다. 또 2016년 라마단 기간 중 6월 29일은 이슬람 국가(IS)가 국가를 선포한 지 2주년이 되는 날이었다. 2년 만에 이슬람 국가가 어떻게 그리고 왜 세계의 테러를 이끄는 단체로 변모하여 서부 아프리카 일대를 긴장시키고 있었을까. 사실 서부 아프리카 방문은 1년 전보다 현재가 더 까다로워졌다. 왜 그럴까. 그 이유는 무엇인가.

첫째, 서부 아프리카의 정치적 안정으로 인한 경제적 이익을 위한 이주민의 증가와 불법 체류자 때문이라 한다.

둘째, 2014년 6월 29일 이후 활동해 온 이슬람 국가(IS)와 자생적 테러리스트 유입이다. 러시아가 시리아 내전에 개입하면서 IS의 피해가 커지자 세계 곳곳서 테러가 발생하고 있는 시점에서 자국의 안전을 위한 조치 때문이다.

셋째, 사하라 이남의 국경지대의 마약 밀매상들의 왕래로 인한 사회적 범죄 증가 등이다.

넷째, 통제하기 어려운 신종 괴물 범죄 행위로 인한 사회적 붕괴를 미연에 방지하기 위함이다.

다섯째, 서부 아프리카 코트디부아르와 가나공화국 방문을 위해서는 초청장을 받아야 한다. 초청장 발급 후에는 각 국 대사관에서 비자를 발급받아야 한다. 코트디부아르 대사관에 직접 방문하여 비자신청을 하면 3박4일이 소요된다. 가나공화국은 비자 신청 후 10일이 지나야 비자가 발급된 여권을 받을 수 있다.

이처럼 서부 아프리카 방문이 까다로워 진 것은 자국의 안전과 보호를 위한 방침으로 볼 수 있다. 아프리카는 가벼운 나라가 아니라는 점이다. 이제 아프리카를 바라보는 시각이 바뀌지 않으면 안 된다.

*** 참고문헌

심의섭, 서상현, 『아프리카 경제』 서울: 세창출판사, 2012년.

Vijay Mahajan, Africa Power 『아프리카 파워』 이순주역. 서울:에이지 21, 2010년.

서정민, "수세에 몰린 IS 테러의 세계화" 「중앙일보」 중앙SUNDAY 2016년 7월 10일-7월 11일.

백성철, 『2016 아비장 한인교회 핸드북』 코트디부아르 아비장: 아비장 한인교회, 2016년.

김승호, "잘 주는 것도 나라 실력이다." 「중앙일보」 2010년 10월 27일, 참조하라.

Chris Zook · ames Allen, Frunder's Mentality. 『창업자정신』 안진환역, 서울:한국경제신문, 2016년.

박성진, "참혹한 코트디부아르 내전·원인과 배경은?" 「연합뉴스」 2011년 4월 6일 http://www. yonhaonews.co.kr/bulletin/20110406/0200000000 AKR2011040600190...20160808접속.

유엔난민기구 보도자료, "유엔난민기구 미디어 조언:정치적 폭력에 대한 두려움 속에 라이베리아에 입국하는 아이보리 난민들," 2010년 12월 31일. http://blog.never.com/unhcr _korea/90103369805.

유엔난민기구 보도자료/브리핑, "코트디부아르의 폭력사태 격화로 실향민 수 급증," 2011년 4월 4일 http://blog.never.com/unhcr_ korea/90110678533. 2016년 7월 24일 새벽 접속.

유엔난민기구 보도자료/브리핑, "불안감이 고조되면서 아비장에서의 대피 인원 급증," 2011년 4월 7일 보도자료. http://blog.never.com/unhcr_ korea/90110893821. 2016년 7월 24일 접속 후 인용함.

주코트디부아르대사관, "Duekoue지역 시신 추가 발굴 작업," 2012년 11월 6일 참조.

World Bank, Doung Business 2015년.

http://www.doingbess.org/date/exploreecomies/C3%/ B4t−d'voire/. 2016년 8월 10일 접속.

[네이버 지식백과] 에벤에셀 [Ebenezer] 『라이프성경사전』 2006년 8월 15일 생명의말씀사. 2016년 7월 22일 접속.

바람의 방랑자

"열 권의 세계선교여행기를 쓰리다"는 하나님과의 약속을
마침내 이루어드린 역사적인 제 10권,
"생명을 살리는 땅 코트디부아르"의 출간!

탐험가 리빙스턴처럼
가보지 않은 땅을 향해 걸어갔고,
양자강을 따라 중국 내지로 갔던 허드슨 테일러처럼
알지 못했던 백성들을 품고 사랑했다
"이 시대에 세계복음화를" 위해 대서양을 100여 차례 건넜던 존 모트처럼
황무한 곳을 일구는 선교행전을 따라
지구촌 구석구석을 누비며
충성된 종들의 반가운 친구가 되었고
빈곤한 아프리칸들의 시원한 냉수가 되었다.

성경을 품에 안고,
카메라를 둘러멘 바람의 방랑자!
헤어지기 아쉬웠던 고귀한 만남과 희열,
선교현장에서 진리의 다이아몬드를 캐낸 감동의 느낌표들....
책 한 권의 사연마다 땀 한 사발,
고비고비 목숨을 걸어야 했던 짜릿한 찰나들,
먹지 못하고 자지 못하는 수고로움

북방의 천식과 남방의 말라리아의 인고
해발 3,000km의 천진산맥을 넘으며 숨 가빴던 추억
30회가 넘도록 밟았던 검은 대륙의 매력
수백 개 교회와 선교현장의 예리한 리서치
그렇게 탄생한 10개의 아프리카학 논문으로
제 3세대 아프리카 학자로 인정받았다.

"다 이루었다!"
10권의 약속을 성취한 이날의 감격은
돌아보니 오직 에벤에셀! 감사의 눈물만 흐르네
그러나 거룩한 방랑은 멈추지 않는다.
밟아야할 땅이 남아있는 한....
가슴속에 불꽃이 꺼지지 않는 한....

2017년 사월에
– 현암 장훈태 교수의 세계선교여행 시리즈 10권 출간을 축하하며
시인 이종우 목사